Ute Tietje

# Lexikon Westernreiten

## Praxiswissen von A – Z

BUFFALO VERLAG

Ute Tietje

Lexikon Westernreiten
- Praxiswissen von A – Z

ISBN 978-3-9813009-3-2



Titelfoto: Ute Tietje
Cover Layout: Nils Heise
Lektorat: Prof. Dr. Günter Lehmann, Dr. Eckhard Rose
Fotos und Grafiken: Ute Tietje

Gemälde "Vaquero de la Sierra", S. 195, mit freundlicher Genehmigung des Künstlers Kevin Kisbey.

Weitere Grafiken: Hubertus Ott: S. 19, 22, 73, 141, 164, 167, 192

Weitere Fotos:
K.C. Montgomery/Oklahoma (S. 95, 122, 124, 135, 171, 201)
APHA (S. 52, 128), ApHC (S. 90), AQHA (S. 141)
Art & Light (S. 78, 204, 128, 147), AW-Pictures (S. 93), Angela Dinter (S. 204), Yvonne Fehn (S. 55, 188), Gunnar Fetting (S. 123), Ben Fielder (S. 23, 36), Sabrina Gelhart (S. 146), Renate Gill (S. 31, 159, 179), Stefanie Heuser (S. 76, 174), Dr. Alena Juha (S. 95), Andreas Kost (S. 43, 147, 156), Volker Kraft (S. 187), Ingo Krüger (S. 112), Rolf Lang (S. 14), Horst Müller (S. 138), Katharina Paulik (S. 147), Roger Rahn (S. 118), Veralena Schütz (S. 111), Brigitte Sommer-Heinze (S. 28), Carola Steen (S. 62), Ingrid Wedekind (S. 77)

Die Zeichnung auf Seite 120 wurde mit freundlicher Genehmigung der American Paint Horse Association, Fort Worth/Texas, aus dem APHA-Rule Book übernommen.
Die Zeichnungen auf Seite 14 + 15 wurden mit freundlicher Genehmigung des Appaloosa Horse Clubs, Moskow/Idaho, aus dem ApHC-Rule Book übernommen.

Druck und Bindung: Advantage Printpool, Gilching

# Inhaltsverzeichnis

# Vorwort

Die Recherchen für dieses Werk, teilweise basierend auf meinem Archiv mit Originalunterlagen, die bis zur Gründung der DQHA im Jahr 1975 zurückgehen, haben vor 20 Jahren begonnen. Obwohl die Ergebnisse dieser Recherchen immer wieder ergänzt und überarbeitet wurden, versteht sich dieses Buch nicht als Standard-Lexikon und erhebt daher auch keinen Anspruch auf Vollständigkeit. Vielmehr sollen gängige Begriffe beleuchtet werden.

Heute, morgen und übermorgen werden sicherlich neue Begriffe geschaffen, kommen neue Ausrüstungsgegenstände und neue Turnierprüfungen dazu, die vielleicht später in eine überarbeitete Auflage einfließen werden. Dazu kommen Regeländerungen der Verbände, die gelegentlich auch Grundsätzliches betreffen. Daher freue ich mich über jede Anregung und jeden Denkansatz, aber auch über Hinweise auf Änderungen oder auf Fehler, die sich eingeschlichen haben.

Mein herzlicher Dank gilt all denen, die mich in besonderen fachspezifischen Fällen mit ihrem Rat unterstützt haben, denen, die mir halfen notwendige Fotos zu machen und denen, die mir fehlende Fotos zur Verfügung gestellt haben.

Das "Lexikon Westernreiten" ist alphabetisch aufgebaut. Unter den jeweiligen Stichworten finden Sie mal längere, mal kürzere Erläuterungen. Kursiv gedruckte Begriffe mit einem Pfeil davor sind Querverweise auf weitere Begriffe, die Ihnen zusätzliche Informationen zu dem jeweiligen Thema liefern. Sollte Ihnen ein bestimmter Begriff nur im Deutschen geläufig sein, finden Sie im Wörterbuch im Anhang das englische Wort dafür.

Ich freue mich, dass Sie sich für dieses Lexikon entschieden haben und wünsche Ihnen viel Vergnügen beim Schmökern oder auch beim gezielten Nachschlagen von Begriffen.

# A

**Active Pushing Hindquarter** – Aktiv schiebende Hinterhand.

**Activity of the Mouth** – Maultätigkeit. Eine angemessene Maultätigkeit zeugt von Zufriedenheit des Pferdes unter dem Reiter.

**Added Money** – garantiertes Preisgeld.

**Advanced Horse** – Geschultes Pferd.

**Advanced Rider** – Geschulter Reiter.

**A-Fork** – Schmale Form der →*Fork* beim Westernsattel. Sie ist meistens bei →*Oldtimern* zu finden. Die A-Fork wird auch als Slick Fork bezeichnet. Die A-Fork hat keine seitlichen Auswölbungen →*Swells* und wurde ursprünglich aus einer Astgabel geschnitzt. Die A-Fork gab dem Reiter wenig Halt in kritischen Situationen, so dass die Cowboys sich anfangs mit einer hinter der Fork eingeschnallten Decke behalfen und später mit sogenannten →*Bucking Rolls*. In der weiteren Entwicklung des Sattels wurde die Fork um Swells erweitert. →*Saddle.*

**Age of a Horse** – Alter eines Pferdes. Ein Pferd wird nicht an seinem Geburtstag ein Jahr älter, sondern jeweils am 1. Januar eines Jahres. Ein im April geborenes Fohlen gilt bis zum nächsten ersten Januar als Absetzer und wird dann zum Jährling. Am darauf folgenden ersten Januar ist es zweijährig usw.

**Aids** – Hilfen. Im Westernreitsport werden vier Arten von Hilfen verwendet. Schenkelhilfen →*Leg Aids*, Stimmhilfen →*Vocal Aids*, Zügelhilfen →*Rein Aids*, Gewichtshilfen →*Weight Aids*. Das Westernpferd wird darauf geschult, auf gezielte reiterliche Einwirkungen hin bestimmte Bewegungsabläufe zu zeigen. Zur Verständigung bedient man sich verschiedener Signale, der sogenannten Hilfen. Der Reiter wirkt über das Kopfstück und Gebiss auf das Maul, mit einer Gewichtsverlagerung auf das Gleichgewicht und mit dem Druck der Schenkel auf den Pferdekörper ein. Dazu kommt die Stimme des Menschen, die befehlend, lobend, strafend oder beruhigend wirken kann. Das Zusammenspiel verschiedener Hilfen veranlasst das Pferd, etwas Bestimmtes zu tun. So kann der Schenkel hinter dem Gurt sowohl Bestandteil für eine Aufforderung zum Galopp als auch zur Vorhandwendung sein. Wichtig ist, dass die Hilfen zum richtigen Zeitpunkt gegeben werden und, falls erforderlich, gleichzeitig. Wie gut ein Pferd auf Hilfen reagiert, hängt von seiner Ausbildung ab. Ziel der Ausbildung eines Pferdes ist es, die Hilfen im Laufe der Zeit so zu minimieren, dass sie nur noch angedeutet werden müssen.

**All Ages Class** – Turnierklasse für Pferde mit nach oben hin offener Altersgrenze. In einer All Ages Class findet keine Teilung zwischen →*Junior*- und →*Senior Horses* statt. Auf →*EWU*-Turnieren sind in dieser Klasse alle Pferde ab 4 Jahren zugelassen. Bei amerikanischen Zuchtverbänden dürfen auch jüngere Pferde in der All Ages Class starten.

**All American Quarter Horse Congress** – Die alljährlich seit 1967 in den in Ohio State Fairgrounds in Columbus, Ohio stattfindende →*Show*, ist das größte Pferdesportereignis der Welt. 2010 beurteilten mehr als 25 Richter in drei Wochen ca. 8.500 →*Quarter Horses* mit mehr als 18.000 Starts. Die Summe der Geld- und Sachpreise betrug 3 Millionen Dollar. Der Congress ist eine anerkannte Show der →*AQHA,* →*NCHA,* →*NRHA* und →*NSBA.*

**All-Around Champion** – Punktbestes Pferd/Reiterpaar in der jeweiligen Klasse. wie der →*Open-*, →*Amateur-* oder →*Youth Class*, mit Starts in mindestens drei Disziplinen. Der All-Around Champion erhält eine große lila Schleife. Das →*EWU*-Regelbuch verlangt, dass in drei Disziplinen der entsprechenden Klasse jeweils ein oder mehrere Punkte erritten werden müssen. Bei den Rasseverbänden gibt es zur Verleihung des All-Around Champion-Titels abweichende Regeln. So ist bei der →*AQHA* bzw. →*DQHA* diejenige Pferd/Reiterkombination All-Around Champion, die mit Starts in mindestens drei Kategorien, →*Categories*, die höchste Punktzahl erreicht. →*Rule Book.*

**All-Arounder** – Ein Pferd, das nicht auf eine einzelne Disziplin spezialisiert, sondern vielseitig einsetzbar ist. All-Arounder sind häufiger im Jugend- und Amateurbereich zu finden als bei den Profis. Diese haben sich heutzutage meistens weitestgehend spezialisiert. →*All-Around Champion.*

**All-Around Runner Up** – Zweitbeste Pferd/Reiterkombination eines Turniers in seiner Klasse. →*Class,* →*All-Around Champion.*

**All-Time Leading Sire** – Ein Hengst, dessen Nachkommen die meisten Punkte beim jeweiligen Zuchtverband insgesamt erreicht haben. →*Points*. Allerdings können ältere, bereits gestorbene Hengste, von solchen, die noch am Leben sind, in dieser Liste überrundet werden. Durch die modernen Deckmöglichkeiten können heute mehr Stuten als früher gedeckt werden. Zudem finden auch wesentlich mehr →*Shows* mit einer erheblich höheren Teilnehmerzahl statt.

**Altered** – Kastriert. →*Gelding.*

**Amateur** – Bezeichnung für einen Reiter, der aus Liebhaberei und nicht berufsmäßig zur Gewinnerzielung reitet. Während die amerikanischen Verbände einem Amateur jegliche Art der Unterrichtsgebung verbieten, dürfen bei der EWU Amateure Reitunterricht erteilen. →*Non Pro.*

**Amateur Class** – Nur Amateure mit einem Verbandsausweis, der den Status bestätigt, sind auf einem Turnier in dieser Klasse startberechtigt.

**Americana** – Sie wird auch "Mekka des Westernreitsports" genannt und ist nicht nur das größte Westernturnier Europas, bei dem Pferde jeder Rasse und Reiter aus der ganzen Welt startberechtigt sind, sondern wohl auch die größte Messe für den Westernreitsport.

Sie findet sie alle zwei Jahre statt. Lediglich 2011 wurde eine zusätzliche Americana eingeschoben, um zukünftig nicht mit den in geraden Jahren stattfindenden →*World Equestrian Games* zu kollidieren. Die erste Americana wurde

1986 in München-Riem als dritte rasseoffene Europameisterschaft ausgetragen. 1988 machte sie als vierte Europameisterschaft in der Münchener Olympiahalle Station und hat seit 1990 in Augsburg in der Schwabenhalle ihre neue Heimat gefunden. 2010 gingen knapp 500 Pferde aus 15 Nationen an den Start. Mehr als 42.000 Zuschauer fanden den Weg auf das Messegelände, um nicht nur hochkarätigen Sport zu sehen, sondern auch Europas führende Verkaufsmesse für Freizeit- und Westernreiter auf 20.000 m² mit 250 Ausstellern zu besuchen.

**American Paint Horse** – →*Paint Horse.*

**American Paint Horse Association** – Die American Paint Horse Association ist der Zuchtverband für →*Paint Horses*. Das Paint Horse ist in Herkunft, Typ und Eigenschaften identisch mit dem Quarter Horse. Es unterscheidet sich lediglich in der Farbe. Ein Paint Horse ist ein geschecktes Quarter Horse, bzw. eines mit zuviel Weiß im Fell. Solche Pferde konnten bei der →*AQHA* nicht eingetragen werden. Bis weit hinein ins 20. Jahrhundert hinein wurden bunte Pferde mit den verschiedensten Namen bedacht: →Paint, →*Pinto* oder je nach Farbe →*Skewbald* oder →*Piebald*. Um die Scheckzucht zu bewahren, wurde 1950 die Pinto Horse Association gegründet. 1961 entstand eine zweite Gruppe, die →APQHA und 1962 die →APSHA. Das Zuchtziel dieser beiden Verbände war es, gescheckte Quarter Horses zu züchten. Sie schlossen sich 1965 zur American Paint Horse Association zusammen. Nur Pferde mit reiner Quarter Horse Abstammung werden anerkannt, das Vollblut in gleichem Maß wie bei der AQHA.

Das →*Headquarter* der APHA befindet sich in Fort Worth, Texas. Dort werden nicht nur die Paint Horses aus der ganzen Welt eingetragen, sondern auch die Punkte gesammelt, die Paint Horses weltweit auf →*Approved Shows* des Verbandes erreichen.

**Headquarter der APHA in Fort Worth/Texas**

Anfang 2010 waren mehr als 981.000 Paint Horses dort registriert, davon mehr als 10.000 in Deutschland, das damit in Europa den höchsten Paint Horse Bestand hat. Der Verband zählt weltweit mehr als 75.000 Mitglieder, die von 85 Angestellten in dem 1998 gebauten Gebäude verwaltet werden.

**American Quarter Horse** – →*Quarter Horse.*

**American Quarter Horse Association** – Zuchtverband für →*Quarter Horses.* Sein Verwaltungsgebäude befindet sich in Amarillo, Texas. Das Quarter Horse ist die meist verbreitete Pferderasse der Welt, denn auf allen Kontinenten erfreut sich diese aus Amerika stammende Pferderasse mit ihren ausgeprägten Eigenschaften zunehmender Beliebtheit. Quarter Horse sind heute nicht nur in den USA, sondern in mehr als 80 Ländern der Welt mit teilweise eigenen Verbänden zu finden.

Zu Beginn hatte man diese Pferde, Kreuzungen aus Vollblütern und Indianerponys, eigentlich für Kurzstreckenrennen des kolonialen Amerikas gezüchtet. Mit den Pionieren bewegten sich diese Pferde nach Westen und "liefen" auf den primitiven Rennstrecken der Grenzsiedlungen. Aber erst gepaart mit den →*Cow Horses* des Westens, die aus den Arabern und Berbern der Kolonialherren gezüchtet wurden, entwickelte sich dieses Pferd zu dem, was wir heute Quarter Horse nennen: ein athletisches, ausdauerndes Pferd mit →*Cow Sense*. Diese Pferde waren stark genug, um einen Pflug zu ziehen und Soldaten in die Schlacht zu tragen. Sie dienten den Cowboys als Reittiere auf den →*Cattle Drives* und waren schnell genug, um als Rennpferde die Länge eines Blocks einer Kolonialstadt, der rund eine Viertelmeile umfasste, zu galoppieren, und das schneller als jedes andere Pferd der Welt. Der Name des Quarter Horses leitet sich von diesen "quarter of a mile races" (Kurzstreckenrennen über ca. 400 m, einer Viertelmeile) ab. Auf dieser Distanz gilt das Quarter Horse auch heute noch als das schnellste Pferd der Welt. →*Quarter of a Mile Race*.

Zu Anfang dieses Jahrhunderts war der wahre Ursprung der Zucht fast in Vergessenheit geraten. Diese Pferde wurden vor 1940 einfach →*Steel Dusts* oder auch →*Billys* genannt. Eine handvoll Männer erkannte die Qualität dieser Renn- und Rinderpferde. Am 15. März 1940 trafen sich 75 Leute im Fort Worth Club in Fort Worth, Texas. Zusammen mit William Anson und Dan Casement präsentierte Bob Denhardt seine Pläne, einen Zuchtverband zu gründen, um die Blutlinien dieser Pferde zu bewahren. 33 der Anwesenden schrieben Schecks aus, um das Grundkapital für die AQHA zusammenzubringen. Das war die Geburt des größten Pferdezuchtverbandes der Welt. Quarter Horses aus aller Welt werden im AQHA-→*Headquarter* in Amarillo registriert und erhalten eine AQHA-→*ID-Number*. Wurden alle Pferde bis ca. 1998 in Mappen erfasst, die riesige Lagerräume erforderten, ist man heute zum Mikrofilm-Verfahren übergegangen, so dass die Unterlagen der fast 4 Millionen Pferde nur noch wenig Platz im Headquarter beanspruchen. Auch die Daten aller weltweit stattfindenden →*AQHA-Shows* werden in Amarillo erfasst. Die vom Computer ermittelten Punkte bestimmen, welche Pferde u. a. bei der →*AQHA World Championship Show* in Oklahoma und bei der →*AQHA Youth World Show* startberechtigt sind sowie, wer welche Ehrung erhält.

**Headquarter der AQHA in Amarillo/Texas**

Anfang 2010 waren weltweit 3.100.000 Millionen Quarter Horses im →*Permanent Registry* und fast 700.000 im →*Appendix Registry* der AQHA registriert, ca. 33.000 Quarter Horses allein in Deutschland, das damit in Europa führend ist. 312.000 AQHA-Mitglieder wurden weltweit gezählt, davon mehr als 6.600 in Deutschland. 235 Angestellte sind im Headquarter damit beschäftigt, die ungeheure Anzahl der Pferde und Mitglieder zu verwalten.
→*Quarter Horse*, →*Foundation Line*, →*Foundation Quarter Horse*, →*Foundation Sire*, →*Foundation Line*, →*All American Quarter Horse Congress*.

**American Quarter Horse Hall of Fame and Museum** – →*AQHA Museum*.

**Announcer** – Ansager, Moderator einer →*Show*.

**Anticipate the Aids** – Den Hilfen zuvorkommen. Damit ist das unerwünschte selbständige Handeln eines Pferdes gemeint, wenn es eine Lektion vorwegnimmt, ohne die Reiterhilfen abzuwarten. Dieses Verhalten kommt zumeist bei ständig wiederholten Übungen vor oder beim Wiederholen von →*Pattern,* so z. B. auch beim →*Rundown*, bei dem das Pferd weiß, dass ihm am Ende der →Sliding Stop nachfolgt.

**APHA** – →*American Paint Horse Association.*

**APHA Honor Roll** – Jahresbestenliste der APHA. Sie ist nach Disziplinen und Kategorien aufgeteilt.

**APHA Performance Versatility Award** - Der Titel wird dem Pferd verliehen, das fünf →*ROMs* in mindestens drei der fünf Categories errungen hat. Weitere Bestimmungen sind dem APHA-Regelbuch zu entnehmen.

**APHA Stud Book** – Zuchtregister der →*APHA.* Das Stud Book ist in das Hauptbuch, das Regular Registry genannt wird und das →*Breeding Stock Registry* unterteilt. Alle Pferde im Regular Registry haben eine Nummer, die auf ihrem →*Registration Certificate* vermerkt ist. In dieses Register werden alle Paint Horses eingetragen, die den Farbabzeichen-Voraussetzungen des Regelbuchs entsprechen. Pferde, die im Breeding Stock Registry eingetragen werden, erhalten eine Registrationsnummer, der ein B vorangestellt ist. In erster Linie werden hier einfarbige Fohlen aus Paint Horse Eltern eingetragen. Aber auch andere einfarbige Fohlen, deren Eltern entweder bei der →*APSHA*, →*APQHA*, als Quarter Horse bei der →*AQHA*, im Jockey Club oder bei einem ausländischen vom Jockey Club anerkannten Vollblutregister eingetragen sind. Ein →*Breeding Stock* Wallach erhält die Bezeichnung "Identification Status".

**APHA Superior Horse** – Höchste Auszeichnung, die ein Pferd in einer bestimmten Disziplin erringen kann. Es benötigt mindestens 50 APHA Punkte. Weitere Bestimmungen sind dem APHA-Regelbuch zu entnehmen.

**APHA Supreme Champion** – Höchste Auszeichnung der APHA für eine Pferd. Der Titel erfordert Leistungen in allen Kategorien, →*Category,* einschließlich Rennleistung. Weitere Bestimmungen sind dem APHA-Rule Book zu entnehmen.

**APHA World Championship Show** – Die Weltmeisterschaft der American Paint Horse Association findet jedes Jahr in Fort Worth/Texas im Will Rogers Equistrian Center statt.

**ApHC** – →*Appaloosa Horse Club.*

**ApHC Stud Book** – Zuchtregister des ApHC. Es besteht aus drei Abteilungen: dem Permanent Registry (Hauptbuch), dem CPO Registry (Vorbuch I) und dem Non Characteristic Registry (Vorbuch II). In das Permanent Registry werden alle Pferde eingetragen, deren beide Elternteile in den Zuchtbüchern der ApHA bereits registriert sind. Die besonderen Bestimmungen für das CPO Registry und das Non Charakteristic Registry sind dem ApHC-→*Rule Book* zu entnehmen oder beim deutschen Tochterverband dem →*ApHCG* zu erfragen.

**ApHC World Championship Show** – Die Weltmeisterschaft des Appaloosa Horse Clubs findet jedes Jahr im Herbst im Will Rogers Equistrian Center in Fort Worth, Texas statt.

**Appaloosa** – Der Appaloosa ist untrennbar mit der Geschichte der Nez Percé Indianer verbunden. Um das Jahr 1710 sollen die ersten Pferde durch Tauschhandel mit den Shoshonen und anderen Stämmen zu den Nez Percé gelangt sein, die im Grenzdreieck von Oregon, Idaho und Washington lebten. Weitere

Pferde folgten, und es dauerte keine hundert Jahre bis aus den Fischern und Farmern des Nez Percé Stammes, nomadische Jäger wurden. Sie waren berühmt für ihre einzigartige Pferdezucht, bei der die Selektion der Zuchttiere oberstes Gebot war. Ihren heutigen Namen erhielt diese Pferderasse jedoch erst um das Jahr 1870 von Weizenfarmern am Palouse River, die diese indianischen Pferde als Palouse oder Palousey Horses bezeichneten. Daraus wurde A Palousey, später Apalousey und letztendlich Appaloosa.

Berühmt wurden die Appaloosas durch ihre Leistungsfähigkeit, die sie zeigten, als der gesamte Stamm von Häuptling Hinmaton Yalatki (Rollender Donner), von den Weißen Chief Joseph genannt, 1877 in ein Reservat umgesiedelt werden sollte und daraus ein Kriegszug wurde. 900 Apaloosas ertranken bei der durch die Armee erzwungenen Überquerung des Snake River, der zu diesem Zeitpunkt Hochwasser führte. Es begann eine dreimonatige Hetzjagd über 1.300 Meilen, bei der die Nez Percé von vier US-Armee-Gruppen bis zur kanadischen Grenze verfolgt wurden. Eine Tagesreise vor der rettenden kanadischen Grenze wurden die Nez Percé von den Truppen eingeholt und besiegt. Ihre restlichen Pferde wurden beschlagnahmt und versteigert. Die Indianer traten den Weg in die Reservation somit ohne ihren größten Schatz, ihre Pferde, an. Diese wurden in alle Winde zerstreut und wahllos mit allen möglichen Pferden gepaart. 1894 kaufte Claude Thompson einen Appaloosa und setzte sich gemeinsam mit dem Historiker Dr. Francis Haines für die Erhaltung dieser Pferderasse ein. Jahrzehnte später, am 30. Dezember 1938, wurde der →*Appaloosa Horse Club* gegründet. Seither werden diese Pferde gezielt wieder gezüchtet.

**Fellzeichnung des Appaloosa**

Appaloosa sind ruhige, harte, ausdauernde Pferde mit einem Stockmaß von ca. 1,48 m bis 1,60 m. Im Gebäude ist der Appaloosa dem Quarter Horse ähnlich. Der ideale Appaloosa ist gut bemuskelt und hat einen schönen, edlen Kopf mit gerader Nasenlinie. Die Ohren sind mittelgroß, die Augen klar und weit auseinander liegend. Manche Appaloosas haben blaue Augen, diese

Pferde wurden bei den Nez Percé als heilige Tiere angesehen. Das typischste Merkmal ist jedoch die einzigartige Fellzeichnung mit verschiedenen Farbmustern: →*Blanket*, →*Spotted Blanket* auch Blanket with Spots genannt, →*Frosted Hip* auch Frozen, →*Leopard*, →*Snowflake*, →*Spotted Hip*. Dazu kommen als zusätzliche Merkmale: eine weiße Sklera (weiß umrandete Pupille wie beim Menschen), gesprenkelte oder marmorierte Haut um Nüstern und Weichteile sowie vertikal gestreifte Hufe, dünne Mähne und dünner Schweif. Ein Appaloosa hat Originalpapiere des ApHC in den USA.

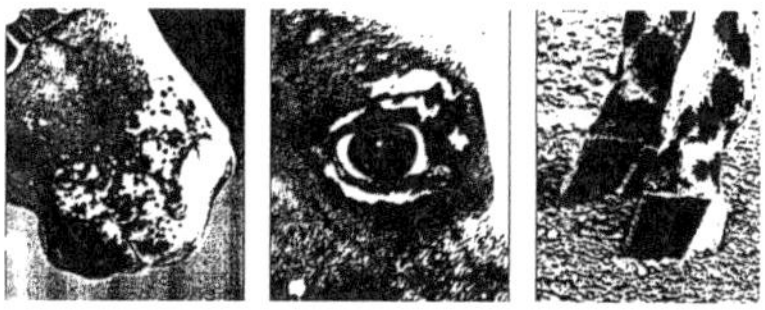

Merkmale der Appaloosas

**Appaloosa Horse Club** – Zuchtverband für Appaloosas. Der Appaloosa Horse Club wurde am 30. Dezember 1938 nach einer Initiative von Claude Thompson und Dr. Francis Haines in Oregon mit der Maßgabe gegründet, dieses einzigartige Pferd mit all seinen Vorzügen zu erhalten. Alle Unterlagen und historischen Daten, die noch über diese Rasse vorhanden waren, wurden gesammelt, um einen Rassestandard zu erarbeiteten, der auch heute noch Gültigkeit hat. Es wurden Pferde gefunden, die sich als Grundstock für diese Rasse eigneten. 1944 gab es 113 registrierte Appaloosas. 1948 fand eine Appaloosa Show in Lewiston, Idaho statt. Im gleichen Jahr erschien das erste Zuchtregister. Seit 1950 ist der Appaloosa als eigenständige Rasse anerkannt. Für die Eintragung im →*ApHC Stud Book* werden entsprechende Rassemerkmale zugrunde gelegt, die entscheiden, in welchem Registrationsbuch das Pferd genau eingetragen wird. Am 1. Januar 2010 hatte der ApHC weltweit mehr als 700.000 registrierte Pferde, davon ca. 600 in Deutschland. Die meisten Appaloosas auf dem europäischen Kontinent befinden sich in Italien. 22 Angestellte verwalten in der Zentrale in Moskow/Idaho neben den Pferden die ca. 20.000 Mitglieder, davon knapp 600 in Deutschland. Zu den bedeutendsten Veranstaltungen des Verbandes gehören die National Appaloosa Horse Show, die jeden Sommer in Oklahoma City stattfindet und die →*ApHC World Championship Show*, die immer in Fort Worth/Texas stattfindet. Spezialklassen dieses Verbandes sind: →*Color Class*, →*Heritage Class und* →*Buckboard Driving*.

**Appaloosa Horse Club Germany** – Deutscher Anschlussverband des ApHC. Die Equitana vom Jahr 1975 nimmt für die Appaloosa-Zucht in Deutschland eine Schlüsselstellung ein. Ein aus Hessen stammender und in Indiana ansässiger Amerikaner brachte zehn Appaloosas mit nach Deutschland. Diese Pferde wiesen die beeindruckenden Farbmerkmale der Appaloosas auf und wurden auf der Equitana gekonnt vorgestellt. Doch der Verkaufspreis lag für damalige Zeiten zu hoch. 1977 stellte →*Jean Claude Dysli* den Hengst Jokers Cedar Autumn auf der Equitana vor, was zu einer vermehrten Nachfrage nach Appaloosas führte. Seither wurden mehr und mehr Appaloosas nach Deutschland importiert, größtenteils bereits tragende Stuten. Von einer geplanten Appaloosa-Zucht war zu diesem Zeitpunkt aber noch keine Rede. Am 26. November 1978 kam es zur Gründung des Appaloosa Pferdestammbuch

Deutschland e. V. aus dem 1989 nach entsprechender Namensänderung der Appaloosa Horse Club Germany hervorging, der seit 1991 als eingetragener Verein besteht. Seit 1. Oktober 1994 ist der ApHCG ein staatlich anerkannter Zuchtverband mit eigenem Medaillen- und Auszeichnungssystem.

**Appaloosa Horse Club Switzerland** – ApHCS. Schweizer Anschlussverband der ApHC.

**Appeal Commitee** – Schiedsgericht. Das Schiedsgericht eines Vereins oder eines Verbandes entscheidet über Ehrenangelegenheiten des Vereins und aller sich aus dem Vereinsverhältnis ergebenden Streitigkeiten. In den Bereich des Appeal Commitees fallen auch Proteste aus Turnieren, →*Shows*, die nicht an Ort und Stelle entschieden werden konnten.

**Appendix** – Vorbuch der →*AQHA*. Hier kann ein Pferd eingetragen werden, dessen eines Elternteil ein eingetragenes Quarter Horse und das andere ein →*Thoroughbred* ist. →*AQHA Stud Book*.

**Appendix Certificate** – Registrationsurkunde für das Vorbuch der AQHA. →*AQHA Stud Book*.

**Approved** – Anerkannt. Anerkannte →*Shows* müssen vom jeweiligen Verband genehmigt sein und dürfen nur von →*Approved Judges* des jeweiligen Verbandes gerichtet werden.

**Approved Judge** – Ein vom jeweiligen Verband anerkannter Richter.

**Approved Show** – Ein vom jeweiligen Verband anerkanntes Turnier.

**APQHA** – American Paint Quarter Horse Association. Einer der beiden Verbände aus denen 1965 die →*American Paint Horse Association* wurde.

**APSHA** – American Paint Stock Horse Association. Einer der beiden Verbände aus denen 1965 die →*American Paint Horse Association* hervorging.

**AQHA** – →*American Quarter Horse Association.*

**AQHA Austria** – Austrian Quarter Horse Association

**AQHA Champion** – Dieser Titel wird in der →*Open Class* an das Pferd und in der →*Youth Class* und der →*Amateur Class* an den Teilnehmer vergeben, wenn mindestens 35 AQHA-Punkte unter mindestens fünf verschiedenen Richtern erreicht wurden. Mindestens 15 Punkte müssen in der →*Halter Class* erworben werden. Weitere Bestimmungen sind dem →*AQHA-Rule Book* zu entnehmen.

**AQHA Museum** – "American Quarter Horse Hall of Fame and Museum" lautet der offizielle Name des Museums der AQHA in Amarillo. Unmittelbar neben dem →*AQHA*-Gebäude am Quarter Horse Drive liegt das zweigeschossige Museumsgebäude, zu dem auch die Justin-Arena gehört, in der in den Sommermonaten Demonstrationen der vielseitigen Talente der Quarter Horses stattfinden. Vor dem Gebäude stehen u. a. Bronzestatuen des legendären Rennpferdes Dash for Cash (1973 – 1996) und Rugged Lark (1985 – 2004), dem wohl vielseitigsten und erfolgreichsten QH-Hengst.

Eingangshalle des Museums

Die Idee ein QH-Museum zu eröffnen, wurde 1975 auf der AQHA-→*Convention* geboren. Am 14. August 1989 erfolgte die Grundsteinlegung des ca. 5,5 Millionen Dollar teuren Projektes, das von den Mitgliedern finanziert wurde. Das "American Quarter Horse Heritage Center und Museum" wurde am 21. Juli 1991 eröffnet und später nach einem Umbau in American Quarter Horse Hall of Fame and Museum umbenannt. Man betritt das Museum durch bis zur Hallendecke reichende Steinsäulen mit einer QH-Medaille von ca. vier Metern Durchmesser am Ende der Halle. Im Eingangsbereich kann man Bronzebüsten der Museumsgründer bewundern, und zudem befindet sich im Museum die "American Quarter Horse Hall of Fame", die Ehrenhalle. Hier aufgenommen und auf einer der Tafeln verewigt zu werden, ist eine der höchsten Auszeichnungen, die die AQHA zu vergeben hat. 1982 begann man Personen, die sich um die AQHA verdient gemacht hatten, damit auszuzeichnen. Seit 1989 werden auch herausragende Pferde aufgenommen. Die Liste wird jährlich ergänzt.

**AQHA Performance Champion** – Dieser Titel wird in der →*Open Class* an das Pferd, in der →*Youth Class* und →*Amateur Class* an die Pferd/Reiter-Kombination vergeben. Voraussetzung ist, dass in der Open Class dem Pferd und in der Youth Class und Amateur Class der Pferd/Reiter-Kombination, dreimal der Titel →*Superieur Horse* verliehen wurde.

**AQHA Stud Book** – Zuchtregister der →*AQHA*. Es besteht aus zwei Teilen: dem Hauptbuch, dem sogenannten „Numbered Part“, dem „nummerierten Teil“ und dem Vorbuch, →*Appendix* genannt. Alle im Hauptbuch der AQHA eingetragenen Pferde haben eine Nummer, die auf ihrem →*Registration Certificate* vermerkt ist. Im Hauptbuch werden Quarter Horses eingetragen, deren Elternteile beide ebenfalls im Hauptbuch eingetragen sind. Im Appendix, können Pferde eingetragen werden, von denen mindestens ein Elternteil im Hauptbuch eingetragen ist. Der andere Elternteil muss im AQHA-Vorbuch eingetragen sein oder im Jockey Club of North America oder in einem anderen von diesem anerkannten Vollblutzuchtverband. Unter bestimmten Voraussetzungen, die dem →*Rule Book* der AQHA zu entnehmen sind, kann ein Pferd vom Vor- ins Hauptbuch aufrücken.

**AQHA Superior All-Around** – Titel für Reiter, die 50 oder mehr →*All-Around Champion* Titel erritten haben.

**AQHA Superior Horse** – Dieser Titel wird in der →*Open Class* an das Pferd, in der →*Youth Class* und →*Amateur Class* an eine Pferd/Reiter-Kombination vergeben, wenn mindestens 50 AQHA-Points erreicht wurden. Weitere Bestimmungen sind dem AQHA-→*Rule Book* zu entnehmen. →*Points.*

**AQHA Supreme Champion** – Für diesen Titel muss ein Pferd mindestens 50 AQHA-Points erworben haben. Davon mindestens 15 Punkte in Halterklassen, die weiteren Punkte müssen in vier Kategorien, →*Categories,* mit mindestens je fünf Punkten gesammelt werden. Weitere Bestimmungen sind dem AQHA-→*Rule Book* zu entnehmen.

**AQHA World Championship Show** – Weltmeisterschaft der AQHA. Die erste AQHA World Championship Show fand 1974 in Louisville/Kentucky statt. Was mit einer viertägigen Show mit 692 Starts gerichtet von 6 Richtern begann, hat sich inzwischen zu einer vierzehntägigen Mammutshow entwickelt. Seit 1976 heißt der Austragungsort Oklahoma City. Inzwischen ist die Starterzahl der jedes Jahr im November stattfindenden Show auf mehr als 3.500 Starts auf über 2.000 Pferden angewachsen. Das Preisgeld lag 2010 bei mehr als 2,7 Millionen Dollar. Mehr als 20 Richter bewerteten die Leistungen der Reiter. Jede Disziplin wird von fünf Richtern beurteilt, wobei die beste und die schlechteste Bewertung gestrichen werden, so dass sich die Bewertung und damit die Platzierung aus drei Richtermeinungen zusammensetzt. Neben den in Deutschland von AQHA-Shows bekannten Disziplinen ist nicht nur die Palette der englischen Klassen wesentlich größer, bis hin zu mehreren Springprüfungen, sondern es werden auch in Deutschland nicht angebotene, aber für die USA klassische Rinderdisziplinen wie →*Calf Roping* und →*Dally Team Roping* durchgeführt.

World Champion

**AQHA-Versatility Award** – AQHA Vielseitigkeitstitel für Pferde, die mindestens 65 Punkte in acht verschiedenen Disziplinen erzielt haben. Punkte aus Halterklassen zählen nicht.

**AQHA Youth World Cup** – Jugendmannschafts-Weltmeisterschaft der AQHA. Sie fand erstmals 1988 in Forth Worth/Texas, statt, seither alle zwei Jahre mit wechselnden Austragungsorten. Die einzelnen Länder entsenden dazu Jugendmannschaften, die auf ausgelosten Pferden des jeweiligen Gastlandes in den verschiedensten Disziplinen gegeneinander antreten. 1994 richtete die →*DQHA* den Youth World Cup in Aachen aus. 2012 ist mit Kreuth Deutschland zum zweiten Mal Gastland für den Cup.

Deutsche Nationalmannschaft 1994

**Arabian Tree** – Baum eines Westernsattels, der eigentlich für Araber konzipiert wurde. Diese Sättel passen häufig auf schmale, leichtere Pferdetypen, wobei individuelle Widerristhöhe und Länge des Rückens natürlich eine große Rolle spielen. Für in Europa gezüchtete Araber ist ein Sattel mit diesem Baum häufig nicht geeignet.

**Arena** – Reitbahn, Reitplatz. Die →*Indoor Arena* ist eine Reithalle, die →*Outdoor Arena* ein Außenreitplatz und die →*Show Arena* ein Turnierplatz.

**Arena Manager** – Parcours-Chef. Er ist für den korrekten Aufbau des Parcours nach dem →*Course Plan* bzw. nach den →*Pattern* laut entsprechendem Regelbuch verantwortlich.

**Arena Party** – Hindernisdienst.

**Arena Rules** – Bahnregeln. Auch der Westerreiter unterliegt in der Reitbahn bestimmten Bahnregeln. Das Einhalten der Bahnregeln ist die einzige Möglichkeit, Zusammenstösse zwischen Reitern zu verhindern. Wer auf der linken Hand auf einem Reitplatz oder in einer Halle reitet, dem weicht der entgegenkommende, sich auf der rechten Hand befindliche Reiter nach innen in die Bahn aus. Als maßgebliche „Hand" bezeichnet man die Hand des Reiters, die in die Bahnmitte zeigt.

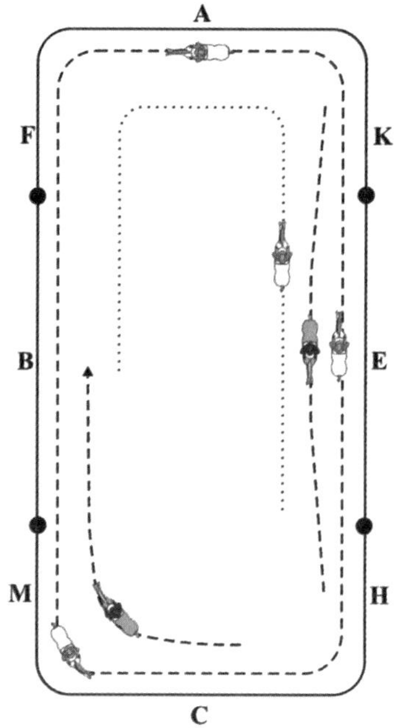


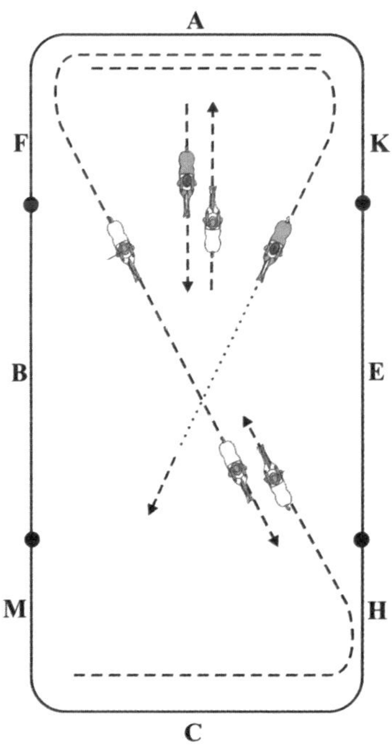


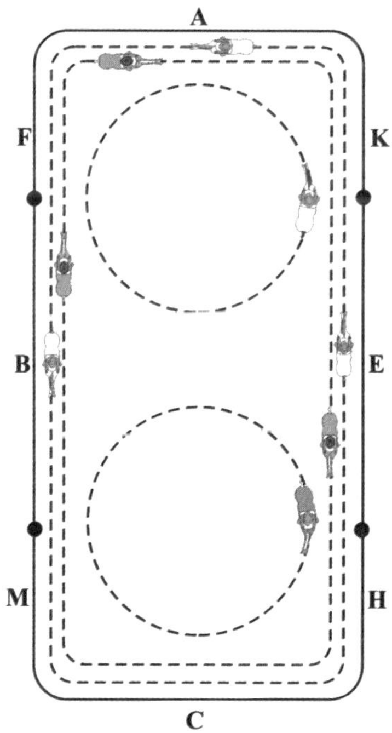

**Arena Wall** – Arena Begrenzung, Bande.

**Argentan** – Kupferlegierung, die auch als →*German Silver* bezeichnet wird. Argentan ist eine Kupferlegierung mit Nickel- und Zinkanteilen. Da Nickel zu Allergien bei Pferden führen kann, werden Gebisse aus diesem Material kaum noch hergestellt.

**Artificial Insemination** – Künstliche Besamung. Eine künstliche Besamung kann mit Frischsamen oder gekühlt transportiertem Samen vorgenommen werden. Der Samen des Hengstes wird mit einer Spezialspritze in die Gebärmutter der Stute eingebracht. Der Vorteil ist, dass mehrere Stuten mit dem Ejakulat eines einzigen Hengstes besamt werden können. Zudem wird eine Infektionsgefahr und die beim Freisprung vorhandene Verletzungsgefahr nahezu ausgeschaltet. Außerdem ist es speziell bei den amerikanischen Rassen möglich, sich den Samen eines „US-Top-Vererbers“ für eine in Europa stehende Stute einfliegen zu lassen. Die Bedingungen der amerikanischen Mutterverbände sind dem jeweiligen →*Rule Book* zu entnehmen.

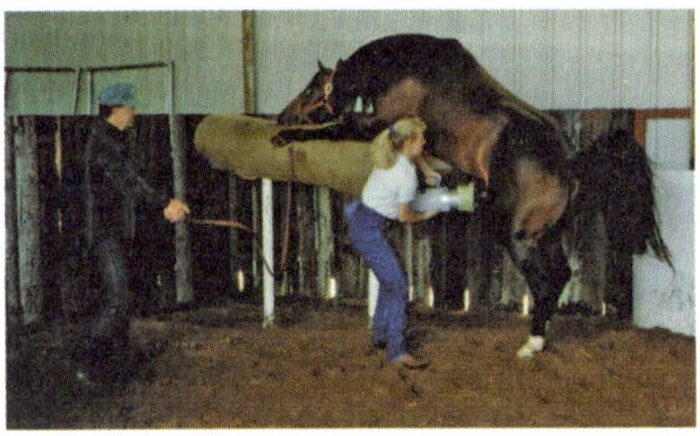

**Association** – Verband, Vereinigung.

**Auction** – Auktion. Pferdeauktionen finden auf der ganzen Welt statt. Sie werden u. a. von Zuchtverbänden durchgeführt. Ein Beispiel ist der →*World Championship Quarter Horse Sale* in Oklahoma City bei dem jedes Jahr ca. 600 Pferde verauktioniert werden. Größere Ranches in den USA haben ihre eigenen Auktionen. Neben diesen privaten →*Sales* werden außerdem Auktionen von professionellen Auktionsgesellschaften durchgeführt.

**Aurigan** – Eine patentrechtlich geschützte Kupferlegierung mit 85%igen Kupferanteil. Aurigan wird u. a. bei der Herstellung von Gebissen verwendet.

**Austrian Appaloosa Association** – AAA. Österreichischer Anschlussverband des →*ApHC.*

**Austrian Quarter Horse Association** – AQHA Austria. Österreichischer Anschlussverband der →*AQHA.*

**Austrian Western Riding & Breeding Association** – AWA. Der Österreichische Westernverband, bei dem Pferde aller Rassen auf Turnieren zugelassen sind, wurde 1982 gegründet. Seine Mitglieder werden durch das Verbandsmagazin "Western News" über die Aktivitäten der AWA informiert.

**Automatic Waterbowl** – Selbsttränke.

**Auxiliary Reins** – Hilfszügel. Mechanische Hilfsmittel, die bei der Korrektur und Ausbildung eines Pferdes eingesetzt werden. →*Running Martingale,* →*Draw Reins,* →*Tie Down,* →*German Martingale.*

**Availability** – Gültigkeit.

**Award** – Auszeichnung, Preis. Mit Award werden auch Turnierauszeichnungen wie z. B. der →*All-Around Champion* bezeichnet.

# B

**Back** – 1. Pferderücken.

2. Verbales Kommando zum Rückwärtsrichten.

3. Rückwärts, Rückwärtsrichten. Rückwärtsrichten wird in fast allen Disziplinen des Westernreitens verlangt, da es die Gehorsamkeit des Pferdes demonstriert. Der Westernreiter unterscheidet zwischen einem gehorsamen Rückwärtsrichten ohne viel Zügelkontakt und dem Rückwärtsrichten mit deutlichem Zügeleinsatz als Strafe bei Ungehorsam.

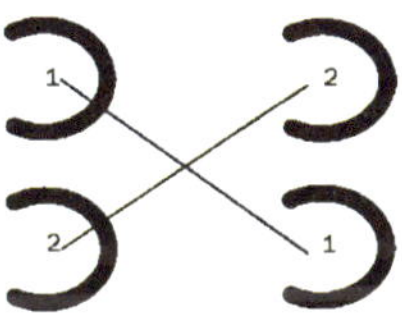


Das Rückwärtsrichten ist kein Viertakt wie der Schritt, sondern ein Zweitakt mit diagonaler Fußfolge wie der →*Jog* oder →*Trot*. Jeder Schritt hat somit zwei Tritte. In vielen Disziplinen gehört das →*Back Up* zu den Pflichtübungen. Während das Rückwärtsrichten im →*Trail* langsam am losen Zügel gezeigt werden soll, wird in der →*Reining* schnelles Rückwärtsrichten gefordert, das eher als "Rückwärtslaufen" bezeichnet werden kann. In der →*Western Horsemanship* wird häufig eine bestimmte Anzahl von Schritten oder Tritten verlangt, die das Pferd zurück gehen soll. Wird nicht ausdrücklich etwas anderes verlangt, soll das Pferd immer gerade rückwärts gerichtet werden.

**Back Cinch** – Hinterer Bauchgurt des Westernsattels. Er verhindert das "Hochwippen" des Sattels, wenn Druck auf den vorderen Teil oder das Horn kommt. Das kann z. B. in den Diziplinen →*Calf Roping* oder →*Team Roping* passieren, wenn auf das am Horn befestigte →*Rope* Zug kommt. Der Back Cinch ist somit unabdingbares Zubehör aller Westernarbeitssättel, die insbesondere für Rinderdisziplinen eingesetzt werden. Aber auch die Sättel der Renndisziplinen sind mit dem hinteren Bauchgurt versehen. In bergigem Gelände fixiert der hintere Bauchgurt den Sattel zusätzlich, vorausgesetzt, er ist korrekt verschnallt. Der hintere Bauchgurt sollte so verschnallt sein, dass eine Faust zwischen Pferd und Gurt passt. Der Verbindungsriemen zwischen dem vorderen und hinteren Bauchgurt, der →*Connector Strap*, darf auf keinen Fall fehlen.

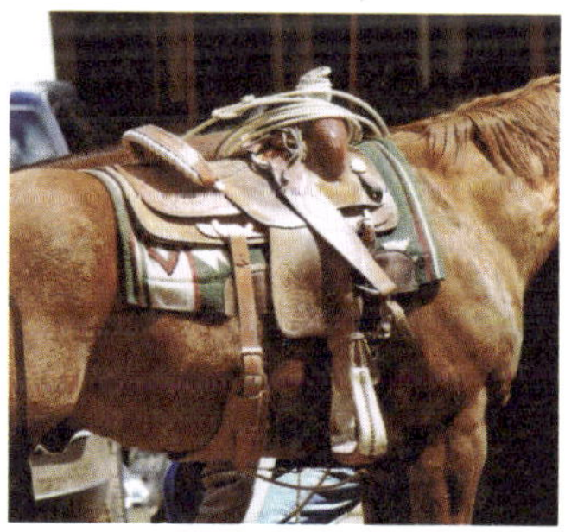

**Back Fence** – Bezeichnung für den Zaun direkt hinter der Herde beim →*Cutting*. Ein Rind, das gearbeitet wird, darf diesen Teil des Zauns, der durch Marker sichtbar gekennzeichnet ist, nicht erreichen.

**Back Housing** – Hintere Sattelschabracke. →*Back Jockey,* →*Saddle.*

**Back Jockey** – Hintere Sattelschabracke, Lederstück hinter dem →*Cantle.* Es dient der Abdeckung oder Aufteilung und Gestaltung der →*Skirts.* →*Saddle.*

**Back of Coronet** – Hufballen. →*Hoof.*

**Back Through** – Hindernis der Disziplin →*Trail.* Es ist ein Pflichthindernis, lässt aber durch viele Variationsmöglichkeiten einen großen Spielraum. Ein rückwärts zu bewältigendes Hindernis soll flüssig, aber nicht eilig passiert werden.

Das Pferd soll am angemessen losen Zügel entspannt rückwärts treten. Für die kleinste Berührung mit dem Hindernis oder der Begrenzung gibt es Abzugspunkte. Rückwärtsrichten durch ein aus Stangen gelegtes "L" mit einer Durchgangsbreite vom einem Meter, gehört zu den häufig benutzten Stangenanordnungen. Doch auch der Rückwärts-Slalom durch Pylonen oder um Blumengestecke, die hintereinander oder auch im Dreieck angeordnet sein können, wird gerne gewählt.

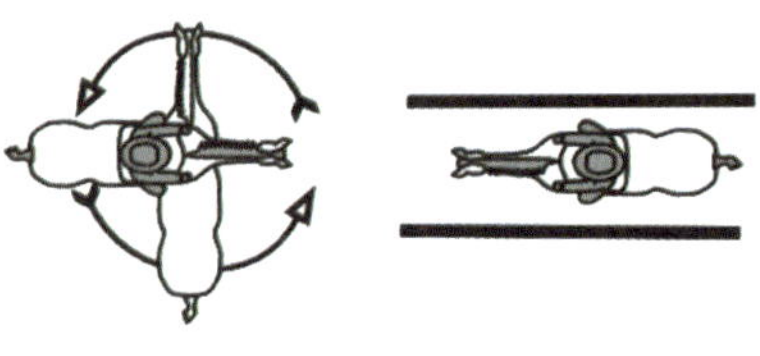

Back Up im Trail

**Back Up** – Rückwärtsrichten. Das verbale Kommando zum Rückwärtsrichten heißt →*Back.* Back Up ist Element vieler Westerndisziplinen und kann je nach Disziplin in Geschwindigkeit und Länge variieren. In der →*Reining* soll das Pferd flüssig mindestens drei Meter gerade rückwärts laufen.

**Balance** – Gleichgewicht. →*Balanced Horse,* →*Balanced Bit.*

**Balanced Bit** – Ein →*Bit,* das so ausbalanciert ist, dass es immer wieder von allein in seine korrekte Normalposition im Pferdemaul zurückgeht, wenn das Pferd die korrekte Kopfhaltung einnimmt und der Reiter nicht mit den Zügeln einwirkt.

**Balanced Horse** – Ausbalanciertes Pferd. Ein Pferd ist ausbalanciert, d. h. es geht im Gleichgewicht, wenn der Schwerpunkt des Reiters sich mit dem Schwerpunkt des Pferdes deckt. Durch die entsprechende Ausbildung lernt das junge ungeschulte Pferd mit der Hinterhand vermehrt unterzutreten und so das Hauptgewicht auf der Hinterhand zu tragen, so dass die Vorhand entlastet wird.

**Balance on the Bridle** – Ausbalanciert am Gebiss. Davon ist die Rede, wenn das Pferd in korrekter Kopfhaltung geht, ohne dass der Reiter aktiv über den Zügel einwirkt.

**Bald Face** – Laterne. Großes weißes Abzeichen am Kopf des Pferdes, das über die Augen hinausgeht und in der Regel auch über Nase und Nüstern reicht →*Markings.*

**Ball Ferrules** – Kugelförmige Metallhülsen zur Verzierung der Westernausrüstung. Man findet sie z. B. an Zaumzeugen, Halftern und Vorderzeugen. →*Ferrules.*

**Bandaña** – Quadratisches Halstuch. Es diente dem Cowboy u. a. als Staubmaske. Es wird diagonal zusammengefaltet und im Nacken geknotet. Das Dreieck liegt dabei vor der Brust und kann bei Bedarf vor Mund und Nase gezogen werden.

**Banding** – Bestimmter Stil die Mähne bei Westernturnieren einzuflechten. Die Mähne wird entlang dem Mähnenkamm in kleine Bereiche abgeteilt, die oberhalb des Nackens mit einem Gummiband zusammengebunden werden. Die entstandenen Mähnenteile werden nicht eingeflochten.

**Band of Horses** – Gruppe von Pferden, eine Herde. →*Broodmare Band,* →*Remuda.*

**Bar** – 1. Stange beim →*Bit.*

2. Laden des Pferdes, die natürliche Zahnlücke zwischen den Schneidezähnen und Backenzähnen.

3. Eckstrebe am →*Hoof.*

**Bareback Bronc Riding** – Rodeodisziplin, bei der es gilt, sich acht Sekunden auf dem bloßen Rücken eines bockenden Pferdes zu halten. Lediglich ein an der Brust des Pferdes befestigter Gurt, der über dem Widerrist mit einem Lederhandgriff versehen ist, bietet dem Rodeoreiter einen kleinen Halt. Ein mit Schaffell gepolsterter Gurt wird dem Pferd in der Flankenregion vor den Hinterbeinen erst lose um den Bauch gelegt und kurz vor dem Start so angezogen, dass man noch eine Hand darunter schieben kann.

Dieser Gurt ist dem Pferd lästig und es lernt schnell, dass es das Bequemste ist, durch Bocken erst den Reiter und dann den Bauchgurt loszuwerden. Je stärker das Tier bockt, umso größer ist die Aussicht auf eine hohe Punktzahl, sofern man sich überhaupt acht Sekunden auf dem Pferd halten kann. Nachdem der Reiter abgeworfen wurde oder auf das Pferd eines zweiten Reiters (Pick Up Man genannt) umgestiegen ist, wird der Bauchgurt durch einen Helfer zu Pferd vom bockenden Pferd gelöst.

**Bareback Equitation** – Prüfung des →*ApHC.* Die Reiter stellen ihre Fähigkeit unter Beweis, ein Pferd ohne Sattel korrekt reiten zu können. Bewertet werden Sitz des Reiters und die Einwirkung auf das Pferd. Der Inhalt dieser Prüfung ist vergleichbar mit dem der →*Western Equitation* bzw. →*Western Horsemanship.*

**Bar Pressure** – Druck, der über das Gebiss auf die Laden des Pferdes ausgeübt wird.

**Bar Rein** – Oberer Zügel des →*Western-Pelham.* →*Snaffle Rein.*

**Barrel** – 1. Körperteil des Pferdes zwischen Hüfte und Schulter.

2. Tonne wie sie beim →*Barrel Racing* verwendet wird.

**Barrel Ferrules** – Längliche Metallhülsen zur Verzierung der Westernausrüstung. Man findet diesen Schmuck z. B. an Zaumzeugen, Halftern und Vorderzeugen. →*Ferrules.*

**Barrel Race** – Renndisziplin, die sowohl beim Rodeo wie auch bei den amerikanischen Westernverbänden durchgeführt wird. Nach einem fliegenden Start müssen drei in einem vorgeschriebenen Abstand im Dreieck aufgestellte Tonnen in der schnellstmöglichen Zeit umrundet werden. Die Zeit wird genommen, wenn das Pferd mit der Nase die Startlinie bzw. Ziellinie erreicht. Die Tonnen dürfen zwar berührt werden, fällt allerdings eine Tonne um, werden fünf Strafsekunden angerechnet, eine Zeit, die kaum noch aufzuholen ist. In dieser Disziplin ist nicht allein die Schnelligkeit eines Pferdes maßgebend. Gefragt ist ein durchlässiges, gut gerittenes Pferd, denn nur ein solches kann die Tonnen in einem möglichst engen Kreis umrunden und damit wertvolle Sekunden gewinnen. Ein Pferd, das lediglich auf geraden Strecken schnell ist, hat wenig Chancen, auf den vorderen Plätzen mit dabei zu sein. Für Renndisziplinen wie dieser wurde ein spezieller →*Barrel Racing Saddle* entwickelt. Bei der →*EWU* zählt das Barrel Racing nur noch zu den Spielen.

**Barrel Racing Saddle** – Spezialsattel für das →*Barrel Racing*. Dieser Sattel hat einen tiefen Sitz und ein hohes Cantle. Er verfügt über einen hinteren Bauchgurt und ein schmales etwas höheres Horn, das vom Reiter manchmal bei der Wendung um die Tonne umfasst wird. Da es sich um einen Rennsattel handelt, ist er entsprechend leicht, da für diese Sättel wesentlich weniger Leder verarbeitet wird.

**Barrier** – Barriere. Sie wird in →*Roping* Disziplinen eingesetzt. Es handelt sich um ein gespanntes Seil am Eingang der →*Roping Box*. Die Barriere erlaubt dem Kalb oder Rind einen fliegenden Start aus der →*Chute*. Durchbricht das Pferd die Barriere vorzeitig, gibt es Straf- oder Zeitpunkte.

**Bars** – 1. Teil des Gebisses. Die Stange am Gebiss, die von einem Maulwinkel über den →*Port* zum anderen Maulwinkel geht. →*Leverage*.
2. Trachten. Die Bars sind zum Sattelbaum gehörende beidseitige Auflageflächen, mit denen der Westernsattel auf dem Pferderücken aufliegt. Die erforderliche Ausformung ergibt sich aus dem Rückenverlauf des Pferdes und der Rippenwölbung. Die Bars selbst sollten immer der Länge des Pferderückens angepasst und so lang wie möglich sein, damit der Sattel eine möglichst große Auflagefläche auf dem Pferderücken hat und sich das Reitergewicht optimal verteilt. →*Saddle*.

**Bars of the Mouth** – Laden. Zahnloser Teil des Pferdeunterkiefers zwischen den Schneidezähnen und den Backenzähnen, auf dem das Gebiss liegt.

**Basic Color** – Grundfarbe des Fells eines Pferdes. Zur Farbeinordnung sind weitere Farbmerkmale ausschlaggebend, wie z. B. Aalstrich oder die Farbe des Langhaars.

**Basic Paces** – Grundgangarten. Schritt →*Walk*, Trab →*Trot, Jog* und Galopp →*Lope*.

**Basic Speed** – Grundtempo. Reguläres Tempo in der jeweiligen Gangart, das im Turniersport verkürzt oder verstärkt verlangt werden kann. →*Extended,* →*Walk,* →*Jog,* →*Lope*.

**Basket Stamping** – Eingestanztes Korbmuster auf Lederartikeln. Es ist u. a. auf

Sätteln und Zaumzeugen zu finden.

**Basket Weave** – Eingestanztes Korbmuster auf Lederartikeln, das u. a. auf Sätteln und Zaumzeugen zu finden ist.

**Batwing Chaps** – "Fledermaus-Chaps", kurz Batwings genannt. Lange Lederchaps mit weiten Beinen, die an Fledermausflügel erinnern. Die Beinteile werden mit einem von oben kommenden, bis zu den Knien gehenden Reißverschluss oder mit zwei bis drei Gurten mit Schnallen am Oberschenkel befestigt. Batwing Chaps werden hauptsächlich in Rinderdisziplinen und beim Rodeo, aber auch von "richtigen" Cowboys getragen. Oft weisen diese Chaps kunstvolle Leder- oder auch Silberverzierungen auf und tragen häufig auch die Initialen ihres Besitzers.

Batwing Chaps

**Bay** – Fellfarbe. Von gelblichbraun über rötlich nach rötlichbraun gehend. Mähne, Schweif und untere Beinhälfte eines "bayfarbenen" Pferdes sind schwarz.

**Bay Roan** – Fellfarbe. Rotbraun-stichelhaarig mit einer einheitlichen Mischung an weißen Haaren. Mähne, Schweif und untere Beinhälfte sind schwarz.

**Behind the Bridle** – Hinter dem Gebiss. Man sagt, das Pferd geht hinter dem Gebiss, d. h., es lässt keinen Zügelkontakt zu, sondern nimmt die Nase hinter die Vertikale, um so dem Druck des Gebisses auszuweichen. Häufig zu sehen bei unsachgemäßem Einsatz von Kandaren oder Schlaufzügeln.

**Bell Boots** – Hufglocken. Sie schützen den empfindlichen Kronrand (Kronsaum), den Ballen und den Huf des Pferdes vor Verletzungen. Bell Boots sollen aus sehr leichtem Material sein, um den natürlichen Bewegungsablauf des Pferdes nicht zu stören und es nicht dazu zu veranlassen, seine Füße höher zu heben, als es das üblicherweise tun würde. Bei →*Combination Boots* sind die Bell Boots fest mit den →*Splint Boots* oder →*Skid Boots* verbunden.

**Bell Stirrups** – Glockenförmige Steigbügel mit flacher Trittfläche. →*Wide-Bell Stirrups*.

**Belt** – Gürtel. Er fand beim früheren →*Cowboy* eine vielfältigere Verwendung als bloß seine Hose zu zieren oder am Platz zu halten, z. B. als Kopfstückersatz im Notfall. Heute sind die Gürtel des Westernreiters reine Zierde und oft kunstvoll mit Silber, Pferdehaarflechtungen oder auch eingeflochtenen Lederteilen verziert, je nach Geschmack des Besitzers. →*Hitching*.

Gürtel mit verzierten Gürtelschnallen

**Belt Buckle** – Gürtelschnalle. In den USA ist eine kaum vorstellbare Vielfalt an Gürtelschnallen aus den verschiedensten Materialien zu finden. Ob aus Silber oder nur versilbert, aus Kupfer, Zinn, mit wertvollen Einlegearbeiten, der

Phantasie der Hersteller sind keine Grenzen gesetzt. Sehr häufig sind große ovale Gürtelschnallen, deren Dorn einfach nur in das dafür vorgesehene Loch des Gürtels gesteckt wird. Diese Buckles sind oft sehr kunstvoll gestaltet, und es ist nicht unüblich, sich seine persönliche Buckle anfertigen zu lassen. Ein schicker Gürtel mit einer schönen Buckle gehört zum →*Show Outfit* eines Turnierreiters. Beliebt sind auch →*Trophy Buckles*, das sind Gürtelschnallen, die man auf Turnieren gewinnen kann.

**Bend-Counterbend** – Sehr fortgeschrittene Gymnastizierungsübung. Sie dient dazu, das Pferd einen guten →*Spin* zu lehren. Das Pferd wird dabei in die eine Richtung gebogen, bewegt sich aber in die andere auf dem Zirkel fort. Es geht z. B. einen Rechtszirkel, aber die Nase, der Hals und der ganze Körper sind nach links gegen die Bewegungsrichtung gebogen.

**Billet** – Gurt zur Befestigung des hinteren Bauchgurtes oder auf der rechten Seite des vorderen Bauchgurtes. Hinten wird er auch als →*Flank Billet* bezeichnet, vorne als →*Off Billet.*

**Billy** – Old Billy (1860 –1886). Der Hengst wurde im Jahr vor dem Amerikanischen Bürgerkrieg geboren. Er prägte ebenso wie sein Großvater →*Steel Dust* das heutige Quarter Horse. Er war in Südtexas einer der populärsten Stammhengste und seine Nachkommen waren immer unter den Siegern der →*Short Races* zu finden. Bevor die →*AQHA* gegründet wurde, nannte man die Quarter Horses "Steel Dusts" oder "Billy Horses". →*Foundation Line.*

**Billy Allen Bit** – Spezielles Gebiss mit doppelt gebrochenem Mundstück. Das Mittelstück besteht aus einer schmalen Rolle. Durch diese Rolle wird die Beweglichkeit des Mundstücks eingeschränkt und die Nussknackerwirkung des normalen →*Snaffle Bits with Shanks* verhindert. Viele Pferde, die mit einem Snaffle with Shanks zum Kopfschlagen neigen, hören mit dieser Unart bei Umstellung auf dieses Gebiss auf.

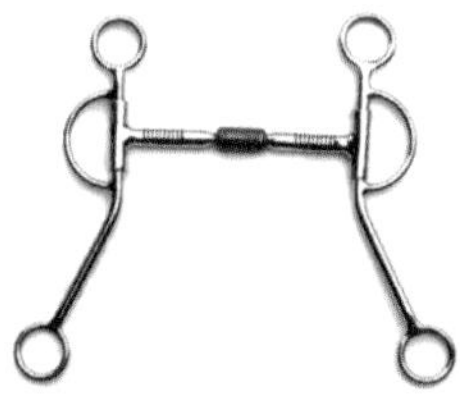

**Bit** – Oberbegriff für alle Gebisse. In der Regel ist damit jedoch die Westernkandare gemeint. Die gebräuchliche Unterteilung ist: →*Snaffle Bit*, →*Snaffle Bit with Shanks* und Bit. Ein Gebiss soll im Idealfall ¼ inch (6 mm) breiter sein als das Pferdmaul, also auf jeder Seite 3 mm. Die Breite des Gebisses wird an der Innenseite der Gebisse gemessen. Im Turniersport gelten strikte Regeln bezüglich der erlaubten Gebisse. So ist z. B. für die Gebissstärke ein Mindestdurchmesser vorgeschrieben. Die Gebissdicke muss in 2,5 cm Entfernung vom Maulwinkel aus gemessen mindestes 0,8 bis 0,95 cm betragen. Dieses Maß differiert je nach Verband. Dünnere Gebisse, gedrehte oder aufgerauhte Gebisse sind ebenfalls verboten. Die gesamte Schenkellänge eines Bits darf 21 cm nicht überschreiten. Ein Mundstück, das nach unten eine Auswölbung hat oder bei dem etwas unterhalb des Mundstückes herausragt, ist nicht zugelassen. Die Erhöhung nach oben, die Zungenfreiheit, oder der →*Port*, darf 7,6 cm bis 9,0 cm, je nach Verband, nicht überschreiten. Die Stärke der Hebelkraft eines Bits, →*Leverage,* hängt nicht nur von der Länge der Anzüge, →*Shanks*, ab, sondern auch von dem

Längenverhältnis der Ober- und Unterbäume.
→*Billy Allen Bit,* →*Cricket Bit,* →*Curb Bit,* →*Grazer Bit,* →*Half Breed Bit,* →*High Port Bit,* →*Low Port Bit,* →*Mona Lisa Bit,* →*Mullen Mouth Bit,* →*Salinas Bit,* →*Spade Bit,* →*Sweetwater Mouthpiece,* →*Leverage,* →*Port,* →*Roller.*

**Bit Chains** – Ketten an →*Romal Reins*, die das Bit mit den →*Reins* verbinden.

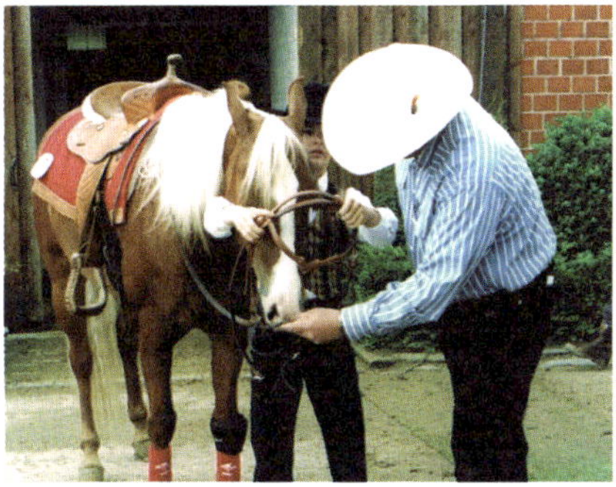

Gebisskontrolle nach der Reining

**Bit Control** – Gebisskontrolle. Sie gehört beim Turnier zu einer →*Reining* →*Pattern* dazu. Der Richter oder eine andere autorisierte Person verlangt nach dem Ritt das Abnehmen des Zaumzeugs und überzeugt sich so, dass kein unerlaubtes Gebiss verwendet wurde. Das Vergessen der Bit Control führt zur Disqualifikation des Reiters. Gelegentlich führen Richter eine solche Gebisskontrolle auch bei Teilnehmern anderer Prüfungen durch.

**Bit End Concho** – Eine silberverzierte oder silberne Schraube zur Befestigung des Zügels am Gebiss. →*Chicago Skrew,* →*Concha.*

**Bit Guard** – Gebissschutz. Er dient dazu, Verletzungen im Maulbreich an den hochempfindlichen Leftzen vorzubeugen. Das Bit Guard im Westernreitsport ist in der Regel aus Leder hergestellt. Es schützt rechts und links die Leftzen und verläuft über die Pferdenase, so dass es den von der Trense ausgeübten Druck dorthin weiterleitet.

**Bit Port** – Zungenfreiheit. →*Port.*

**Bit Proportion** – Das Längenverhältnis zwischen den oberen und unteren Anzügen des Mundstücks eines Gebisses. →*Leverage.*

**Bitting** – Anpassen des Gebisses an den individuellen Pferdekopf. Die Gebisse, →*Bits,* und die Lederteile des Kopfstücks, →*Headstall*, wirken auf bestimmte Druckpunkte am Kopf des Pferdes ein: auf die Laden, die Zunge, den Gaumen, das Kinn und das Genick. Von der jeweiligen Zäumungsart und der richtigen Verschnallung hängen sowohl die korrekte Wirkungsweise als auch die Intensität der Beeinflussung am Kopf ab.

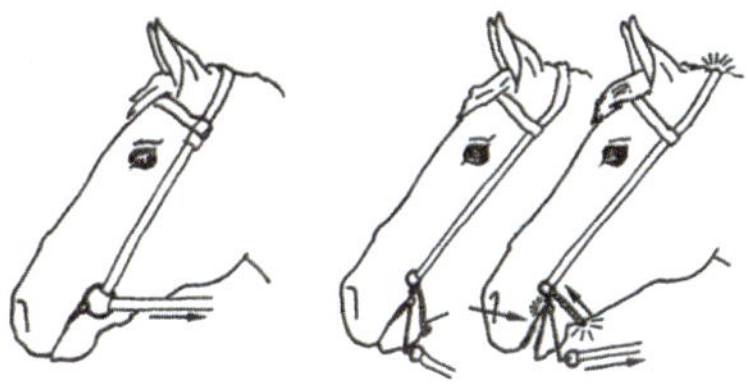

Druckpunkte

**Black** – Rappe. Fell, Mähne und Schweif sind schwarz, keine Aufhellungen an den Weichteilen.

**Blanket** – Decke. 1. →*Navajo Blanket.* Unterlegdecke für den Sattel.
2. Schutzdecke gegen Wind, Wasser, Fliegen usw. →*Water-Repellent Blanket,* →*Water-Resistent Blanket* →*Waterproof Blanket,* →*Windproof Blanket,* →*Breathable Blanket,* →*Show Cooler,* →*Sheet.*
3. Fellzeichnung beim →*Appaloosa*, die aussieht wie eine über die Kruppe gelegte Decke. →*White Blanket.*

**Blaze** – Blesse. Grosses, weißes Abzeichen am Pferdekopf, das von der Stirn bis über den Nüsternansatz hinausgehen kann. →*Markings.*

**Blevin Buckle** – Schnellverschluss für den Riemen der Steigbügel.

**Blue Eyes** – Blaue Augen, auch Glasauge genannt. Auffällige Pigmentaufhellung im Pferdeauge, die typisch für Pferde mit einer Laterne ist und insbesondere beim →*Paint Horse* häufig vorkommt. Die Iris sieht bläulich oder ockerfarben aus. Blue Eyes werden auch Cotton Eyes genannt.

**Blue Roan** – Rappschimmel oder Blauschimmel, schwarz-stichelhaarig. Das Fell besteht aus einer Mischung von weißen und schwarzen Haaren. Der Kopf und die unteren Beinhälften sind im Regelfall dunkler. Es können auch einige wenige rote Haare vorhanden sein.

**Body Aligment** – Körperausrichtung. Die Körperausrichtung eines Pferdes bezieht sich auf die Ausrichtung des Rückgrades vom Genick, über Hals, Schultern, Mittelhand und Hüften. Durch Gymnastizierung, die den Körper des Pferdes geschmeidig und locker macht, wird das Pferd in die Lage versetzt, sich korrekt auszurichten.

**Body Position** – Körperhaltung des Pferdes oder des Reiters.

**Bolotie** – Cowboykrawatte oder Schnürsenkelkrawatte. Eine Art Brosche, die an einem um den Nacken laufenden Band befestigt ist, dessen Enden unterhalb der Brosche vor der Brust des Trägers herunterhängen. Es kann sich dabei um eine einfache Lederschnur, oder auch eine geflochtene Leder- oder Baumwollschnur handeln, deren Enden manchmal mit Silberspitzen verziert sind. Die Schnürsenkel-Krawatte wurde von Vic Cedarstaff in Wickenburg/Arizona entworfen und später patentiert. Sie wird auch Bola Tie genannt.

**Boot-Covers** – Schutzüberzüge für Gamaschen. Sie sollen die Verschmutzung und Beschädigung verhindern.

**Boot-Hooks** – Stiefelanzieher. Sie bestehen aus zwei Haken mit Griffen. Die Haken werden in die vorgesehenen Lederschlaufen am oberen Ende des Stiefelschafts eingehängt und so das Hochziehen des Stiefels erleichtert.

**Boot Jack** – Stiefelknecht. Hilfsmittel zum Ausziehen der Stiefel.

**Boot Race** – Spiel der Westernverbände. Der Start erfolgt in kleinen Gruppen. Vor dem Start müssen die Teilnehmer ihre Stiefel ausziehen, die an das andere Ende der Bahn gelegt werden. Nach dem Startzeichen reiten alle Teilnehmer barfuss zu dem Stiefelberg, springen vom Pferd, suchen ihre Stiefel, ziehen sie wieder an und reiten zurück zur Ziellinie. Sieger ist, wer dort zuerst ankommt. Wer das Spiel mit falschen Stiefeln oder gar falschem Pferd beendet, wird disqualifiziert.

**Boots** – 1. Gamaschen für Pferde. Beinschützer: →*Bell Boots,* →*Combination Boots,* →*Ice Boots,* →*Knee Boots* auch →*Knee Guards,* →*Shipping Boots,* →*Skid Boots,* →*Splint Boots.*
2. Stiefel. →*Cowboy Boots.*

**Boot Tips** – Metallverzierung für die Spitze von Westernstiefeln. →*Cowboy Boots.*

**Born** – Geboren.

**Bosal** – Nasenband der klassischen →*Hackmore.* Eine gebisslose Ausbildungszäumung der traditionellen kalifornischen Reitweise.

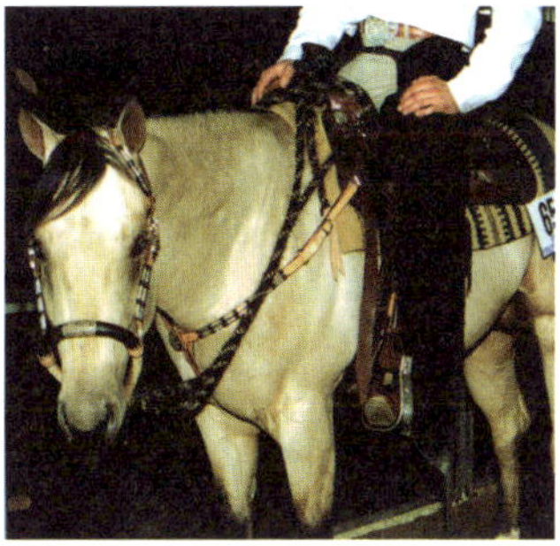

Das Bosal besteht aus dem Nasenstück und den weiterführenden Schenkeln, die sich sich unter dem Pferdekinn zu einem Lederknopf, dem →*Heel Knot,* vereinigen. Das Bosal ist traditionell aus Rohleder →*Rawhide* gefertigt, wird jedoch heute auch aus Lederstreifen hergestellt. Ein gutes Bosal hat eine Rohlederseele von 4 bis 10 mm Dicke, um die Rohhautstreifen geflochten werden. Bosals mit einer Stahlseele sind im Turniersport verboten. Die Rohlederseele wird mit mindestens vier Streifen Rawhide umflochten. Je höher die Anzahl der Streifen ist, desto aufwendiger die handwerkliche Arbeit und desto glatter und gleichmäßiger erscheint die Oberfläche.

Ein Bosal, das mit einer höheren Streifenzahl gefertigt wurde, ist nicht nur flexibler, sondern auch formbeständiger und passt sich dem Pferdekopf besser an. Die Bosalgrößen werden in →*Inch* gemessen und hängen von der Schenkeldicke ab, die wiederum den Verwendungszweck bestimmt. Als „Anfänger-Bosal" wird das 5/8 -Inch-Bosal in der Regel benutzt, für ausgebildete Pferde häufig ½-Inch-Bosal. Ein Bosal sollte zu Beginn immer unter Anleitung eines Trainers benutzt werden, der hinreichend Erfahrung im Umgang damit hat. Die Regelbücher schreiben für den Turniersport vor, dass das Bosal im Bereich der Wange des Pferdes einen Durchmesser von höchstens ¾ inch = 1,9 cm besitzen darf. Das Bosal ist aufgrund mangelnder Einwirkungsmöglichkeit, die den Versicherungsschutz gefährden kann, nur bedingt als Zäumung für das Gelände geeignet.

**Bosalito** – Dünnes Bosal. Ca. 5/16 inch.

**Bot Eggs** – Dasselfliegenlarveneier. Die Dasselfliegen legen ihre gelblichen extrem am Pferdefell haftenden Eier vorzugsweise auf Vorderbeinen und Schultern der Pferde ab. Lecken sich die Pferde an diesen Stellen, landen die Dasselfliegenlarven in der Maulhöhle und der gefährliche Wurm-Kreislauf beginnt.

**Bot Egg Knife** – Spezialmesser, um die im Fell festklebenden Dasselfliegenlarveneier, →Bot Eggs, zu entfernen.

**Bouncing** – Ruckartiges Abstoppen des Pferdes vor allem über die beiden Vorderbeine.

**Bow Legged** – Säbelbeinig. Das säbelbeinige Pferd weist eine stärkere Winkelung im Sprunggelenk und einen flacheren Winkel im Hüftbereich auf, was eine höhere Belastung der Gelenke zur Folge hat.

**Bowline Knot** – Spezieller Knoten. In Deutschland wird dieser Knoten Palstek genannt. Er zieht sich unter Spannung nicht zu und kann schnell wieder geöffnet werden.

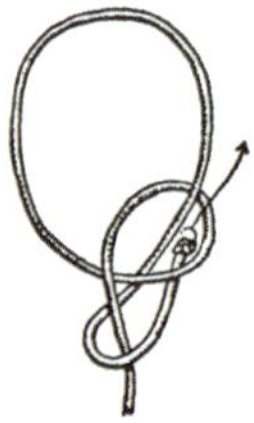

Bowline Knot

**Box** – Bezeichnung für den Platz neben der Startbox, →*Chute,* aus welcher das Kalb oder das Rind beim →*Roping* herauskommt. Der Roper muss bis zum Startzeichnen in der Box bleiben.

**Boxing** – Bestandteil der →*Fence Work* der →*Working Cowhorse* Prüfung. Der Teil bei der das Rind zu Beginn der Prüfung an der kurzen Seite der Arena gehalten werden muss. Dabei zeigt der Reiter, dass das Pferd in der Lage ist, das Rind zu kontrollieren.

**Braces** – Bewegliche Teile des Gebisses. Seitenteile links und rechts des →*Spades* oder →*Spoons* beim →*Spade Bit* zwischen →*Port* und →*Cheek Pieces.*

**Braided** – Geflochten. →*Bosal, Horsehair Braided,* →*Romal Reins,* →*Rawhide Headstall,* →*Rawhide Strings.*

**Braided Rawhide** – Geflochtene Rohhaut. Aus diesem Material wird traditionell die kalifornische Zäumung hergestellt. →*Romal Reins,* →*Bosal.*

**Brainy** – Gelehrig. Man spricht z. B. von einem "Brainy Horse".

**Brand** – Brandzeichen. Besitzanzeigende eingebrannte Markierung im Fell eines Pferdes oder Rindes. Der Brand kennzeichnete früher hauptsächlich das Eigentum an einem Pferd oder Rind.

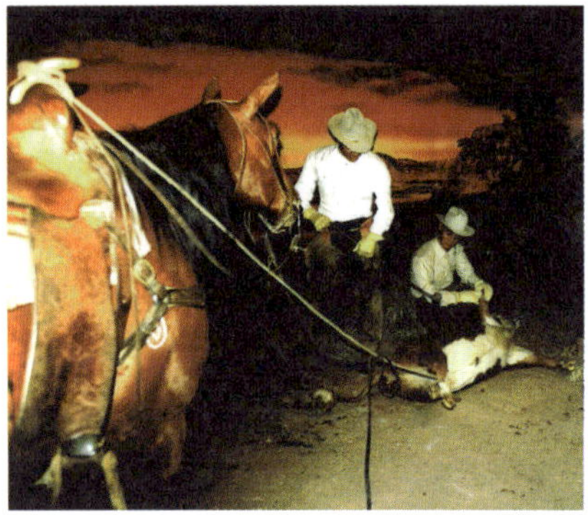

Branding

Es gab einfache Regeln nach denen ein Brandzeichen gelesen wurde, immer von links nach rechts, von oben nach unten und von außen nach innen. Auch die Veränderung und Verzierung einzelner Buchstaben und Zahlen unterlag festen Regeln, so dass fast jeder Cowboy ein Brandzeichen mühelos deuten konnte. Brandzeichen werden heute hauptsächlich verwendet, um den Ursprung des Tieres zu kennzeichnen. Auf Ranches in den USA, in denen die Pferde auch heute noch in Herden in unwegsamem Gelände leben, haben manche Pferde bis zu vier Brände, aus denen der Züchter, Vater, Mutter und Geburtsjahr des Pferdes hervorgehen. So ist es möglich, sie anhand ihrer Abstammungspapiere und ihrer Brände zu identifizieren. Ein breites Plastikhalsband, wie es die Stuten auf den reinen Pferderanches, auf denen Turniernachwuchs gezüchtet wird, tragen, wäre im rauhen Gelände zwischen den Büschen zu gefährlich.

**Branding Iron** – Brandeisen. Negativstempel eines Brandzeichens aus Eisen mit einem langen Griffstück. Der Stempelteil wird über Feuer rotglühend gemacht und kurz in das Fell des zu kennzeichnenden Tieres gedrückt. Durch die hierbei hervorgerufene Zerstörung der Haar- und Hautzellen bleibt der Brand ein Leben lang sichtbar. →*Brand.*

**Breakaway Roping** – Rinderdisziplin. Es wird die Zeit gewertet, die ein Reiter benötigt, um ein Kalb, das aus der →*Chute* startet, mit dem →*Rope* zu fangen. Das Rope wird dabei nicht am Sattelhorn festgebunden, wie beim richtigen →*Calf Roping*, sondern mit einer speziellen Schlinge am Sattelhorn befestigt, die sich öffnet, wenn das Kalb gefangen wird und am Rope zieht, womit dann die Aufgabe des Reiters beendet ist.

**Breaking** – Einreiten eines Pferdes, das früher mit viel Gewalt durchgeführt wurde. Heute agiert jeder gute Trainer mit äußerster Sensibilität. Es bezeichnet inzwischen eher die Eingewöhnung, die erste Ausbildungsphase in der Grundausbildung eines Pferdes.

**Break of Gait** – Gangartenunterbrechung. Sie wird im Westernturniersport mit hohen Abzügen geahndet. Das kann beispielsweise im →*Trail* vorkommen, wenn am Boden liegende Stangen im Trab zu überwinden sind und das Pferd zwischendurch in den Schritt fällt oder auch in jeder anderen Disziplin, in der eine Gangart vorgegeben ist. Die Abzugspunkte differieren je nach Prüfung.

**Breast Collar** – Vorderzeug. Es wird benötigt, wenn ein Sattel sich trotz guter Passform auf dem Pferderücken verschiebt, was bei einigen Pferden vorkommen kann. Auch bei Ponys mit kurzem Hals und wenig Widerist empfiehlt sich zumeist ein Vorderzeug. Seine Länge muss der Größe des Pferdes angepasst sein. Das Vorderzeug wird symmetrisch rechts und links in die am Sattel dafür vorgesehenen Ringe eingeschnallt. Der dritte, untere Riemen führt zum Bauchgurt und wird dort in den dafür vorgesehenen Ring eingehakt. Das Vorderzeug darf nicht so hoch sitzen, dass es auf die Luftröhre des Pferdes drückt und so die Atmung behindert. Das Breast Collar verhindert zum einen das Verrutschen des Westernsattels nach hinten und erhöht zum anderen die Gesamtstabilität des Westernsattels auf dem Pferderücken.

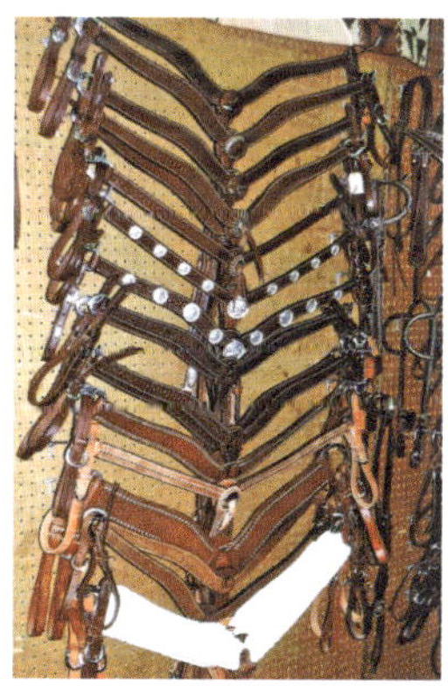

**Breast Collar Ring** – Mittleres Verbindungsteil eines Vorderzeugs. Es kann aus schlichtem Metall, aber auch aus

Silber sein. In diesen Ring kann beispielweise auch ein entsprechend gearbeitetes Martingal eingeschnallt werden. →*Western Matingale.*

**Breast Plate** – Silberverzierte Metallplatte im Kernstück des Vorderzeuges anstelle eines →*Breast Collar Rings.* Eine solche Breast Plate ist hauptsächlich bei einem "Show Breast Collar" zu finden.

**Breathable Blanket** – Atmungsaktive Pferdedecke. Bei dieser Decke dringen Schweiß und Verdunstungswärme nach außen, das Pferd trocknet so unter der Decke und bleibt warm.

**Breed** – Rasse.

**Breed Association** – Zuchtverband. Die drei großen Zuchtverbände der Westernpferderassen sind die →*AQHA* →*APHA* und →*ApHC.*

**Breeder** – Züchter. Als Züchter eines Fohlens gilt die Person, die zum Zeitpunkt der Bedeckung im Besitz der Stute war.

**Breeders Certificate** – Deckschein. Der Hengsthalter ist für die ordnungsgemäße Ausstellung des Deckscheins, der die wichtigen Daten über die Bedeckung enthält, zuständig. Für den Züchter ist der Deckschein erforderlich, um ein Fohlen beim Zuchtverband aufnehmen und eintragen zu lassen. →*Breeder.*

**Breeders Reward** – Züchterprämie. →*Incentive Fund.*

**Breeding** – Abstammung, Zucht.

**Breeding Class** – Zuchtklasse. In einer solchen Klasse werden Pferde ausschließlich am Halfter und nicht unter dem Sattel vorgestellt. Zuchtklassen sind nach Geschlecht und Alter unterteilt. Aus jeder Geschlechtsklasse wird das beste Pferd zum →*Grand Champion* gekürt.

**Breeding Farm** – Zuchtbetrieb.

**Breeding Fee** – Deckgebühr. →*Stud Fee.*

**Breeding Hobbles** – Spezielle Beinfesseln für die Stute während des Hengstsprunges. Die Hinterbeine werden teilfixiert, damit die Stute nicht nach dem Hengst austreten kann. →*Hobbles.*

**Breeding Manager** – Der für die Zucht Verantwortliche in einem Zuchtstall.

**Breeding Selection** – Zuchtauswahl.

**Breeding Stock** – 1. Zuchtpferde.

2. Einfarbige Paint Horses werden in das →*Breeding Stock Registry* des →*APHC Stud Book* eingetragen, sind aber auf Turnieren nicht in den normalen Klassen der →*APHA* startberechtigt. Für Breeding Stocks gibt es bei der APHA eigene →*Halter-* und →*Performance-Classes*, die unter dem Namen "Breeding Stock Class" laufen. Die Pferde können Auszeichnungen im Rahmen der Breeding Stock Classes erhalten, z. B. ein →*ROM*, →*Superior Horse* oder →*Breeding Stock Champion* werden. Ein buntes Fohlen von Breeding Stock Eltern kann wieder regulär eingetragen werden.

3. Bei der AQHA werden Pferde als Breeding Stock bezeichnet, deren weiße Abzeichen über das erlaubte Maß hinausgehen.

**Breeding Stock Champion** – Auszeichnung in den Breeding Stock Classes der →*APHA.* →*Breeding Stock.*

**Bridge** – Brücke. Hindernis der Disziplin →*Trail.* Die Mindestbreite einer Brücke in Trailparcours beträgt 90 cm, die Länge 2,50 m (EWU-Regelbuch). Ein Geländer ist nicht vorgeschrieben.

Das Pferd soll sich der Brücke, wie auch anderen Hindernissen, mit niedriger Kopfhaltung nähern, die ihm entsprechend seinen Sehfähigkeiten eine optimale Einschätzung des Hindernisses erlaubt. Das Pferd soll ruhig und mittig über die Brücke gehen.

**Bridle** – Zaumzeug mit Gebiss. →*Headstall*, →*Bit*.

**Bridle Bag** – Spezialtasche zum Verstauen des Zaumzeugs.

**Bridle Class** – Spezielle Klasse der →*NRCHA*. In dieser Klasse darf nur im →*Bit* und mit →*Romal Reins* geritten werden. Das Bit muss mindestens einen →*Port* von einem →*Inch* haben und mit einem →*Cricket* versehen sein.

**Bridleless** – Ohne Zaumzeug. Gelegentlich demonstrieren Westernreiter bei Shows oder anderen Gelegenheiten durch das Abnehmen des Zaumzeugs, dass sie in der Lage sind, ihr Pferd allein mit Gewichts-, Schenkel- und Stimmhilfe zu reiten. Dabei kann z. B. ein →*Trail*, eine →*Reining* oder auch eine →*Cutting* vorgeführt werden. In den USA werden derartige Shows "Just for Fun", jedoch häufig auch mit ausgelobten Preisgeldern, veranstaltet. Diese Klassen sind nicht bei den Verbänden anerkannt.

Bridleless Cutting

**Bridle Loop** – Eine →*Concha* mit einer Öse an der Rückseite. Diese Concha wird zur Zierde am Kopfstück rechts und links des Stirnbands angebracht. Die Riemen des →*Headstalls* laufen dann durch die Concha-Ösen hindurch. →*Bridle*.

**Bridle Horse** – Ausgebildetes Pferd, das einhändig im Bit geritten wird.

**Bridle Path** – Abgeschorener Teil der Mähne hinter den Ohren des Pferdes. Er ist ca. 10 bis 15 cm lang und soll das Aufliegen des Halfters oder des Kopfstückes verbessern. Bei Turnierpferden ist dieses Scheren allgemein üblich, besonders bei Pferden, die in →*Halter* oder →*Showmanship at Halter* vorgestellt werden.

Deutlich zu erkennender Bridle Path

**Bridle Rack** – Trensenhalter. Eine Konstruktion, an der eine oder mehrere Trensen aufgehängt werden können.

**Bridling a Horse** – Aufzäumen eines Pferdes. Das geschieht in der Regel von Links. Beide →*Split Reins* werden unter dem Hals durchgereicht und von oben über den Pferdehals auf die linke Seite geschlagen. Die übergeschlagenen Zügel bilden durch einen schnellen Griff unter den Hals, eine Zugelschlaufe, mit der das Pferd notfalls daran gehindert werden kann, sich in Bewegung zu setzen. In die gleiche Richtung wie das Pferd stehend, greift man mit der rechten Hand unter dem Hals durch und nimmt die beiden Backenriemen des Kopfstücks in die Hand. Dann zieht man das Kopsstück so weit hoch, dass sich das Gebissstück unmittelbar vor dem Pferdemaul befindet. Mit der linken Hand schiebt man dem Pferd vorsichtig das Gebissstück ins Maul. Schließlich wird das Genickstück mit beiden Händen über die Ohren an seinen Platz geschoben. Ein evtl. vorhandener Kehlriemen wird so geschlossen, dass man noch drei bis vier Finger dazwischen schieben kann. Der linke Zügel wird jetzt wieder auf die linke Seite geholt.

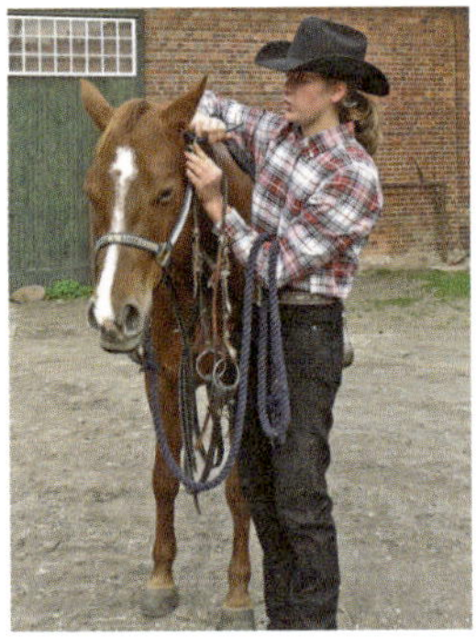

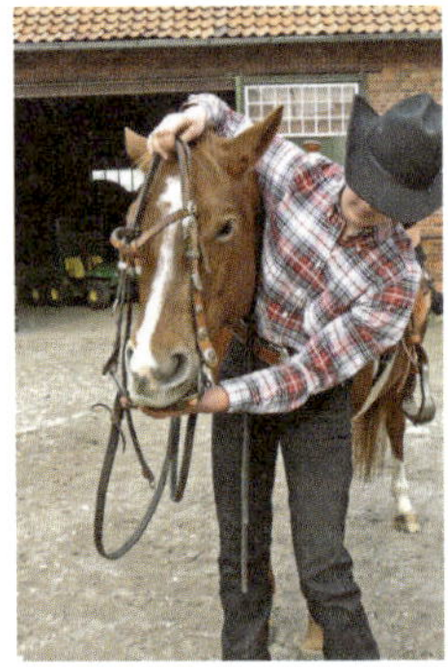

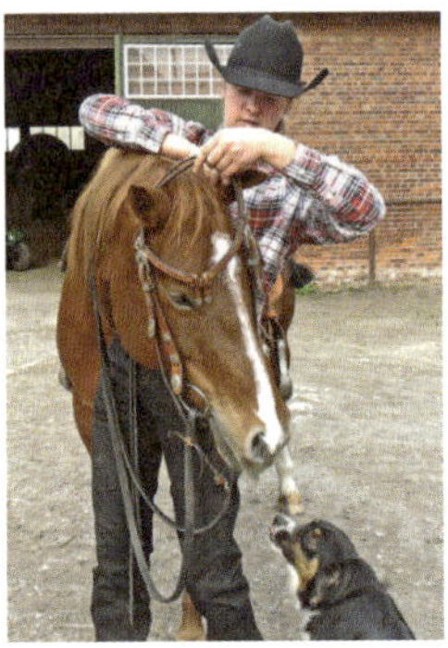

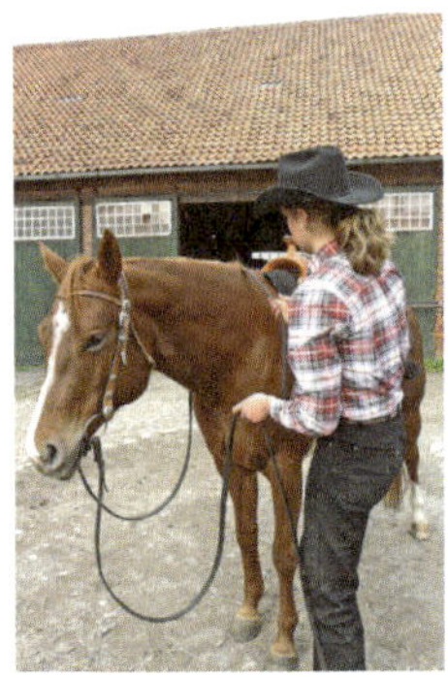

**Brim Brush** – Spezielle Bürste, um einen Westernhut abzubürsten, der traditionell aus Filzmaterial besteht.

**Broke** – Zugeritten, angelernt, eingewöhnt. →*Breaking,* →*Halter Broke,* →*Saddle Broke.*

**Broken Bit** – Gebrochenes Gebiss. Mundstück einer →*Snaffle* oder einer →*Snaffle with Shanks.*

**Bronce Trophy** – Eine begehrte Trophäe der →*NRHA* für den Sieger auf ausgewählten Turnieren dieses Verbandes.

**Bronce Trophy Reining** – Reining der →*NRHA*, in der um die begehrte →*Bronze Trophy* geritten wird.

Bronce Trophy Gewinner

**Bronc(o)** – Nicht eingerittenes Pferd. Auch Bezeichnung für ein domestiziertes Wildpferd bzw. Mustang. Ursprüngliche Bezeichnung der →*Vaqueros* für ein kleines, wildes, gelehriges Pferd. Als Raw (roh) Bronco wurde ein unzugerittenes Wildpferd bezeichnet. Beim →*Rodeo* wird damit ein Pferd bezeichnet, das seinen Reiter durch Bocken abwirft. →*Bareback Bronc Riding,* →*Saddle Bronc Riding.*

**Bronc(o) Buster** – Bezeichnung für einen Cowboy, der Pferde nach der alten, heute sehr unpopulären Methode "einbricht". Viele Zureiter wanderten von Ranch zu Ranch und wurden pro zugerittenem Pferd bezahlt, so dass Quantität wichtiger war als Qualität.

**Broncy** – Zum Bocken neigend.

**Broodmare** – Zuchtstute.

**Broodmare Band** – Zuchtstutenherde. Jede etwas größere Ranch besitzt eine Zuchtstutenherde, die in der Regel eine exzellente Abstammung aufweist. Die Größe der Herde richtet sich nach der Größe der Ranch und ihrem Viehbestand. Die Junghengste werden kastriert und meistens als Arbeitspferde für den Ranchbetrieb behalten oder ausgebildet verkauft. Die Stutennachzucht wird größtenteils verkauft, nur besonders vielversprechende Stuten werden zur Zucht behalten und in die Broodmare Band eingegliedert. Die Pferdehaltung in einem solchen Herdenverband ist für die Aufzucht von Fohlen optimal und fördert das Sozialverhalten der Tiere.

**Broodmare Class** – Klasse bei →*Halter* Prüfungen für Zuchtstuten, die im laufenden oder im Vorjahr ein Fohlen gehabt haben.

**Broomtail** – Bezeichnung für ein Geländepferd mit struppigem Schweif.

**Browband Headstall** – Kopfstück mit Stirnband. →*Headstall.*

**Brown** – Schwarzbrauner, Dunkelbrauner. Pferd mit braunem bis schwarzem Fell. Er unterscheidet sich vom Rappen dadurch, dass er Aufhellungen im Bereich der Augen, Nase, Flanken und Innenseiten der Beine aufweist. Mähne und Schweif sind schwarz.

**Buckaroo** – Die eigentliche Bezeichnung ist →*Vaquero*. Da das "V" jedoch im Spanischen wie ein "B" gesprochen wird, wandelte sich das Wort im Zuge seiner Amerikanisierung in Buckaroo. Als Buckaroos bezeichnen sich auch heute noch weiße Cowboys bestimmter Regionen.

**Buckboard Driving** – Prüfung des ApHC in der Appaloosas vor der Kutsche gezeigt werden. Vierrädrige Kutschen, die maximal mit vier Personen besetzt sein dürfen, können von einem oder zwei Pferden gezogen werden. Sowohl der Typ der Kusche wie auch die Kleidung der Mitfahrenden soll das frühe Amerika demonstrieren. Neben und Kutsche und Kleidung werden die Manier der Pferde in der sie in der Anspannung agieren, bewertet.

**Bucking Horse** – Bockendes Pferd.

**Bucking Rolls** – Es handelt sich dabei um zwei etwa handgroße, gewulstete Lederteile, die rechts und links hinter den ➔*Swells* auf den Sattel geschraubt werden. Bucking Rolls sollen dem Reiter in kritischen Situationen mehr Halt im Sattel geben. ➔*A-Fork*.

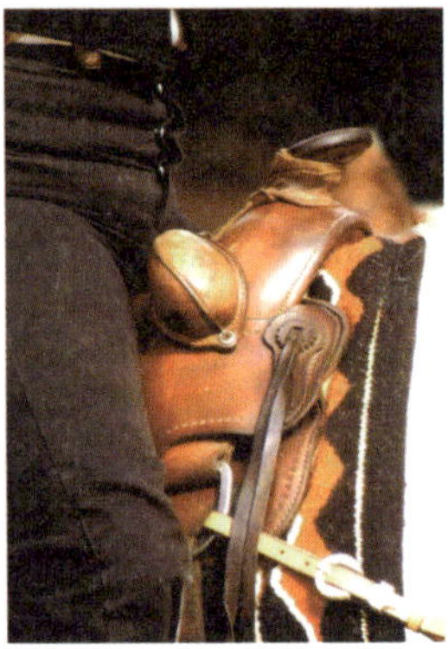

**Bucking Strap** – Bockerriemen. Lederriemen von ca. 10 – 14 cm Breite, der den Pferden und Rindern beim ➔*Rodeo* angelegt wird. ➔*Bareback Bronc Riding*, ➔*Bull Riding*, ➔*Saddle Bronc Riding*.

**Buckle** – Schnalle. ➔*Belt-Buckle*, ➔*Trophy Buckle*, ➔*Blevin Buckle*.

**Buckle Set** – Ein Gürtelschnallenset, das die Schnalle, eine Verzierung für das Gürtelende und Gürtelschlaufe beinhaltet.

**Buckskin** – 1. Hirschleder, das auf traditionelle Art und Weise gegerbt wurde. Es genießt heute noch bei den amerikanischen Cowboys hohes Ansehen, da die rauchgegerbte Haut auch nach dem Nasswerden weich bleibt.
2. Farbezeichnung für Falben, deren Mähne, Schweif und untere Beinhälften schwarz sind. Das Fell ist gelblich bis gold. Ein typischer Buckskin hat keinen Aalstrich. Lediglich das ApHC-Regelbuch lässt einen Aalstrich zu.

**Bull Riding** – Disziplin im Rodeosport. Anstelle von Pferden reiten die Teilnehmer riesige Stiere, von denen jeder sicherlich eine Tonne wiegt. Statt der vorderen Gurte wie beim Pferd, wird dem Bullen ein Seil um die Brust gebunden, an dem sich der Reiter festhalten kann. Die andere Hand muss frei in der Luft schwingen. Diese riesigen Tiere sind zu unglaublichen akrobatischen Bewegungen fähig, um sich ihres Reiters zu entledigen. Acht Sekunden heißt das Zeitlimit. Dann springt der Reiter von dem Tier ab und bringt sich in Sicherheit. Rodeoclowns versuchen dabei den Bullen abzulenken, damit er sich nicht dem abgesprungenen Reiter zuwendet.

**Bull Snap** – Elefantenhaken. Besonders massiver Anbindehaken am Ende eines Anbindestricks oder Seils. ➔*Snap*.

**Bunch** – Gruppe von Pferden.

**Butterfly Skirt** – ➔*Cutaway Skirt*.

**Button Cover** – Ein abnehmbarer Metallknopf, der an jeder Bluse und jedem Hemd zur Verzierung auf den Knöpfen angebracht werden kann.

**Buyer** – Käufer eines Pferdes.

# C

**Cable Center** – Metallkabel als Kernstück mancher →*Bosals*. Ein Bosal, das einen Metallkern hat, ist im Turniersport nicht zugelassen. Der Kern soll aus Rohhaut oder einem geflochtenen Seil bestehen.

**Cable Core** – Drahtseilkern. →*Cable Center.*

**Cadence** – Kadenz, Taktreinheit. Der Takt ist das räumliche und zeitliche Gleichmaß in den drei Grundgangarten. Jeder Tritt sollte den gleichen Raumgriff zeigen. Der Rhythmus des Bewegungsablaufes soll ebenfalls gleichmäßig sein.

**Cala** – →*Reining* im mexikanischen Stil. Sie unterliegt besonderen Regeln, die von der Mexikanischen Quarter Horse Association festgelegt wurden.

**Calf Roping** – Calf Roping ist sowohl eine Turniersport- als auch eine Rodeodisziplin. Der Reiter muss dabei ein Kalb mit seinem →*Rope* einfangen. Im Idealfall beginnt der Ritt damit, dass das Pferd ruhig in die Startbox neben der →*Chute*, in dem sich das Kalb befindet, geht. Dort soll es gelassen mit seinem Reiter hinter der →*Barrier* auf den Start warten. Durchbricht das Pferd zu früh die Barriere, ergibt das Strafpunkte.

Nach dem Start des Kalbes aus der Chute, ist es die Aufgabe des Pferdes, das Tempo des Kalbes aufzunehmen und zu halten, um den Reiter in eine Position zu bringen, in der er die Schlinge seines Ropes um den Kopf des Kalbes werfen kann. Wenn der Reiter abspringt, soll das Pferd sofort stoppen und das am Horn befestigte Rope an dessen anderem Ende sich das Kalb befindet, stramm halten. So kann der Reiter zum Kalb laufen und dem Tier mit dem →*Pigging String*, die Beine zusammenbinden. Sollte das Kalb am Rope herumspringen, muss das Pferd durch Rückwärtsgehen ausgleichen, um das Seil auf Spannung zu halten, damit der Roper es möglichst schnell umwerfen und fesseln kann. Geht das Pferd nach dem Umwerfen des Kalbes weiter zurück und zieht es dabei mit, gibt es Strafpunkte. Zum Lösen des Ropes tritt das Pferd ein bis zwei Schritte vor. Der Stop ist ein wichtiges Element dieser Disziplin; stoppt das Pferd zu früh, gibt der Richter Abzugspunkte. Auch zu hoher Zügeleinsatz beim Stop wird mit

Strafpunkten geahndet, ebenso wie ein unsauberer Stop. Bewertungskriterien in dieser Disziplin sind: das Verhalten des Pferdes in der Startbox, wie gut es dem Kalb folgt (gemessen an Geschwindigkeit und Position), der Stop des Pferdes und wie es das Kalb am Rope hält. Die Zeit, die benötigt wird, um die Aufgabe zu bewältigen, zählt zwar mit zu den Bewertungskriterien, doch wesentlich höher wird die Korrektheit der Arbeit, des →*Runs* bewertet. Im Gegensatz zum →*Rodeo*, bei dem die Zeit das einzige Bewertungskriterium ist. Das Zeitlimit beträgt zwei Minuten und zählt ab dem Zeitpunkt, zu dem das Kalb die Chute verlässt. Der Reiter darf nach einem Fehlwurf ein zweites Rope benutzen. Zur Sicherheit des Reiters und des Kalbes wird bei dieser Disziplin ein →*Neck-Rope* verwendet, durch das das eigentliche Rope läuft. Es darf nicht am Sattel oder Kopfzeug befestigt sein. Calf Roping wird von 0 - 100 Punkte bewertet, wobei 70 Punkte die Grundlage darstellen. Der Roper wird von dem Zeitpunkt an, an dem er aufgerufen wird, bis zur Beendigung der Aufgabe, dem Fesseln des Kalbes, gerichtet. Bei dem ApHC gibt es Calf Roping zusätzlich als →*Timed Event*.

**California Chaps** – →*Chinks*.

**California Reins** – →*Romal Reins*.

**California Style** – Älterer traditioneller Westernreitstil, auch West Coast Style oder →*Buckaroo* Style genannt, der einst westlich der Rocky Mountains praktiziert wurde. Er lehnt sich deutlich an die Reitweise der →*Vaqueros* an und unterscheidet sich von dem Westernreitstil, der als →*Texas Style* oder auch East Coast Style bezeichnet wird. Im California Style wird mit mehr Aufrichtung und in stärkerer Versammlung geritten. Typisch sind Ausrüstungsgegenstände wie der Sattel mit einem hohem →*Cantle* ohne →*Cheyenne Roll* und mit der schmalen →*A-Fork*. Dazu kommen die geschlossenen →*Romal Reins* und der Einsatz eines →*Spade-Bits* sowie im entsprechenden Ausbildungsstadium die →*Hackamore*-Zäumung. Die →*NRCHA* pflegt diesen traditionellen Reitstil.

**Camas Praerie Stump Race** – Renndisziplin. Sie wird bei dem →*ApHC* durchgeführt. Zwei Reiter starten gleichzeitig in jeweils einem der sich gegenüberliegenden →*Barrel Racing* Parcours.

**Camp Drafting** – Australische →*AQHA*-Rinder-Disziplin. 1998 gab die AQHA dem Antrag der Australier statt, diese Disziplin in das offizielle Repertoire ihrer Disziplinen aufzunehmen. Ein berittener Starter sondert, ähnlich wie beim →*Cutting*, ein Rind aus einer Herde aus und muss es daran hindern, in die Herde zurückzulaufen. Diese Herde wird Camp genannt, daher der Name der Disziplin, die in zwei miteinander verbundenen Arenen ausgetragen wird. Nachdem der Reiter dem Richter, der ebenfalls auf einem Pferd sitzt, gezeigt hat, dass er das Rind kontrollieren kann, lässt er sich das Tor zur nächsten Arena öffnen, in die er das Rind treiben muss. Hier stehen vier Tonnen. Um die ersten beiden Tonnen, die ähnlich wie beim →*Barrel Racing* angeordnet sind, muss der Reiter das Rind treiben, um es dann zwischen den beiden am Arenaende stehenden Tonnen durchzutreiben. Für diese Prüfung besteht ein Zeitlimit, bewertet wird die Manier.

**Cannon Bone** – Röhrenknochen des Pferdebeines. Das ist der Teil zwischen Carpal- oder Sprunggelenk und dem Fesselgelenk. Er sollte insbesondere bei Westernpferden, die in den klassischen Westerndisziplinen geritten werden, möglichst kurz sein. →*Conformation.*

**Canteen** – Wasserflasche aus Weißblech. Zumeist rund und mit Filz oder Leder bezogen. Sie ist mit einem Gurt versehen und kann am Sattel befestigt werden. Die ursprüngliche Canteen fasste drei bis vier Liter Wasser. An heißen Tagen machte man die Filz- oder Lederverkleidung nass, wobei durch die Verdunstungskälte das Wasser in der Flasche kühl gehalten wurde.

**Canter** – Natürlicher Galopp im Dreitakt in weicher, entspannter und freier Bewegung. →*Lope.*

**Cantle** – Hintere Sitzkante des Westernsattels. Das Cantle kann durch die Winkelung, mit der es in den Sattelbaum eingesetzt ist, den Sitz des Reiters, beeinflussen. Ein zu steiles Cantle stört den entspannten, ausbalancierten Sitz, ein zu flach eingesetztes Cantle stört zwar nicht, aber bietet nicht viel Halt. →*Saddle.*

**Cantle Plate** – Silberne oder versilberte Metallplatte, die zur Verzierung auf dem Cantle eines Sattels angebracht wird. Häufig trägt sie Namen oder die Initialen des Besitzers bzw. des Pferdes, für den der Sattel angefertigt wurde.

**Carry Object** – Hindernis der Disziplin →*Trail.* Das Transportieren eines Gegenstandes gehört insbesondere bei Freizeitreitertrails zu den beliebten Hindernissen. Ein Eimer, Korb, Stofftier, Holzstück, eine Fahne oder auch ein Sack mit klapperndem Inhalt müssen von einem Ort zum nächsten gebracht werden.

**Category** – Die AQHA, der APHC und der ApHC teilen ihre Prüfungen in Kategorien mit verschiedenen Inhalten auf. So können in einer Kategorie nur Halter oder Renndisziplinen oder auch Rinderdisziplinen enthalten sein. Je nach Verband differiert die Anzahl der Kategorien sowie die Anzahl der Disziplinen, die in einer Kategorie enthalten sind.

**Cathedral Mouth Bit** – Kandare. →*Bit* mit einem relativ weiten, hohen →*Port.* Das Gebiss wirkt über Druck auf Laden und Gaumen.

**Cattle** – Vieh. Auch →*Lifestock.*

**Cattle Charge** – Gebühr, die ein Turnierreiter beim Start in einer Rinderdisziplin für die Bereitstellung der Rinder bezahlen muss.

**Cattle Drive** – Viehtrieb, Herdentreiben. Diese Bezeichnung wurde ehemals in Zusammenhang mit den großen Rindertrecks von Texas nach Norden verwendet. Inzwischen werden auch in Europa kleine mehrtägige Cattle Drives veranstaltet, bei denen die Teilnehmer den Pioniergeist und das Leben der Coyboys in damaliger Zeit nachempfinden können.

**Caves(s)on** – Aus geflochtener Rohhaut oder Leder bestehendes Nasenband, das dem Pferd das Öffnen des Maules erschwert. Korrekt angebracht verläuft das Cavesson unterhalb des Mundstücks des Gebisses. Es sollte so angepasst sein, dass noch zwei Finger zwischen Pferdenase und Cavesson passen.

**Center Fire Saddle** – Sattel mit mittig angebrachter →*Rigging.*

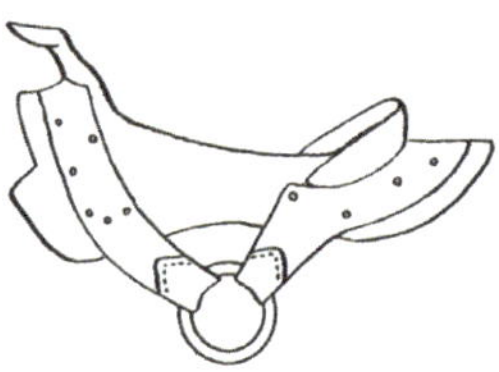

**Center Marker** – Mittelmarkierung. Markiert die genaue Mitte der Arena in Längsrichtung. →*Marker.*

**Center of Gravity** – Schwerpunkt. Ein gut ausbalancierter Reiter bringt seinen Schwerpunkt mit dem des Pferdes in Einklang. Dadurch ist auch das Pferd in der Lage, ausbalanciert zu gehen. →*Balance.*

**Certificate** – Bescheinigung, Urkunde, Dokument.

**Certificate Cancellation** – Einzug eines Papiers infolge von entstandenen Unregelmäßigkeiten. So kann das →*Certificate of Registration* eingezogen werden, wenn Veränderungen in den Papieren bemerkt werden, die nicht vom Verband vorgenommen wurden.

**Certificate of Registration** – Eintragungsurkunde, Registrierungsurkunde oder Abstammungsurkunde eines Pferdes. Jedes Pferd der drei Westernpferdrassen besitzt ein Original Certificate of Registration seines jeweiligen Zuchtverbandes. Pferde ohne dieses Papier sind auf Turnieren des jeweiligen Verbandes nicht startberechtigt. →*Re-Registration Certificate.*

**Certified Pedigree Option Registry** – Vorbuch. Im Vorbuch werden die Pferde eingetragen, bei denen die Möglichkeit besteht, dass sie später noch in das Hauptbuch eingetragen werden können. Entweder weil sie dann bestimmte vom jeweiligen Verband vorgegebenen Bedingungen erfüllen oder weil ihre Nachkommen für einen Hauptbucheintrag infrage kommen. →*AQHA Stud Book,* →*APHA Stud Book,* →*ApHC Stud Book.*

**Chair Seat** – Stuhlsitz. Er ist unerwünscht, da die nach vorne geschobenen Beine und die Beckenhaltung keine korrekten Schenkel- und Gewichtshilfen zulassen. →*Aids.*

**Champion** – Meister, Sieger.

**Champion of Champions** – Titel der →*DQHA* für das beste Absatzfohlen des Jahres.

**Change of Direction** – Richtungswechsel. Wenn der Reiter z. B. von einem Zirkel auf den anderen wechselt, liegt ein Richtungswechsel vor.

**Change of Hands** – Wechsel der zügelführenden Hand bei einhändiger Zügelführung. Es ist außer in der Disziplin →*Trail,* und hier nur unter bestimmten Umständen, nicht gestattet, die Zügelhand zu wechseln.

**Change of Ownership** – Besitzwechsel. Jeder Besitzwechsel muss bei den Zuchtverbänden in den USA angezeigt werden. Nur der letzte Besitzer, der auf dem Original des →*Certificate of Registration* verzeichnet ist, kann den zum Besitzwechsel erforderlichen →*Transfer* unterschreiben. Ist der letzte im Papier verzeichnete Besitzer nicht mehr aufzufinden, weil ein erneuter Besitzwechsel nicht vorgenommen wurde, ist es sehr schwer, das erworbene Pferd eintragen zu lassen. Selbst bei Tod eines nahen Verwandten muss durch amtlich beglaubigte Urkunden nachgewiesen werden, warum dieser das Papier nicht selbst unterschreiben konnte.

**Change of Schedule** – Änderung der Ausschreibung bzw. des Zeitplans eines Turniers. →*Show.*

**Channel** – Kammer des Sattels.→*Saddle.*

**Chap** – Kinnbacken, Maul. →*Conformation.*

**Chaps** – Schützende Überhosen ohne Gesäßteil, meist aus Leder. Der Begriff kommt von ihrer spanischen Bezeichnung "chaparreras" bzw. "chaperejos". Chaps können aus verschiedenen Lederarten in verschiedenen Längen und Weiten gearbeitet sein. Die robusten Arbeitschaps dienten dem Cowboy als Schutz vor Hitze, Kälte, oder Abschürfungen durch das →*Rope* und insbesondere vor den Dornen und Zweigen des stacheligen Gestrüpps, durch das er reiten musste. Chaps kann man sich um die Beine schnallen, ohne Stiefel und Sporen ausziehen zu müssen. Es gibt verschiedene Chapsarten wie →*Shotguns*, →*Batwings*, →*Chinks*, →*Woolies.*

**Diese Reiterin trägt Shotguns**

Im Turniersport werden Chaps in der Taille und nicht auf der Hüfte getragen und sollen den Hosenbund bedecken. Sie sind nicht vorgeschrieben, wenn sie aber getragen werden, machen sie einen großen Teil des Gesamteindrucks eines Turnierreiters aus. Für die Verzierung der Rückseite der Chaps im Bund sowie an den Beinen gibt es mehrere Varianten, so mit kurzen oder langen Fransen, mit bogenförmigem Dekor oder ganz geradem Rand und →*Conchas.* Die Chaps, die üblicherweise im Turniersport getragen werden, sind die Shotgun-Chaps, kurz Shotguns. Lediglich die Reiter von Rinderprüfungen und Rodeoreiter tragen Batwing-Chaps. Die Preise für Chaps variieren und richten sich u. a. nach dem Material, aus dem sie hergestellt sind. Chaps können aus Vollleder (Narbenleder), Spaltleder oder aus Ultrasuede, einem synthetischen Material, bestehen. Das Vollleder hat eine Wildleder- und eine Glattlederseite. Es ist das bestgeeignete Leder für Chaps, aber auch das teuerste. Es schmiegt sich gut an die Körperform an und ist leichter als Spaltleder und schwerer als Ultrasuede. Beide Lederseiten können für die Außenseite verwendet werden. Spaltleder ist das preiswerteste Material, hat aber auf beiden Seiten Wildleder und ist daher unflexibler, so dass es beim Sitzen im Sattel Falten schlagen kann, wenn die Chaps nicht ganz genau angepasst wurden. Neuer ist das synthetische Material Ultrasuede, das wie ein "Handschuh" am Reiter sitzen soll. Diese Chaps müssen sorgfältigst maßgeschneidert werden. Ultrasuede Chaps kann man nicht nur in der Waschmaschine waschen, sie sind zudem auch in allen denkbaren Farben erhältlich.

**Chariot Racing** – Wagenrennen bei der →*APHA*. Der Wagen gleicht einem römischen Kampfwagen.

Charro

**Charro** – Mexikanischer Cowboy mit jahrhundertealter Pferdetradition. Es waren die spanischen Eroberer, die die mexikanischen Eingeborenen im Umgang mit Pferden und Rindern unterwiesen. Das heutige mexikanische Rodeo nennt sich Charreada. Der Charro wird oft als „Dandy“ im Sattel bezeichnet, da er zu entsprechenden Anlässen prunkvoll verzierte Kleidung trägt. Ein entsprechender Sombrero und die Seidenschärpe um die Hüfte dürfen dabei nicht fehlen. Wer es sich leisten kann, verfügt auch über eine entsprechend silberverzierte Ausrüstung für sein Pferd. Der Charro gilt allerdings auch als hart arbeitender →*Vaquero*.

Charro Saddle

**Charro Saddle** – Mexikanischer Westernarbeitssattel mit klassischer Form, aber auch Prunksattel des →*Charros*. Auffälligstes Merkmal dieses Sattels ist das überdimensional große Sattelhorn. →*Saddle*.

**Chasing** – Jagen. Davon spricht man, wenn der Reiter sein Pferd zur Beschleunigung ermutigt. Dabei neigt der Reiter den Oberkörper leicht nach vorn und geht mit der Hand vor. Diese Technik wird bei der →*Speed Control* in der →*Reining* angewandt.

**Cheek** – Das am Mundstück befestigte Seitenteil einer Kandare, →*Bit*. Es besteht aus zwei Teilen: dem Hebelarm, dem Anzug, der →*Shank* genannt wird und unterhalb des Mundstückes liegt, und dem Oberbaum, oberhalb des Mundstückes, →*Purchase* genannt. Nicht ganz korrekt ist die häufig zu findende Bezeichnung Shanks für das gesamte Seitenteil. →*Leverage.*

Chasing

**Cheeking a Horse** – Technik beim Besteigen eines nicht angerittenen Pferdes. Der Reiter greift in das Backenstück des Zaumzeuges und dreht den Pferdekopf zu sich her, bevor er in den Sattel steigt. Dadurch wird verhindert, dass das Pferd während dieses Vorgangs bereits davonlaufen oder losbuckeln kann.

**Cheek Piece** – Backenstück. Ledernes Seitenteil der Zäumung.

**Cheek Teeth** – Backenzähne.

**Chestnut** – Kohlfuchs oder Dunkelfuchs. Fell kastanienfarben oder braunrot. Das Langhaar hat in der Regel dieselbe Farbe, kann aber auch flachsfarben sein.

**Cheyenne Roll** – Breites, flaches Lederteil am Ende der hinteren Sitzkante des Sattels, →*Cantle*, auf das auch die →*Cantle Plate* aufgeschraubt werden kann. →*Saddle.*

**Chicago Screw** – Zierschraube, in der Art einer →Concha, mit einem Gegenstück. Diese Schrauben werden für Ausrüstungsgegenstände rund um das Westernreiten verwendet, insbesondere am Zaumzeug.

**Chileno-Bit** – Ein im Turniersport nicht zugelassenes Stangengebiss, dessen Hebelwirkung durch einen um den Unterkiefer reichenden Ring übertragen wird.

**Chin Groove** – Kinngrube. Vertiefung oberhalb des Kinns. →*Conformation.*

**Chinks** – Kurze, meist befranste →*Chaps*, die von der Hüfte bis eine Handbreit unters Knie reichen. Sie werden auch als California Chaps bezeichnet.

**Chin Strap** – Der Kinnriemen. Er wird bei der Wassertrense, →*Snaffle Bit*, in die Gebissringe eingeschnallt. Er hatte ursprünglich, korrekt verschnallt, die Aufgabe, das Durchziehen des Gebisses durch das Pferdemaul zu verhindern. Bei der EWU ist der Gebrauch eines Kinnriemens für das →*Snaffle Bit* vorgeschrieben, bei der AQHA nicht.

**Chuck Waggon Race** – Küchenwagenrennen, das heute bei Rodeos nur noch selten zu sehen ist. Früher wurde nach dem Startzeichen der Wagen mit allem beladen, was üblicherweise auf einen Küchenwagen gehörte. Unter den Gegenständen waren auch der Herd und das Wasserfass. Das Gefährt wurde von vier Pferden gezogen und von vier Reitern begleitet. Am Ziel wurde ausgeladen und der Herd beheizt. Beim Aufsteigen des ersten Rauches aus dem Herd wurde die Zeit gestoppt. Bei heutigen Chuck Waggon Races besteht der Herd aus einem 25 Kilo schweren Holzklotz und das Team besteht aus einem Fahrer und drei Reitern.

Chuck Waggon

Der Wagen muss immer noch beladen werden, aber die Zeit wird gestoppt, wenn das letzte Teammitglied die Ziellinie überschreitet. Eines der weltweit bekanntesten Chuck Waggon Races wird alljährlich bei er Calgary Stampede durchgeführt. Dieses Rennen ist hochdotiert.

**Chute** – 1. Startbox, aus der das Rind bei Roping-Disziplinen herausläuft, wenn das Startsignal ertönt.

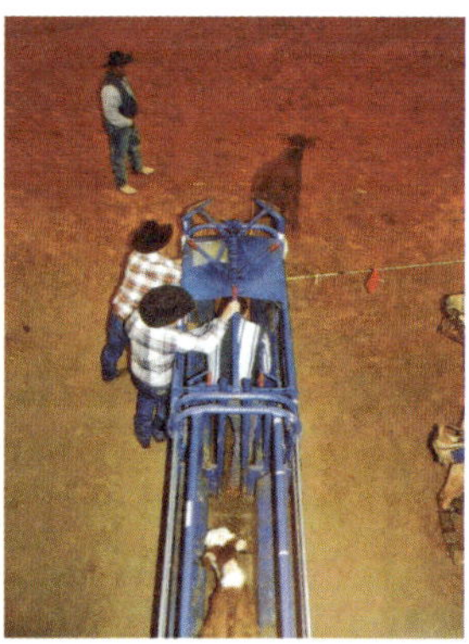

2. Auch Bezeichnung für einen engen, langen Käfig auf Ranches, in den Rinder hineingetrieben werden, damit sie z. B. geimpft werden oder vom Tierarzt behandelt werden können.

**Cinch** – Sattelgurt. Er ist ein wichtiges Utensil, das nicht immer beim Sattelkauf dazugehört und wenn, dann ist er häufig nicht von bester Qualität. Wichtig ist es, darauf zu achten, dass der Gurt an beiden Seiten Dornen hat, denn der von den Cowboys benutze Krawattenknoten, →*Cinch Knot*, ist unpraktisch. Sattelgurte werden aus verschiedenen Materialien hergestellt. Leder ist gut geeignet, aber auch teuer und pflegeintensiv. Sehr beliebt sind flauschige Kodelgurte oder filzunterlegte Gurte. Für Pferde mit dicken Grasbäuchen empfiehlt sich unter Umständen ein Schnurengurt, →*Cord Girth,* der sich zusammenschiebt und so einen Gurtdruck an den Vorderbeinen verhindern kann.

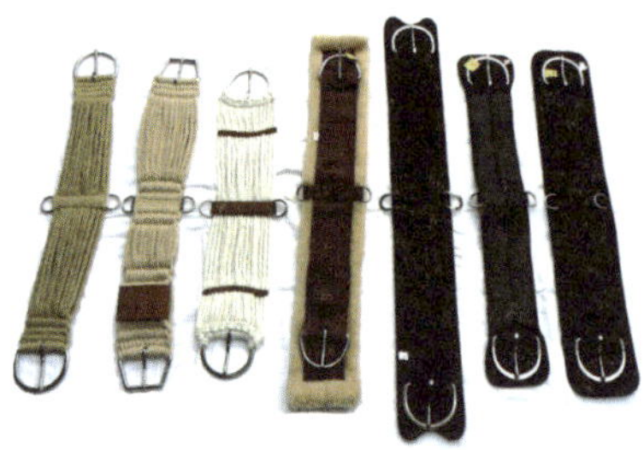

Gurte aus unterschiedlichen Materialien

Der Ropergurt kann ebenfalls ein Schnurengurt sein, jedoch mit einem trapezförmigen Stück Leder oder einem Steg in der Mitte, so dass er an dieser Stelle fast doppelt so breit ist, wie an den Schnallen. Als Material wird Wolle, Mohair oder Baumwolle verwendet. Bauchgurte aus Neopren sind zwar praktisch und gut zu reinigen und zu desinfizieren, werden aber nicht von allen Pferden problemlos vertragen. So können sie bei entsprechend empfindlichen Pferden Druckstellen verursachen bzw. gleich die gesamte Haut abscheuern. Außerdem schwitzen die Pferde darunter sehr stark. Beim Kauf eines Sattelgurtes muss die Länge unbedingt dem Umfang des Pferdes angepasst sein. Seine beiden Schnallen sollen auf beiden Seiten gleichhoch etwa eine Handbreit über den Ellenbogen (Ellbow) liegen, damit der Ring in der Mitte des Bauchgurtes genau zwischen den Vorderbeinen sitzt.

**Cinch Binder** – Pferd mit Gurtzwang. Das Pferd reagiert beim Satteln mit Unruhe, Steigen, Buckeln oder Hinwerfen. Es versucht, sich gegen das Gurten zu wehren. Dieses Verhalten wird häufig durch zu festes Gurten verursacht. Die Gurtung beim Westernsattel arbeitet nach dem Flaschenzugprinzip, so dass eine sachunkundige Person den Gurt schnell aus Versehen zu fest anziehen kann.

**Cinch Hook** – Gurtöse am Sattel, in die das Ende des Gurtriemens gesteckt wird. →*Tie Strap Holder.*

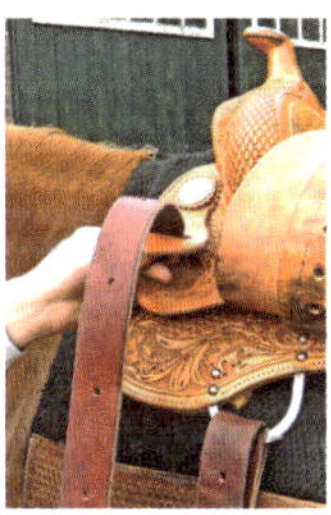

**Cinch Knot** – Krawattenknoten nach alter Cowboyart, mit dem der Sattelgurt befestigt werden kann, wenn er keine Dornen besitzt.

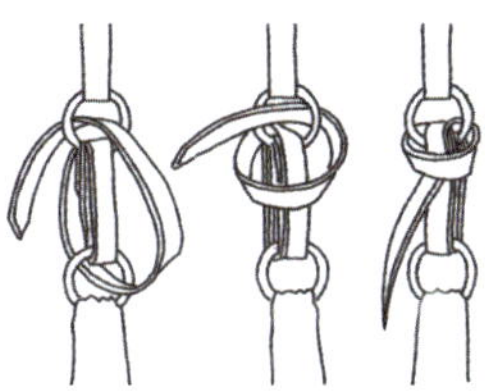

Diese Art der Befestigung ist inzwischen unüblich, da die modernen Gurte in der Regel zwei Dornen besitzen. Der Cinch Knot ist zudem schwerer nachzugurten. →*Tie Knot.*

**Circle** – 1. Zirkel, Kreis, Volte. Kreisförmige Bahnfigur in der Arena.
2. Element der →*Reining*, bei der große, schnelle und kleine, langsame Zirkel gefordert werden.

**Circle Shoes** – Hufeisen, die fast kreisförmig geschlossen sind. Sie dienen zur Schonung der Hufe in steinigem Gelände, denn durch dieses Eisenform werden auch die rückwärtig höher gelegenen weicheren Teile des Pferdehufes, wie Ballen und Strahl, vor äußeren Einflüssen und Verletzungen geschützt. Des Weiteren unterstützen solche Rundeisen den Heilungsprozess bei bestimmten Huferkrankungen.

**Circling** – Arbeiten des Pferdes auf dem Kreisbogen. Bei der →*Fence Work* in der →*Working Cowhorse*-Prüfung zeigt der Reiter am Schluss, dass er das Rind kontrollieren kann, indem er es in einen spiralförmig kleiner werdenden Zirkel treibt.

**Circuit** – Kreislauf. Ausdruck im Westernreiten für eine Serie zusammenhängender Turniere. Circuit Champion wird der Reiter, der aus diesen Turnieren die höchste Punktzahl erreicht hat.

**Class** – Klasse. 1. Wettkampfstatus eines Reiters, der in der Regel dem Verbandsausweis zu entnehmen ist. Der Status bestimmt, in welchen Klassen der Reiter auf einem Turnier startberechtigt ist. Während bei der EWU die Reiter in Leistungsklassen wie bei der FN eingeteilt sind, gelten bei den amerikanischen Verbänden andere Klassifizierungen für Reiter wie: →*Amateur Class*, →*Non Pro Class,* →*Novice Class,* →*Open Class*, →*Youth Class* oder auch *Limited Classes.*

2. Wettkampfstatus eines Pferdes. Es gibt bei den Pferden: →*Junior-*, →*Senior-* oder →*All Ages Classes* und bei der EWU zusätzlich die Jungpferdeklasse. Bei den Zuchtverbänden werden die Prüfungen dazu in →*Halter Class* und →*Performance Class* unterteilt.

**Clinch Cutter** – Hufschneidezange.

**Clinching Leg** – klammernder Schenkel des Reiters.

**Clinic** – Lehrgang, Praktikum, Seminar.

**Clipper** – Schermaschine. Zum Rasieren, →*Clipping,* benötigtes Instrument.

**Clipping** – Rasieren. Showpferden wird z. B. ein →*Bridle-Pass* rasiert, damit das Halfter oder auch das Kopfstück besser aufliegt. Das Ausrasieren der Ohren und das Entfernen der Tasthaare an Nüstern und Augen ist in Deutschland tierschutzrechtlich verboten.

**Close Coupled** – Bezeichnung für ein Pferd mit kurzem Rücken und einem guten Übergang zur Hinterhand.

**Closed Reins** – Geschlossener Zügel im Gegensatz zu →*Split Reins.* Die kalifornischen Zügel, →*Romal Reins,* sind geschlossen und enden in einem →*Romal.*

**Coat** – Fell des Pferdes.

**Coat Pattern** – Fellmuster, Fellzeichnung.

**Coggins Test** – Dieser Test ist zwingend vorgeschrieben für Pferde, die aus den USA nach Deutschland eingeführt werden. Die Pferde müssen dafür in den USA für vier Wochen in einer Quarantänestation stehen und werden auf →*Equine Infectious Anemia* untersucht.

**Colas** – Eine Prüfung der Mexican Quarter Horse Association mit einem Rind.

**Collected** – Versammelt. Ein versammeltes Pferd trägt sich selbst gut und hat gelernt, ausreichend Gewicht mit der Hinterhand aufzunehmen, und ist in allen Gängen ausbalanciert.

**Color** – Farbe, Fellfarbe.

**Color Classes** – →*Halter*-Klassen der →APHA und →ApHC. In diesen Klassen liegt das Hauptgewicht der Beurteilung bei der Fellfarbe. Bei der APHA können die Klassen in →*Overo* Classes und →*Tobiano* Classes aufgeteilt werden. Beim ApHC heißt die Color Class →*Most Colorfull.*

**Colt** – Männliches Pferd vom Absatzalter bis zum vierten Lebensjahr. Erwachsen wird er dann entweder Hengst, →*Stallion,* oder wenn er kastriert ist, Wallach, →*Gelding,* genannt. Da es gebräuchlich ist, auch nicht eingerittene Jungpferde beiden Geschlechts so zu bezeichnen, wird er oft auch als "Stud Colt" bezeichnet.

**Coltish** – Fohlenhaft. Bezeichnung für ein erwachsenes Pferd, das fohlenhafte Verhaltensweisen zeigt.

**Combination Boots** – Kombinierte Gamaschen. Es gibt sie sowohl für die Vorderbeine, z. B als →*Splint Boots* mit →*Bell Boots* kombiniert, als auch für die Hinterbeine als Kombination aus →*Splint Boots* und →*Skid Boots.* Sie schützen durch ihren oberen Bereich das Röhrbein und durch ihren unteren Bereich den Fesselkopf vor Verletzungen.

**Combination Rein** – Kombinierte Zügel. Zwei Zügelpaare werden mit beiden Händen aufgenommen. Diese Zügelführung kommt beim →*Western Pelham* vor, das erlaubt, den →*Snaffle Rein* oben direkt am Mundstück zu befestigen und den →*Curb Rein* an den →*Shanks* einzuhängen. Am Anfang des Trainings ist der direkte Zügel, →*Direct Rein,* der auf die Maulwinkel wirkt, dominanter. Am Ende der Ausbildung →*Neck Rein,* der über das Anlegen des Zügels an den Hals das Pferd in der Richtung beeinflusst.

**Come-Along** – Bewährte Technik, um jungen Pferden das "Sich-Führenlassen" beizubringen. Ein →*Rope* wird um die Hinterhand gelegt. Durch Zupfen oder Rucken am Rope wird das Pferd veranlasst, „mitzukommen“. Durch die direkte treibende Einwirkung an der Hinterhand versteht das Pferd schnell, was von ihm gefordert wird.

**Commitee** – Komitee, Ausschuss.

**Competition** – Prüfung, Wettbewerb, Konkurrenz.

**Competition License** – Registrationspapier für ein Pferd für Turnierstarts.

**Competitor** – Teilnehmer eines Turniers. →*Show.*

**Composite Score** – Endbewertung. Am Ende eines Rittes werden alle Punkte für den Ritt zusammengezählt und ergeben die Endbewertung.

**Concha, Concho** – Das aus dem Spanischen kommende Wort bedeutet Muschel. Eine Concha ist eine kleine, hohlgekrümmte Metall- oder Lederscheibe, die schnallenartige Aussparungen hat, durch die man Lederriemen durchziehen kann. Sie dient als Verzierung, aber auch als Befestigung am Lederzeug.

**Conditioning** – Konditionierung. Pferdetraining zur Erhöhung der Muskelkraft und Ausdauer.

**Conformation** – Exterieur. Äußeres Erscheinungsbild und Körperbau eines Pferdes. Das Exterieur eines Pferdes lässt Rückschlüsse auf die Verwendungsmöglichkeit eines Pferdes zu, ist jedoch andererseits auch eine reine Geschmacksfrage, wie bei den Turnieren der Westernrassezuchtverbände in →*Haltershows* zu bemerken ist, wenn in einer →*Double Pointed Show* ein Pferd bei einem Richter zum Sieger gekürt wird und bei dem anderen nicht einmal in die Platzierung gelangt. Da heute Pferdetypen unterschiedlicher Größe und Exterieur für verschiedene Disziplinen gezüchtet werden, die nichts mehr mit dem ursprünglichen Einsatz dieser Pferde zu tun haben, hat sich das Erscheinungsbild der Westernpferderassen teilweise gewandelt. Das Exterieur spielt auf jeden Fall eine entscheidende Rolle für die Einsatzmöglichkeiten eines Pferdes. Ein moderner →*Hunter under Saddle-* oder →*Western Pleasure* Typ wäre nicht unbedingt das geeignete Pferd für eine →*Working Cowhorse* oder →*Roping Disziplin.* ***→Abbildung Seite 48.***

**Connecting Bar** – Distanzstange. Sie wird auch →*Stabilizing Bar* genannt und kann bei Kandaren verwendet werden. Sie wird in den unteren Ringen der →*Shanks* befestigt, in die man auch die Zügel eingeschnallt. Sie verbindet die beiden Anzüge des →*Bits* starr miteinander und gibt dadurch auch einer gebrochenen Kandare eine gewisse Stabilität. Durch das zusätzliche Gewicht kann sie jedoch die Balance des Gebisses beeinflussen.

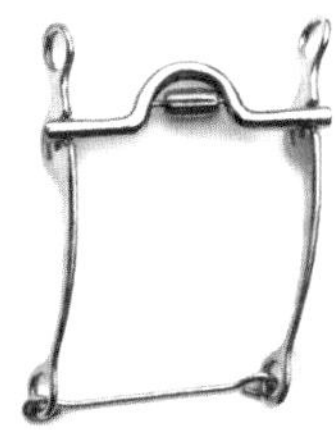

**Connector Strap** – Verbindungsriemen zwischen dem vorderen und hinteren Bauchgurt. Der Connector Strap verhindert, dass der hintere Bauchgurt nach hinten rutscht. →*Roping Saddle.*

**Contest** – Wettkampf, Turnier.

**Contestant** – Wettkampfteilnehmer.

**Convention** – Versammlung. Jahreshauptversammlung der Verbände.

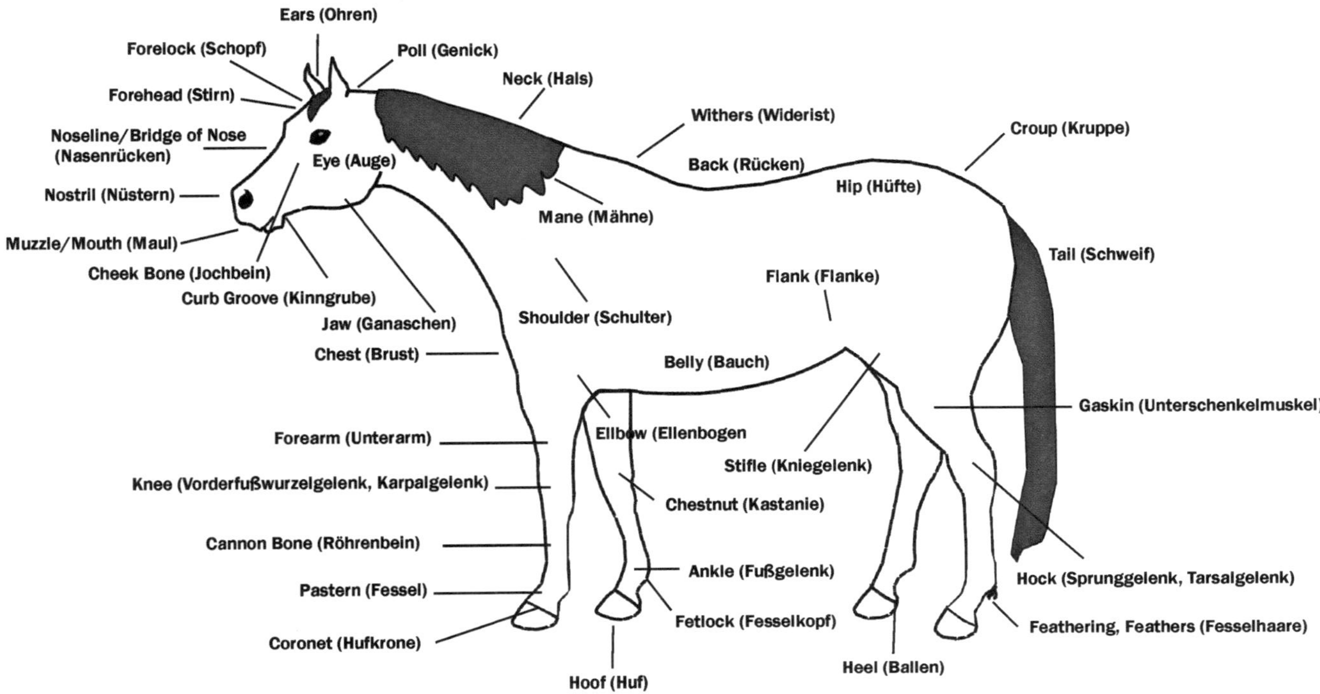

Ears (Ohren)
Forelock (Schopf)
Poll (Genick)
Forehead (Stirn)
Neck (Hals)
Noseline/Bridge of Nose
(Nasenrücken)
Eye (Auge)
Withers (Widerist)
Croup (Kruppe)
Back (Rücken)
Hip (Hüfte)
Nostril (Nüstern)
Mane (Mähne)
Muzzle/Mouth (Maul)
Tail (Schweif)
Cheek Bone (Jochbein)
Flank (Flanke)
Curb Groove (Kinngrube)
Shoulder (Schulter)
Jaw (Ganaschen)
Chest (Brust)
Belly (Bauch)
Gaskin (Unterschenkelmuskel)
Forearm (Unterarm)
Ellbow (Ellenbogen
Stifle (Kniegelenk)
Knee (Vorderfußwurzelgelenk, Karpalgelenk)
Chestnut (Kastanie)
Cannon Bone (Röhrenbein)
Ankle (Fußgelenk)
Hock (Sprunggelenk, Tarsalgelenk)
Pastern (Fessel)
Fetlock (Fesselkopf)
Feathering, Feathers (Fesselhaare)
Coronet (Hufkrone)
Heel (Ballen)
Hoof (Huf)

**Conventional Rigging** – Traditionelle Befestigung der Gurtungsringe direkt am Sattelbaum. Da diese Art der Rigging die Bewegungsfreiheit der Beine beeinträchtigen kann, wird heutzutage für Disziplinen wie z.B. →*Reining* eine →*Inskirt Rigging* bevorzugt. Sättel, die bei der Rinderarbeit eingesetzt werden, besitzen in der Regel nach wie vor eine Conventional Rigging. →*Rigging.*

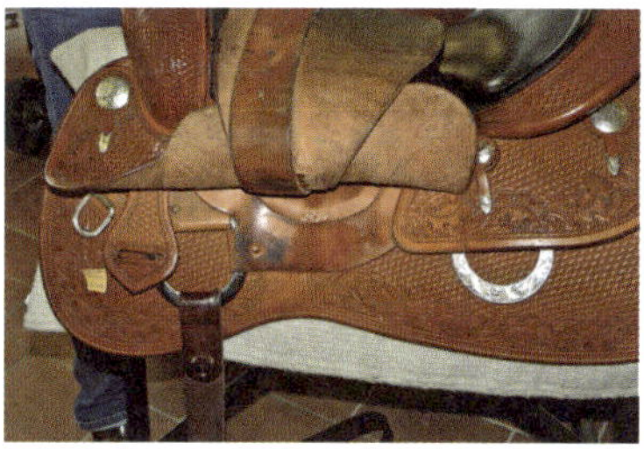

**Cooled Transported Semen** – Gekühlt transportierter Samen, nicht gefrorener Samen. Bei Fohlen, die auf diese Weise gezeugt werden, muss ein zusätzlicher Abstammungsbeweis durch einen Gen-Test erbracht werden.

**Concours de Reining International** – Ein CRI ist ein internationales Reiningturnier, das vom Weltreiterverband (→*FEI*) vergeben und nach dessen Generalreglement und den Reining-Regeln veranstaltet, geritten und gerichtet wird.

**Concours de Reining International Official** – Ein CRIO muss neben einer offiziellen Einzel- auch eine offizielle Mannschaftswertung haben. Es ist ein Nationenpreisturnier, das pro Nation und Jahr nur einmal vergeben wird. Jede Nation nimmt nur mit einem Team teil. Jedes Team besteht aus maximal vier Reitern, die alle die gleiche Nationalität haben. Die drei besten Ergebnisse bestimmen die Wertung des Teams. Ein Team mit nur drei Reitern ist möglich, allerdings gibt es dann kein Streichergebnis.

**Copper** – Kupfer. Es ist ein sehr weiches Material und kann deshalb nicht in reiner Form für Gebisse verwendet werden. Pferde mögen den Geschmack von Kupfer sehr gern, und es fördert zudem den Speichelfluss. Aus diesem Grund bestehen oft auch die Rollen der →*Bits* aus Kupfer oder es wird als Einlage verarbeitet. Gebisse werden auch aus Kupferlegierungen wie →*Argentan* oder →*Aurigan* hergestellt.

**Copper Hood** – Kupferhaube. Eine solche Kupferhaube am Gebiss ist oft oberhalb eines →*Crickets* bzw. eines →*Rollers* zu finden. In der Regel ist bei einem →*Half Breed* immer eine Kupferhaube über dem →*Port* zu finden.

**Cord Girth** – Schnurengurt. Ein Gurt aus vielen Schnüren, die entweder in der Mitte durch ein Schnurengeflecht oder mit einem trapezförmigen Lederstück zusammengehalten werden. →*Cinch,* →*Roper Girth.*

**Cornerman** – Helfer des →*Cutters.* Die zwei Cornermen auch →*Herd Holder* genannt, stehen rechts und links neben bzw. vor der Herde. Ihre Aufgabe ist es, die Herde am hinteren Ende der Arena zusammenzuhalten, bzw. die Rinder, die der Cutter nicht ausgewählt hat, wieder zurück zu treiben, so dass dieser ungestört arbeiten kann.

Der Cuttingreiter mit seinen vier Helfern

**Corner Plates** – Silberverzierte oder silberne Platten, die auf die Ecken der →*Skirts* beim Westernsattel aufgebracht werden.

**Coronet** – 1. Krone, Hufkrone. →*Hoof.*
2. Schmales weißes Abzeichen am Kronrand. →*Marking.*

**Corral** – Pferch, eingezäunter Platz. Er diente ursprünglich dazu, Rinder, Pferde oder Schafe an einem bestimmten Ort festzuhalten. Er konnte dauerhaft oder auch vorübergehend aufgebaut sein. So gab es Corrals aus Astgeflechten und solche mit einer Stacheldraht-, Latten- oder Pfosteneinzäunung, bei letzterem standen die Pfosten direkt nebeneinander. Für einen vorübergehenden Corral verwendete man leicht zu transportierendes Material wie Seile, die man um Bäume oder Büsche schlang. →*Round Corral,* →*Round Pen.*

**Correction Bit** – Kandare mit einem U-förmigen →*Port,* mit Scharnieren am Port und an den →*Shanks.* Es ist nur dann im Turniersport erlaubt, wenn der Ansatz des Ports nicht nach unten herausragt.

Correction Bit

**Cotton Eyes** – →*Blue Eyes.*

**Cotton Lead** – Baumwollführstrick von 2,50 bis 3,00 m Länge, der im Westernreitsport bevorzugt benutzt wird. Die Länge ermöglicht es, sich bei einem widerspenstigen Pferd aus der Gefahrenzone zu begeben, ohne den Führstrick loslassen zu müssen. Dazu verursacht ein Baumwollstrick beim Durchrutschen durch die Hand keine derartigen Verbrennungen wie z. B. ein Kunststoffführstrick. →*Lead.*

**Cotton Rope** – Baumwollseil. Das Wort →*Rope* bedeutet neben Wurfseil auch einfach Seil. Baumwollseile werden wegen des angenehmen Materials gerne verwendet, da die Gefahr sich Verbrennungen zuzuziehen nicht so groß ist wie bei Kunststoffseilen.

**Counter Bend** – Außenstellung des Pferdekopfes.

**Counter-Canter** – Außengalopp. Wenn ein Pferd z. B. auf einem Zirkel auf der linken Hand im Rechtsgalopp geht. In der Regel ist das unerwünscht, aber in manchen Prüfungen wie z. B. der →*Western Horsemanship,* kann ein Counter Canter verlangt werden.

**Course Designer** – Parcoursbauer, Parcoursgestalter. Ein richtiger Parcours ist beim Westernreiten hauptsächlich im →*Trail* erforderlich. Der Course Designer sucht die Hindernisse aus, bestimmt die Gangarten zwischen den Hindernissen und arbeitet ihre Anordnung und ihre Abmessungen gemäß den Regelbüchern der Verbände aus. Zu den bekanntesten Parcoursdesignern für Trails zählt der Kalifornier Tim Kimura, der seit vielen Jahren die Trails der →*AQHA World Championship Show* und anderer Großveranstaltungen kreiert. Seine Parcours werden z. T. bei großen europäischen Shows imitiert, jedoch gibt es inzwischen auch in Europa sehr talentierte Parcoursbauer.

**Course Plan** – Parcours, Parcoursaufbau.

**Cow** – Kuh. In den Rinderdisziplinen wird jedes Rind unabhängig vom Geschlecht oder Alter so bezeichnet. →*Cow Sense*, →*Cow Horse*.

**Cowboy** – Nordamerikanischer berittener Rinderhirte. Er ist Mythos und Legende vieler Filme, die mit der Realität der Vergangenheit und auch der jetzigen Zeit wenig zu tun haben. Die Arbeit des Cowboys geht auf eine alte Tradition, den spanisch ausgebildeten Rinderhirten, den →*Vaquero* bzw. →*Buckaroo*, zurück.

Die ersten "Cowboys" waren Indianer der Stämme des Südwestens im 16. Jahrhundert. Es ist heute wenig bekannt, dass früher der größte Teil der Cowboys Mexikaner und Farbige waren. Die Zeit der großen Viehtriebe, in der die Arbeit des Cowboys ihre Blütezeit hatte, ist zwar vorbei, aber dennoch sind Cowboys auch heute noch ein wichtiger Bestandteil auf Ranches mit Viehherden. Denn nur zu Pferd lassen sich in unwegsamem Gelände Rinderherden zu den Sammelpunkten treiben, um von dort aus mit Lastwagen zu ihren Bestimmungsorten gefahren zu werden. Es waren Rancher und Cowboys, die an der Gründung der Reit- und Zuchtverbände maßgeblich beteiligt waren, und die Prüfungen des Westernreitsports leiten sich auch heute noch hauptsächlich aus den Arbeitsvorgängen oder auch den Wochenendvergnügungen auf einer Ranch ab.

**Cowboy Boots** – Cowboystiefel haben eine lange Tradition und schon die ersten Cowboys wussten einen guten Stiefel zu schätzen. Die frühen Modelle der Cowboystiefel hatten flache Absätze. Erst in den späten 60ern des 19. Jahrhunderts wurde der Stiefel mit einem hohen Absatz versehen, der nicht nur dafür sorgte, dass der Sporn nicht auf der Erde schlurfte, sondern den Cowboy auch "größer" machte. Die Stiefel liefen zudem vorne spitz zu, was das Aufnehmen der Steigbügel vereinfachte; der Cowboystiefel war zum Reiten konzipiert und nicht zum Gehen. Der hohe Schaft schützte die Unterschenkel vor Regen und dornigem Gestrüpp und umschloss das Bein am oberen Rand eng, damit keine Steine, Zweige oder irgendwelches Getier hineinfallen konnten. Später erhielt der Stiefel "Maultierohren", die Lederschlaufen an beiden Seiten, die das Anziehen erleichtern sollten.

**Ranch Boots, Roper Boots, Lacer Boots**

Man konnte damals wie heute bei Westernstiefeln neben der Leder- auch eine Farbauswahl treffen. Zusätzlich kann man heute zwischen verschiedenen Stiefeltypen wie dem →*Ranch-boot*, dem →*Roper* und dem →*Lacer-boot* wählen. Modewesternstiefel mit ihren extrem spitzen Stiefelspitzen, sind nicht nur unbequem, sondern auch nicht für das Reiten gedacht, so dass sich ihre Haltbarkeit bei dieser Nutzung zumeist in Grenzen hält.

**Cowboys Hackamore** – Variante der klassischen →*Hackamore*. Es handelt sich dabei um eine vereinfachte Version texanischen Ursprungs. Anstatt des →*Bosals* wird ein Nasenband aus →*Rope-Material* verwendet, das allerdings durch das rauhe, harte Material und den dünneren Durchmesser auch eine schärfere Wirkung hat. Dort wo sich bei der klassischen Hackamore der →*Heel Knot* befindet, unterhalb des Unterkiefers des Pferdes, hat diese Zäumung einen Ring, in den ganz normale Zügel eingeschnallt werden. Diese Ausbildungszäumung, die im Gegensatz zur klassischen Hackamore nicht im Turniersport zugelassen ist, findet vor allem bei der Ausbildung von →*Cutting* Pferden Anwendung. → *Quick Stop.*

**Cowboy Snaffle Bit** – Anstatt der →*Split Reins* wird ein rundgeflochtenes Polyesterseil →*Poly Mecate* oder ein Baumwollseil →*Rope Reins*, das ansonsten wie die →*Mecate* der klassischen →*Hackamore* aussieht, an den Trensenringen befestigt. Das Führseil wird wie bei der Hackamore am Sattelhorn festgebunden. Das Polyesterseil ist wesentlich preisgünstiger als die Mecate, angenehm in der Hand, da der „Stacheleffekt“ entfällt, und auch relativ schwer. →*Slobber Leathers.*

**Cowboy Hall of Fame -** →*National Cowboy and Western Heritage Museum.*

**Cowboy Mounted Shooting** – →*Mounted Shooting.*

**Cow Hooked** – Kuhhessig. Stellung der hinteren Pferdebeine. Die Sprunggelenke stehen enger zusammen als die Fesseln.

Cowboy Snaffle Bit mit Slobber Leathers

**Cow Horse** – Ein Pferd, das für die Rinderarbeit geeignet ist und dafür ausgebildet wurde.

**Cow Pony** – Bezeichnung für ein Pferd, das bei der Rinderarbeit verwendet wird. →*Cow Horse,* →*Pony.*

**Cow Pony Race** – Renndisziplin der →*APHA.* Sie entwickelte sich aus den bei den →*Cowboys* üblichen Wochenendrennen. Die Distanz differiert. Mehrere Reiter starten aus dem Schritt nach Startfreigabe. Geritten wird im Westernsattel und mit Westernausrüstung.

**Cow Sense** – "Rinderverstand". Ein angeborener Instinkt, der das Pferd befähigt, bei der Rinderarbeit selbständig mitzuarbeiten und selbständig auf die Bewegungen des Rindes zu reagieren. Ein solches Pferd unterstützt nicht nur den Cowboy bei seiner Arbeit, sondern ist unabdingbar für den Erfolg in Rinderdisziplinen bei Westernturnieren.

**Cremello** – Pferd mit heller Isabellefarbe, nicht ganz so weiß wie ein Albino. Die Deckhaare sind weiß oder cremefarben, die Augen blau. Ein Pferd mit zwei Palomino-Genen.

**Crest** – Mähnenkamm.

**CRI** – →*Concours de Reining International.*

**CRIO** – →*Concours de Reining International Official.*

**Cricket** – Leichtbewegliche Rolle im Gebissstück des →*Spade Bits* oder →*Half Breed Bits.* Meist ist sie aus Kupfer, und das Pferd kann sie spielerisch bewegen; es führt dabei eine Art Leckbewegung aus. Beim Rollen des Crickets entsteht ein hörbar schnarrendes Geräusch.

**Cricket Bit** – Ein Gebiss mit einem →*Cricket* oder einer Rolle, mit dem das Pferd mit der Zunge spielen kann.

**Crockness** – Schiefheit im Pferd.

**Crop Out** – Bezeichnung für ein Fohlen aus zwei →*Quarter Horse* Eltern mit weißer Fellzeichnung an nicht zugelassenen Stellen. Ein solches Pferd kann nicht bei der →*AQHA* eingetragen werden, jedoch bei der →*APHA.*

**Cross Hobble** – Kreuzfesselung. Beim üblichen Hobbeln werden den Pferden die beiden Vorderbeine mit →*Hobbles* zusammengebunden, so dass sie sich nicht weit von ihren Aufenthaltsort entfernen können. Beim Cross Hobble werden dem Pferd die diagonalen Beinpaare zusammengebunden.

**Cross Reining** – →*Squaw Reining.*

**Cross Tying** – Beidseitiges Ausbinden eines Pferdes.

**Crossfiring** – Kreuzgalopp. →*Disunited Canter.*

**Croup** – Kruppe. Oberer Abschnitt der Hinterhand eines Pferdes. Die Kruppe eines Westernpferdes sollte lang und schräg sein. →*Conformation.*

**Crow Hopping** – Ausdruck für das Buckeln eines Pferdes.

**Crown Piece** – Genickstück der Zäumung. →*Bridle.*

**Cryptorchid** – Pferd mit weniger als zwei Hoden im Hodensack. Einer oder beide Hoden verbleiben entweder ganz in der Bauchhöhle oder beim Abstieg im Leistenkanal. Eine operative Entfernung ist erforderlich, da ein Cryptorchid, auch Klopphengst genannt, unangenehme Hengstmanieren entwickeln kann. Klopphengste sind nicht zur Zucht zugelassen, da dieser Defekt als erblich gilt.

**Curb Action** – Hebelwirkung beim →*Bit* bedingt durch Hebel und Kinnkette. →*Leverage,* →*Curb Chain,* →*Bitting.*

**Curb Bit** – Kandare mit durchgehendem Mundstück mit Zungenfreiheit, die starr mit den seitlichen Anzügen, →*Shanks,* verbunden ist. Das Curb Bit wirkt über die Shanks und den →*Curb Strap* oder die →*Curb Chain.* →*Leverage.*

**Curb Chain** – Kinnkette. Sie wird nur bei einer Kandare und nicht bei einer Wassertrense, →*Snaffle Bit,* benutzt. Ein Bit muss mit Kinnkette oder Kinnriemen →*Curb Strap* geritten werden, wobei diese nicht schmaler als 1,3 cm sein dürfen. Wichtig ist, dass Kinnriemen oder Kinnkette flach am Pferdekopf anliegen und sich nicht verdrehen können. Eine doppelte Kinnkette muss in der Mitte verbunden sein. Je nachdem, ob man einen Kinnriemen oder eine Kinnkette benutzt und wie man sie verschnallt, ändert sich die jeweilige Wirkungsweise. Lederkinnriemen benutzt man für →*Bits* mit einem hohen →*Port,* die Gaumendruck ausüben. Bei einem Bit mit kleinerer Zungenfreiheit, das Druck auf die Laden und die Zunge ausübt, kann ein Lederkinnriemen bewirken, dass das Pferd sich aufs Gebiss legt. Die Kinnkette wird ebenso wie der Kinnriemen in den oberen Ring des Bits eingeschnallt, oft in denselben wie das Kopfstück, und liegt dann am Unterkiefer des Pferdes an. Sie soll so verschnallt sein, dass zwei Finger zwischen Pferdekopf und Kette Platz haben. Ist die Kinnkette zu lose, übt sie keine Wirkung aus und das Pferd lernt, gegen den Zügel zu ziehen. Eine zu stramm sitzende Kinnkette bewirkt, dass bereits bei leichtestem Annehmen des Zügels Druck auf das Kinn ausgeübt wird. Das Pferd hat so gar nicht erst die Möglichkeit, auf leichte Biteinwirkung zu reagieren. Die Kinnkette soll so sitzen, dass die Hebelwirkung erst einsetzt, wenn sich die →*Shanks* bereits ca. 45° nach hinten bewegt haben. Dadurch tritt die Wirkung der Kinnkette erst ein, wenn das Bit bereits im Maul wirkt. →*Bitting.*

**Curb Chain Loop** – Zusätzlicher Ring am oberen Anzug eines →*Bits*, in den der Kinnriemen oder die Kinnkette eingeschnallt wird. Dieser Ring liegt neben dem Ring für das Kopfstück.

**Curb Groove** – Kinngrube →*Conformation.*

**Curb Pressure** – Druck, der durch die Kinnkette oder den Kinnriemen unter dem Kinn ausgeübt wird. →*Bit,* → *Bitting.*

**Curb Rein** – Unterer Zügel des →*Western Pelhams*, der für die Hebelwirkung verantwortlich ist.

**Curb Strap** – Kinnriemen. Eine Wassertrense wird mit einem Kinnriemen benutzt, der unter dem Zügel eingeschnallt wird. Er verhindert, dass dem Pferd das Gebiss bei starkem einseitigen Zügeleinsatz durch das Maul gezogen werden kann. Weitere Wirkung: →*Curb Chain,* →*Curb Bit.*

**Currycomb** – Striegel.

**Custom Made** – Nach den Vorstellungen und Maßen eines Kunden angefertigt. Dabei kann es sich um Sättel, Bekleidungsartikel, Zaumzeuge oder auch andere Ausrüstungsgenegnstände handeln.

**Cut** – Aussondern eines Rindes aus der Herde beim →*Cutting.*

**Cut Out Skirt** – →*Cutaway Skirt.*

**Cutaway Skirt** – Ausgeschnittenes →*Skirt,* um das Bein des Reiters dort, wo der →*Fender* am Sattel herunterhängt, näher ans Pferd zu bringen. →*Saddle.*

**Cutter** – Bezeichnung für einen Reiter der Disziplin →*Cutting.*

**Cutting** – Rinderdisziplin. Sie gehört zu den besonders publikumswirksamen Disziplinen des Westernreitsports. Beim Cutting befindet sich eine Herde Rinder in der Bahn. Üblicherweise wird die Gesamtarena halbiert und in der einen Hälfte die Pferde warm geritten und in der anderen gecuttet.

Die Aufgabe des Reiters besteht darin, ein Rind auszusondern, aus der Herde herauszutreiben und es dann daran zu hindern, in die Herde zurückzulaufen.Dem Reiter stehen 2,5 Minuten zur Verfügung, in der er beliebig viele Rinder arbeiten darf. Die Zügel werden bei dieser Disziplin mit einer Hand geführt, mit der anderen Hand darf sich der Reiter am Sattelhorn festhalten, da die rasanten Bewegungen und plötzlichen Richtungswechsel des Pferdes je nach den Bewegungen des Rindes nicht vor hersehbar sind. Diese Aktionen können

so abrupt und schnell sein, dass der Reiter aus dem Gleichgewicht kommen könnte. Der Reiter wird von vier Helfern unterstützt. Zwei →*Turnback Men*, die sich am hinteren Ende der halbierten Arena mit ihren Pferden positionieren und die Aufgabe haben, dem Cutter das Rind wieder in Richtung Herde zuzutreiben. Und zwei →*Corner Men*, die rechts und links der Herde stehen, sollen dafür sorgen, dass die Herde zusammenbleibt.Diese vier Reiter sucht sich der Starter häufig aus den wartenden Konkurrenten aus. Es ist Ehrensache für jeden Helfer, den jeweiligen Reiter bei der Rinderarbeit so gut wie möglich zu unterstützen.

Zu Beginn der Prüfung reitet der Reiter in ruhigem Tempo von hinten in die Herde hinein, um das von ihm ausgesuchte Rind herauszutreiben. Dieses Manöver wird →*Deep Cut* genannt. Dabei muss der Reiter darauf achten, dass nicht die ganze Herde in Bewegung gerät, denn dies würde als Fehler gewertet und Punktabzug bedeuten. Das Rind soll möglichst in die Mitte der Arena getrieben werden. Sobald das Rind hier in Position ist, d. h. weit genug aus der Herde heraus, senkt der Reiter seine bis dahin hohe Zügelhand und das Pferd beginnt zu arbeiten. Es soll jetzt ohne Einwirkung des Reiters das Rind daran hindern, seinem Herdentrieb zu folgen und wieder zu seinen Artgenossen zurück zu laufen. Hilfen des Reiters werden mit Punktabzug bestraft. Mit meist katzenartigen Bewegungen hält das Pferd das Rind im Visier und gibt ihm keine Chance vorbeizukommen. Gelegentlich gerät das Pferd in eine solche Schräglage, dass der Fuß des Reiters den Boden berührt. Ist der Reiter der Meinung, das Rind bewegt sich nicht genug bzw. läuft zu viel hin und her, zeigt er dem Richter durch das Abwenden vom Rind, dass er mit der Arbeit fertig ist. Er kann dann ein neues Rind aus der Herde heraussuchen. Das vorherige Rind läuft jetzt zur Herde zurück. Entkommt das Rind, das gerade gearbeitet wird dem Reiter, gibt dies hohe Strafpunkte. Die Cutting-Pferde haben eine spezielle Ausbildung und eine wichtige Voraussetzung ist natürlich der →*Cow Sense*, die natürliche Fähigkeit mit Rindern zu arbeiten.

**Cutting Nippers** – Hufschneidezange.

**Cutting-Saddle** – Spezialsattel, der ausschließlich für die Disziplin Cutting und weder für eine andere Disziplin im Westernreitsport noch für den Freizeitreiter geeignet ist. Der Cuttingsattel hat einen flachen Sitz, damit der Cutter bei den abrupten Bewegungsabläufen des Cuttings nicht aufs →*Cantle* gedrückt wird, sondern im Sattel hin und her schwingen kann.

Wäre der Sattel so gebaut wie z. B. ein Reiningsattel, müsste der Reiter jeden Sprung des Pferdes mit dem Gesäß und Rücken auffangen. Die →*Fork* des Sattels ist senkrecht gestellt und sehr hoch. Das Horn ist dünn und ebenfalls hoch, so dass es gut von der Reiterhand zu umfassen ist, und ermöglicht dem Cutter, sich abzustützen je nachdem welche Bewegungen das Pferd macht. Die Bügelleder sind ebenfalls frei schwingend, um die Bewegungsfreiheit des Reiters zu gewähren. Die meisten Cutter benutzen →*Oxbow Stirrups,* Bügel, die schmal sind und im Gegensatz zu den anderen Bügeln im Auftritt rund. Der Reiter schiebt den Stiefel bis zum Absatz hinein, damit er den Bügel nicht verlieren kann. Der Cuttingsattel verfügt wie alle Sättel, die in Rinderdisziplinen eingesetzt werden, über einen hinteren Bauchgurt.

Cuttingsattel mit Oxbow Stirrups

# D

**Daisy Clipper** – "Gänseblümchen-Mäher". Ein Pferd mit flachen Bewegungen, das seine Beine beim Laufen, im Gegensatz zu solchen mit hoher Knieaktion, nur knapp über der Erde führt. Im Westernreitsport Ausdruck für einen schönen Beweger.

**Dally** – Technik, die früher von Cowboys angewandt wurde, die ein →*Rawhide* →*Lariat* besaßen, das bei hoher Belastung riss. Diese "Dally-Men", wie sie genannt wurden, legten das Ende des Lariats in losen Windungen um das Sattelhorn, so dass es bei einem plötzlichen Ruck nachgeben konnte. Die 1868 in Texas erstmals verwendeten Hanfseile hielten diesen Belastungen stand und konnten fest am Sattelhorn verknotet werden. Die Dally Technik wird heute bei der Disziplin →*Dally Team Roping* angewandt. →*Reata.*

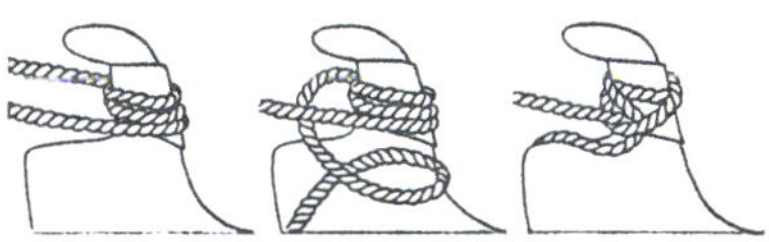

Dally

**Dally Team Roping** – Rinderdisziplin, bei der zwei Reiter ein größeres Rind mit dem →*Rope* fangen müssen. Der →*Header* hat die Aufgabe, den Kopf zu ropen, der →*Heeler* die Hinterbeine. Heading und Heeling werden getrennt bewertet, so dass die Disziplin, bei der nur der Header gewertet wird, Dally Team Roping Heading heißt, die bei der der Heeler bewertet wird, Dally Team Roping Heeling. Die Bewertung des Verhaltens der Pferde in der Startbox, neben der →*Chute*, in der sich das Rind befindet, wie auch das Zeitlimit und die Punktgrundlage sind identisch mit →*Calf Roping*.

Es gibt Vorschriften dafür, wie der Kopf des Rindes gefangen werden muss. Der Heeler kann das Rind an einem oder zwei Hinterbeinen fangen. Das Pferd des Headers soll unmittelbar nach dem Start den Kopf auf Höhe der linken Hüfte des Rindes haben.

Hat der Header sein Rope erfolgreich geworfen und das Rope mindestens einmal um das Horn gewickelt, →*Dally*, soll das Pferd sein Tempo verlangsamen und durch eine Drehung auf der linken Hinterhand das Rind veranlassen, sein Tempo ebenfalls zu verringern und den

Kopf nach links zu drehen. Dadurch läuft es eine Linkskurve, die dem Heeler ermöglicht, seine Arbeit zu tun. Während dieser Phase soll das Rind vom Header in einem gleichbleibenden Galopptempo gehalten werden.

Das Heeling Horse verfolgt das Rind nach dem Start auf Höhe der rechten Hüfte. Nachdem der Header seine Arbeit erledigt hat, wechselt das Pferd des Heelers seine Position, um links hinter das Rind zu kommen. Nach erfolgreichem Wurf des Heelers stoppt sein Pferd und bleibt ruhig stehen. Gleichzeitig stoppt das Pferd des Headers und wendet sich blitzschnell dem Rind und dem Heeler zu. Das Rind steht oder liegt jetzt zwischen den beiden Pferden. Damit ist der →*Run* abgeschlossen.

**Dally Team Roping Heading** – →*Dally Team Roping.*

**Dally Team Roping Heeling** – →*Dally Team Roping.*

**Dam** – Mutter eines Pferdes.

**Dandy-Brush** – Wurzelbürste. Eine Bürste mit ca. 4 – 5 cm langen Borsten.

**Dark Bay** – →*Brown.*

**Dark Oiled Finish** – Bezeichnung für dunkel geöltes Lederzeug.

**Dark Pattern** – Fast dunkle Fellzeichnung beim →*Paint* und →*Pinto.*

**Deadline for Entries** – Nennungsschluss. Der letzte Termin zu dem regulär für ein Turnier genannt werden kann. Einige Verbände lassen absolut keine Nachnennungen zu, was das Aufstellen der Zeitpläne für ein Turnier enorm erleichtert. Andere Verbände erlauben nach diesem Zeitpunkt Nachnennungen zu einem erhöhten Startgeld.

**Deadly Leaded** – Naturwechsler. Ein Pferd, das von Natur aus den Galopp fliegend wechselt, wird als "deadly leaded", ein "todsicherer Wechsler" bezeichnet.

**Dee Slot** – Ringschlitz am Sattel.

**Deep Cut** – Tiefes Hineinreiten in die Herde beim →*Cutting*, bevor das Rind ausgesondert wird. Jeder Cutting-Reiter muss in der Prüfung zu Beginn einmal einen solchen Deep Cut zeigen.

**Deerskin** – Hirschleder. Dieses Leder wird gerne zur Herstellung von Reithandschuhen verwendet.

**Degree of Difficulty** – Schwierigkeitsgrad. Er spielt in der Bewertung im Turniersport, insbesondere in der →*Reining* eine Rolle. In der →*Score* wird ein Ritt, bei dem bestimmte Elemente mit höherer Geschwindigkeit geritten werden, besser bewertet, als bei gleicher Qualität eine langsamere Ausführung.

**Degree of Training** – Ausbildungsgrad. Beim Westernreiten gibt es verschiedene Ausbildungsgrade, die zum Teil an der entsprechenden Zäumung erkannt werden können. So wird das junge Pferd in der Wassertrense geritten, das vierjährige Pferd im Zahnwechsel vielleicht in der →*Hackamore* und das auf →*Neckreining* ausgebildete Pferde im →*Bit*.

**Deutsche Quarter Horse Association** – DQHA. Deutscher Anschlussverband der →*American Quarter Horse Association*. Der Schweizer →*Jean Claude Dysli* hatte bereits 1963 Quarter Horses nach Europa eingeführt, von denen 1968 die ersten nach Deutschland verkauft wurden. Auch →*Alan Jacob*, ein Amerikaner, der Rodeos veranstaltete, gehörte mit zu den Ersten, die das Quarter Horse in Deutschland vorstellten. Er importierte 1970 die ersten Quarter Horses. Am 26. September 1975 fand im Mainzer Hotel Hilton ein Treffen statt, zu dem die amerikanische Botschaft im Namen des US-Landwirtschaftsministeriums Quarter Horse Freunde einlud. Ronald Blackwell, der damalige AQHA-Präsident, und Geschäftsführer Tom Finley waren die Initiatoren dieses Empfangs. Auch Alan Jacob war dabei, Jean Claude Dysli hielt sich zu diesem Zeitpunkt in Kalifornien auf. Bei der eigentlichen Gründungsversammlung der DQHA am 22. November 1975 in Erftstadt wurde der erste Vorstand gewählt, dem auch Dysli angehörte. Die erste Zeitung der DQHA nannte sich „Okay Quarter Horse". 1977 wurde das Quarter Horse offiziell auf der Equitana vorgestellt. 1980 wurde die DQHA ein eingetragener Verein. 1981 fand die erste →*Approved* →*Halter Show* in Deutschland in Ziegenhain mit 40 Teilnehmern statt. Am 1. Januar 1993 wurde die DQHA als Züchtervereinigung im Sinne des Deutschen Tierzuchtgesetztes anerkannt. Zu den Präsidenten, die die DQHA entscheidend mitgeformt haben, gehörten Eberhard Kleinmann (✞ 2010) und Johannes Orgeldinger (er wurde 2010 →*AQHA*-Präsident).

Eberhard Kleinmann

Johannes Orgeldinger

1994 fand der →*Youth World Cup* erstmalig in Deutschland statt. Ab 1990 richtete der Verband jährlich die Europameisterschaft der Quarter Horses aus, die bis 1997 in der Reitanlage der Aachener Soers stattfand, seit 1998 in Kreuth. Heute ist die →*Federation of European Quarter Horse Associations* für die Durchführung der Europameisterschaft zuständig. Einmal jährlich wird die Hauptzuchtschau der DQHA mit der →*Futurity* in Aachen durchgeführt.

**Direct Rein** – Direkter, richtungsgebender Zügel auch →*Leading Rein* genannt. Er ist durch seine laterale Einwirkung gerade bei jungen Pferden und der zweihändigen Zügelführung wichtig. →*Neck Rein*.

**Direct Reining** – Direkte Zügelführung. Auch →*Plow Reining* oder beidseitige Zügelführung genannt. Dabei ist die seitliche Einwirkung des Zügels auf der Seite, zu der das Pferd gelenkt werden soll, gemeint. Das Pferd wird hierbei über die direkte Einwirkung auf das Maul durch das Gebiss kontrolliert, im Gegensatz zum →*Neck Reining*.

**Disciplinary Procedure** – Disziplinarmaßnahme, die auf einen Regelbuchverstoß z. B. auf dem Turnier folgt. Darunter kann Doping oder der Gebrauch unerlaubter Ausrüstung auf dem Abreiteplatz fallen.

**Disinfectant** – Desinfektionsmittel.

**Dismounting** – Absitzen. Beim Westernreiten gibt es verschiedene Möglichkeiten, abzusitzen. Traditionell lässt der Cowboy den einen Fuß beim Absteigen im Bügel. Der Zügel wird in der einen Hand gehalten, die andere verbleibt am Sattelhorn. Der Reiter hebt ein Bein über die Hinterhand und kommt auf diesem Bein zum Stehen. Erst jetzt wird das andere Bein aus dem Bügel genommen. Diese Methode stammt aus der Arbeit der Cowboys, die jahrein, jahraus ihren Arbeitstag zu Pferd verbringen und oft gezwungen sind auf- oder abzusteigen und meist Pferde unter 1,50 m reiten. Ein gut gymnastizierter, geübter Reiter mit einem kleinen Pferd wird wenig Probleme mit dieser Variante haben. Für einen kleineren nicht so beweglichen Reiter mit einem großen Pferd birgt diese Methode ein hohes Gefahrenpotential. Sinnvoller ist es in einem solchen Fall, ein Bein überzuschwingen, den anderen Fuß aus dem Bügel zu nehmen und sich mit geschlossenen Beinen langsam von Pferd gleiten zu lassen. →*Mounting.*

Den linken Fuß aus dem Bügel nehmen, das rechte Bein über das Cantle schwingen

Mit geschlossenen Beinen von Pferd gleiten

**Disobedience** – Ungehorsam des Pferdes, u. a. schlagen, beißen, buckeln.

**Disposition** – Interieur, Veranlagung, Wesensart, Charakter des Pferdes. Damit ist auch das Sozialverhalten gemeint, das Auftreten des Pferdes gegenüber Menschen und Pferden. Umgänglichkeit, Reaktionsfähigkeit, seine Bereitwilligkeit mitzuarbeiten, seine Intelligenz aber auch Furchtsamkeit und Schreckhaftigkeit zählen dazu.

Gelassen warten die Pferde auf engstem Raum auf ihren Start

**Disqualification** – Disqualifikation. Eine unerlaubte Ausrüstung kann im Turniersport zur Disqualifikation führen. →*Illegal.*

**Distribution of Prizes** – Siegerehrung. →*Ribbon Presentation.*

**Disunited Canter** – Kreuzgalopp. Fehlerhafter Galopp, bei dem das Pferd vorne Rechtsgalopp und hinten Linksgalopp geht oder umgekehrt. Aufgrund der unkoordinierten Beinfolge ist der Kreuzgalopp unbequem zu sitzen und wird im Turniersport mit hohen Punktabzügen geahndet. →*Lope.*

**Divided Class** – Geteilte Klasse. Bei hohem Starteraufkommen in einer Gruppenprüfung werden die Gruppen geteilt. Die Teilnehmer müssen sich in diesen →*Go Rounds* für das Finale qualifizieren, um dann dort um ihre Platzierung zu reiten.

**Doc Bar** – Der Fuchshengst zählt mit zu den berühmtesten Quarter Horses, denn er revolutionierte die Cutting-Horse-Zucht. Als Enkel des berühmten Vollblüters →*Three Bars* und seiner auf der Rennbahn recht erfolgreichen Eltern Dandy Doll und Lightning Bar, war er eigentlich als Rennpferd geboren. Doc Bar lief nur ein einziges Rennen und kam mit zehn Längen Abstand als letzter ins Ziel. Aber auch in →*Reining* und →*Cutting* zeigte er nichts Überragendes. Nur in →*Halter* Prüfungen holte er sich durchweg den →*Grand Champion*. Einzigartig war allerdings sein Nachwuchs, so dass seine neuen Besitzer in Kalifornien ein Vermögen mit ihm verdienten. Er wurde Vater von 485 Fohlen. 27 Fohlen wurden →*AQHA-Champions*, zwei AQHA World Champions. Doc Bar starb 1992 im hohen Alter von 36 Jahren.

**Doorman** – Turnierhelfer am Eingang der Arena. Er ist nicht nur dafür zuständig, die Arenatür zu öffnen und zu schließen, sondern er hat auch für den reibungslosen Ablauf der Starts zu sorgen. Er ist verantwortlich dafür, dass sich am Eingang der Arena alle Reiter der nächsten Prüfung startbereit halten.

**Doping Control** – Doping-Kontrolle. Auf größeren Veranstaltungen des Westenreitsports werden Doping-Kontrollen durchgeführt. Hierbei soll sicher gestellt werden, dass nicht mit unerlaubten Mitteln eine Leistungssteigerung des Pferdes herbeigeführt wurde.

**Dorsal Stripe** – Aalstrich. Dunkler Haarstreifen, der von der Mähne über den Rücken bis zum Schweifansatz verläuft. Ein →*Dun* hat immer einen Aalstrich.

**Double Pointed Show** – Die Reiter werden von zwei Richtern gleichzeitig und unabhängig voneinander gerichtet. D. h. sie reiten nur einmal, werden jedoch zweimal platziert.

**Double Rein Bit** – Gebrochenes Gebiss, das doppelte Zügelführung zulässt. Der Trensenzügel, →*Snaffle Rein,* wird oben direkt am Mundstück eingeschnallt. Der Kandarenzügel, →*Curb Rein,* wird am unteren Ende der →*Shanks* befestigt. Beide Zügel habe eine unterschiedliche Wirkung. →*Combination Rein,* →*Direct Rein,* →*Neck Rein,* →*Western Pelham.*

**Double Rigged Saddle** – Westernsattel mit einer Gurtungsvorrichtung für zwei Bauchgurte, dem →*Cinch* und dem →*Back Cinch.*

Ropingsattel mit Cinch und Back Cinch

**Double Rigging** – Doppelte Gurtung.
1. Zusätzlich zum Gurtring für den vorderen Bauchgurt, →*Cinch,* gibt es auch hinten am Sattel eine Vorrichtung zur Befestigung des hinteren Bauchgurtes. →*Back Cinch.*
2. Im Bereich des Vordergurtes zwei Gurtungsringe oder Gurtungschlitze nebeneinander, so dass zwischen verschiedenen Gurtungspositionen gewählt werden kann. →*Rigging.*

**Doubling** – Seitliche Einwirkung auf das Pferd über die Zäumung, um es aus der

Balance zu bringen, bzw. in seinem Bewegungsablauf zu stören. Diese Technik wird gelegentlich in der Grundausbildung sowohl unter dem Sattel wie auch bei der Arbeit an der Hand angewendet, um ein unkontrolliertes Davonstürmen zu verhindern. →*Ground Doubling.*

**Doubling Outfit** – Lederne Schoner am Pferdemaul, um das Pferd beim →*Doubling* vor dem Durchziehen des Gebisses zu schützen.

**Downhill** – Überbaut. Ein Pferd gilt als überbaut, wenn die Kruppe höher ist als der Widerrist, das heißt, es ist hinten höher als vorne. Während des Wachstums eines Pferdes ist das normal und kann mehrfach vorkommen, gleicht sich aber meist wieder aus. Ein überbautes Pferd trägt mehr Gewicht auf der Vorhand.

**DQHA** – →*Deutsche Quarter Horse Association.*

**Dragging a Hind Lead** – Das Pferd springt beim Galoppwechsel vorne korrekt um, bleibt aber hinten im alten Galopp. Es geht dann im fehlerhaften Kreuzgalopp. →*Lope,* →*Crossfiring,* →*Disunited Canter.*

**Drag or Pull** – Hindernis der Disziplinen →*Trail* und →*Ranch Trail.* Ein Gegenstand der auf der Erde liegt muss mittels eines Seiles oder eines →*Ropes* hinter dem Pferd her, zu einem anderen Ort gezogen werden. Dabei kann es sich um einen Baumstamm, ein Geäst oder auch einen Sack mit leeren Dosen handeln, je nachdem was der Parcoursbauer sich einfallen lässt.

**Drag Rider** – Schlussreiter beim Viehtrieb. Die Position des Dragriders am Ende der Herde war auf jedem Viehtrieb die unbeliebteste, da hier der meiste Staub aufgewirbelt wurde. →*Point Rider,* →*Cattle Drive.*

**Draught Horse** – Kaltblutpferd. Kaltblüter sind schwere Arbeitspferde, die in den USA, von einigen Ausnahmen abgesehen, keine wirklich bedeutende Rolle gespielt haben. Sie wurden bei der Kavallerie zum Ziehen der Kanonen eingesetzt.

**Draw Reins** – Schlaufzügel. Die Schlaufzügelenden werden mit Haken am vorderen Ring des Sattelgurtes befestigt und laufen durch die Vorderbeine der Pferde durch die Ringe des →*Snaffle Bits* in die Hand des Reiters. Der Schlaufzügel wirkt abwärts-einwärts, er hindert das Pferd daran, den Kopf vorwärts-aufwärts zu nehmen. Da der Schlaufzügel nach dem Flaschenzugprinzip arbeitet, gehört er nur in die Hand eines erfahrenen Reiters, der sie korrekt zu handhaben weiß. Er muss in der Lage sein, mit zwei Paar Zügeln zu reiten, dem normalen und dem Schlaufzügelpaar. Draw Reins sind im Westernturniersport verboten, bei einigen Verbänden auch auf dem Abreiteplatz. →*German Reins.*

**D-Ring-Rigging** – D-förmige Gurtungsringe am Westernsattel im Gegensatz zur →*Plate Rigging.* Die D-Ring-→*Inskirt Rigging* besteht aus ein oder zwei in den →*Skirt* des Westernsattels eingearbeiteten D-Ringen für den vorderen Bauchgurt. Bei der →*Conventional Rigging* werden in der Regel D-Ringe verwendet. →*Three-Way-Inskirt-Rigging.*

**D-Ring-Snaffle** – Wassertrense. →*Snaffle Bit* mit D-förmigen Gebissringen. Bei diesem Gebiss sollte man darauf achten, dass das T-Stück mit dem Mundstück möglichst weit hochgezogen ist, damit die zarten Mundwinkel bei Ausschlagen des Gebisses nicht verletzt werden.

**Driving Power of Hindlegs** – Schubkraft der Hinterhand, z. B. für einen schnellen Galopp und rasante Lektionen.

**Dropped Noseband** – Ein ledernes Nasenband, das direkt unter dem Gebiss angepasst wird. Es hindert das Pferd daran, das Maul zu öffnen und so dem Druck des Gebisses zu entgehen →*Mouthshutter,* →*Cavesson.*

**Dry Work** – „Trockenarbeit“ im Gegensatz zur Arbeit mit dem Rind. →*Reining* in der Disziplin →*Working Cowhorse.*

**Dude Ranch** – Ferienranch mit Ausreitmöglichkeit für die Urlauber. Dude Ranches sind häufig auch auf reitunerfahrene Gäste abgestimmt.

**Dun** – Falbfarbenes Pferd. Das Fell ist sandfarben bis gold, das Langhaar schwarz oder braun. In der Regel hat der Dun einen Aalstrich, →*Dorsal Stripe,* und oft Zebrastreifen an den Beinen und einen dunklen Querstreifen auf dem Widerrist.

Morgendlicher Ausritt auf einer Dude Ranch in Wyoming

**Duplicate Registration Certificate** – Zweitschrift der Registrationspapiere. ➔*Certificate of Registration*, ➔*Replacement Certificate.*

**Duster** – Langer Mantel zum Reiten zum Schutz vor Staub.

**Dwell** – Verharren eines Pferdes nach dem Stop in der ➔*Reining*, das zeigen soll, dass das Pferd, welches eben noch mit Höchstgeschwindigkeit im ➔*Rundown* gelaufen ist, direkt nach dem Stop ruhig und entspannt stehen kann. ➔*Reining.*

**Dwell Time** – Ruhepause nach einem Manöver, die dem Pferd Zeit gibt „nachzudenken". Dadurch lernt das Pferd ruhig zu bleiben und kann sich auf die nächste Aufgabe besser konzentrieren. ➔*Dwell.*

Jean Claude Dysli

**Dysli, Jean Claude** (27.09.1935) – Jean Claude Dysli ist einer der größten europäischen Horsemen und wird als Nestor der Westernreiterei bezeichnet. In seiner Heimat, der Schweiz, lernte Dysli zunächst klassisch reiten und brachte es in seiner Militärzeit bis zum Hauptmann der Kavallerie. Sein eigentliches Berufsziel war Bauingenieur mit dem fernen Ziel zu promovieren und später zu habilitieren. Ein Auftrag als Bauingenieur verschlug ihn im Alter von 25 Jahren nach Kalifornien. Aus den geplanten sechs Monaten wurden fast 20 Jahre. Er arbeitete als Cowboy, lernte bei bekannten kalifornischen Trainern und besaß später einen eigenen Trainingsstall in Kalifornien. 1963 brachte er die ersten Quarter Horses in die Schweiz und verkaufte 1968 die ersten in Deutschland. Auf der Equitana 1973 präsentierte er die Westernreitweise einem größeren Publikum. Jean Claude Dysli war von Beginn an ein kompetenter Gesprächspartner in Sachen "Westernreiten" und konnte aufgrund seiner fundierten klassischen Reitausbildung den Unterschied zwischen den beiden Reitweisen fachlich korrekt erklären. Er war einer der ersten europäischen Westerntrainer. 1975 kehrte er in die Schweiz zurück, zog 1981 nach Welsheim bei Stuttgart, um 1985 in Andalusien sein endgültiges Domizil zu finden. Dort hat der mehrfache Europameister zusätzlich zum Westernreiten seine Liebe zur Doma-Vaquera, der iberischen Reitweise entdeckt.

# E

**Ear Bridle** – Einohrzaum. →*One Ear Headstall,* →*One Ear Bridle.*

**East Coast Style** – Auch →*Texas Style* genannt. →*California Style.*

**Eggbutt Snaffle** – Olivenkopftrense. →*Snaffle Bit* mit olivenförmigen Verbindungsstücken zwischen Mundstück und Trensenringen.

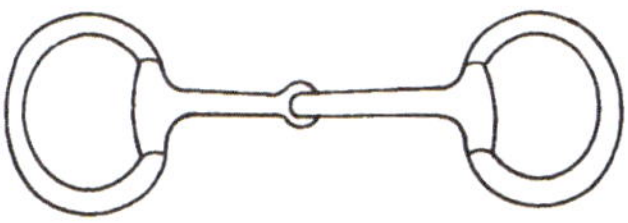

**Elastic Bandage** – Elastische Bandage.

**Elbow** – Ellenbogen. →*Conformation.*

**Eligibility** – Startberechtigung bei einem Verband für Reiter oder Pferd in einer bestimmten Klasse. →*Class.*

**Elimination** – Ausschluss.

**Embossed** – Mit dem Hammer getrieben. Bezeichnung für die Technik in der Punzierungen in Leder oder Metall eingearbeitet werden.

**Embryo Transfer** – Ein Fohlen-Embryo wird in eine fremde Stute eingepflanzt. D. h., das Fohlen wird von einer Stute ausgetragen und geboren, die genetisch nicht seine Mutter ist. Auf diese Art und Weise ist es möglich, dass eine wertvolle Zuchtstute mehrere Fohlen in einem Jahr haben kann.

**English Equipment** – Ausrüstung für die Englischklassen der Westernpferde-Zuchtverbände. →*Hunter under Saddle,* →*Hunter Hack,* →*English Equitation.*

**Engraved** – Graviert.

**Entry** – Teilnahme, Start beim Turnier.

**Entry Fee** – Startgeld.

**Entry Form** – Nennungsformular. Jeder Verband hat sein eigenes Nennungsformular, das sich nach dem jeweils geltenden →*Rule Book* richtet.

**Equestrians with Disabilities** – Reiter mit Behinderungen. →*EWD-Classes.*

**Equine Infectious Anemia** – Die infektiöse Anämie gehört zu den anzeigepflichtigen Virusinfektionen. Die Ansteckung erfolgt durch das Blut kranker Pferde, z. B. durch Insektenstiche übertragen. Für die Einfuhr von Pferden aus den USA ist z. B. ein Coggins-Test erforderlich, bei dem die Pferde vier Wochen in den USA in Quarantäne gehalten werden, bevor sie exportiert werden dürfen. Es gibt weder eine Schutzimpfung noch eine wirksame Behandlung gegen diese Krankheit.

**Equine Influenza** – Pferdeinfluenza. Ursache für die Influenza ist ein entzündlicher Prozess der gesamten Luftwege, der Bronchien und der Schleimhäute, der durch einen Virus verursacht wird. Diese Krankheit ist hochansteckend und erfolgt durch Tröpfcheninfektion von Pferd zu Pferd. Die Pferde zeigen dabei einen klaren bis trüben Nasenausfluss und haben im Anfangsstadium meist

Fieber zwischen 39° und 41°. Der betroffene Lympfknoten im Kehlgang ist angeschwollen. Nach ca. einer Woche beginnen die Pferde zu husten. Der Husten klingt erst wieder nach zwei bis drei Wochen ab. Der Tierarzt behandelt die Krankheit mit Antibiotika und schleimlösenden Mitteln. Eine Schonung von bis zu vier Wochen verhindert Rückschläge und mögliche Folgen wie Lungenentzündung, chronische Bronchitis oder gar Dämpfigkeit. Es ist möglich, durch eine Impfung vorzubeugen.

**Equine Virus Abortion** – Virusabort, Rhinopneumonitis. Ein Herpesvirus setzt sich auf der Schleimhaut der Atmungsorgane fest und verursacht Fieber, Appetitlosigkeit, Nasenausfluss und einen sehr trockenen Husten. Ein Festsetzen des Virus im Nervengewebe kann zu Lähmungserscheinungen führen. Bei tragenden Stuten wandert das Virus auf dem Blutweg in die Frucht und verursacht gegen Ende der Trächtigkeit ein Verfohlen.

**Equipment Storage** – Ausrüstungslager, Sattelkammer. →*Tack Room.*

**Equitation Saddle** – →*Show Saddle.*

**Equitation Seat** – Dressurmäßiger Sitz des Westernreiters, wie er z. B. in der →*Western Horsemanship* und der →*Western Equitation* verlangt wird. →*Seat.*

**Erste Westernreiter Union Deutschland e.V.** – Bei der EWU, die Anschlussverband der Féderation National (FN), der Deutschen Reiterlichen Vereinigung in Warendorf ist, sind Pferde aller Rassen startberechtigt. Anfang der 70er Jahre kam das Westernreiten mit den ersten Quarter Horses nach Europa. 1975 wurde die Deutsche Quarter Horse Association gegründet. Doch die Pioniere des Westernreitens in Europa besaßen zu diesem Zeitpunkt in den seltensten Fällen Quarter Horses. Sie schulten ihre Pferde hiesiger Rassen auf die Westernreitweise um.

**Alle Pferderassen sind bei der EWU willkommen**

Die EWU, damals noch "Europäische Westernpferde- und Reiter Union", wurde 1977 mit 22 Mitgliedern von der Delegiertenversammlung der Deutschen Quarter Horse Association ins Leben gerufen und wurde am 19. Juni 1978 ein eingetragener Verein. Der erste Präsident war Horst Geier. Anfangs gab es zwei bis drei Westernturniere im Jahr mit wenigen Startern, aber sehr vielen interessierten Zuschauern. "EWU-Nachrichten" nannte sich die erste Zeitschrift des Verbandes. 1980 lag das erste Regelbuch vor, das in Anlehnung an das Regelbuch der →*AQHA*, erarbeitet worden war. Damals durften als Erleichterung für europäische Verhältnisse auch ältere Pferde noch zweihändig geritten werden, da die meisten Westernreiter in der Regel nur ältere Pferde besaßen, die größtenteils von der klassischen Reitweise auf die Westernreitweise umgeschult worden waren. Zu dieser Zeit hatte die EWU 280 Mitglieder in Europa, eine Zahl, die noch nicht das Interesse der Freizeitreiter am Westernstil wiederspiegelte. Viel Öffentlichkeitsarbeit war nötig, um von dem "Bonanza- und John Wayne-Image" wegzukommen. 1982 waren die Mitgliederzahlen in allen europäischen Ländern so angewachsen, dass die europäischen Nachbarn eigene Vereine gründen konnten. 1982 wurde die EWU daher in "Erste Westernreiter Union Deutschland e.V." umbenannt. In diesem Jahr fand auf der Anlage in der Aachener Soers die erste Europameisterschaft im Westernreiten statt. Die neue Zeitschrift der EWU-Mitglieder hieß jetzt "Westernreiter Journal". 1983 folgte die erste Deutsche Meisterschaft im Westernreiten. Ein neues Regelbuch war erschienen, das u. a. die →*Juniorpferde* (damals drei bis vier Jahre) und die →*Seniorpferde* (damals fünf Jahre und älter) trennte und für die →*Senior Class* die einhändige Zügelführung vorschrieb. 1984 wurden →*Amateur-* und →*Open Class* geteilt, so dass die Amateure, die zahlenmäßig den größten Teil in der EWU ausmachten, aber nicht die Trainingsmöglichkeiten wie die Profis hatten, unter sich reiten konnten. 1985 wurden die ersten Richterlehrgänge mit anschließender Prüfung für EWU-Richter durchgeführt. Bis dahin war das Einfliegen der amerikanischen Richter ein großer Kostenfaktor bei den Westernturnieren. Kosten, die meistens über nachfolgende Kurse mit diesen Richtern finanziert wurden. Die Richterprüfung leitete der bekannte amerikanische Richter Dave Jones, sechs Richter bestanden die Prüfung. Nach der zweiten Deutschen Meisterschaft 1985 wurde 1987 die dritte Deutsche Meisterschaft in Aachen durchgeführt, diesmal unterteilt in Amateur- und Open Class. Inzwischen gab es nach Bundesländern unterteilte Regionalgruppen. 1989 wechselte der langjährige Vorstand mit Karl-Heinz Manns an der Spitze und Rolf Diekwisch übernahm das Amt des Präsidenten, das er bis 1998 bekleidete. Mit dem Wechsel des Vorstands gab es wieder eine neue Verbandszeitschrift, das "Westernreiter Magazin". Die vierte Deutsche Meisterschaft 1989 erhielt einen neuen Austragungsort und wurde bis 1997 alle zwei Jahre im Wechsel mit der →*Americana* in der Halle Münsterland in Münster ausgetragen. 1990 wurde die Richterprüfung von dem Kanadier Jack Drechsler, der die Prüfung vorbereitete und auch abnahm, erheblich verschärft. Nur drei von achtzehn Kandidaten bestanden und wurden als Richter berufen. Dass der Zulauf zum Westernreiten weiter anstieg, bewies der nächste Glanzpunkt in der EWU-Geschichte, die sechste Deutsche Meisterschaft in Münster, im Oktober 1993. Ihre hohen Teilnehmerzahlen sprengten fast den Rahmen, so dass der Qualifikationsmodus für die nächste Meisterschaft neu überarbeitet werden musste.

1993 wurde die EWU Anschlussverband der FN. Im gleichen Jahr fanden erstmals bundesweit die Prüfungen zur Abnahme des Bronzenen Westernreitabzeichens statt. Hubertus Ott und Ute Tietje waren die ersten, die diese Kurse für die EWU durchführen durften.

**Beim Geländeritt des Reitabzeichens gehört eine korrekte Straßenüberquerung dazu**

Die 15-Jahr-Feier zeigte, dass der Verband dem "Babyalter" entwachsen war. Ein hochkarätiges Programm mit den "Oldies" der Westernreiterei und die Premiere der Verleihung von zwei Goldenen Westernreitabzeichen bildeten den Abschluss des ersten Entwicklungsstadiums der EWU.

**Western-Urgesteine: Pete Kreinberg, Jean Claude Dysli, Hartmut Keuchel, Rolf Diekwisch**

In den folgenden fünf Jahren explodierte ihre Entwicklung förmlich. Seit 1995 wurden die Regionalgruppen in eigenständige Landesverbände umorganisiert. Auch die neuen Bundesländer fanden den Anschluss, so dass seither in jedem Bundesland EWU-Turniere durchgeführt werden. Seit 1993 messen sich die Landesverbände zusätzlich in Mannschafts-wettbewerben, die jedes Jahr in der Deutschen Mannschaftsmeisterschaft gipfeln.

**1. Deutsche Mannschaftsmeisterschaft 1993**

Da sich EWU jedoch als Partner aller Westernreiter sieht, wurden die Aktivitäten im Breitensport verstärkt. Wie bei der FN gibt es eine Reihe von Abzeichen angefangen beim Hufeisen bis hin zum Goldenen Reitabzeichen, dass allerdings nicht erworben werden kann, sondern vom Verband für außerordentliche Turnierleistungen verliehen wird. Die Amateurtrainerschiene wurde bis zum A-Trainer ausgebaut, so dass ein Quereinstieg als Reitlehrer möglich wird. Die Prüfung zum Pferdewirt Zucht und Haltung kann inzwischen mit dem Schwerpunkt Westernreiten abgelegt werden. In der monatlich erscheinenden Verbandszeitschrift "Western Reiter" können sich die Mitglieder über die Aktivitäten der EWU informieren.
Anfang 2010 hatte die EWU 8.400 Mitglieder und 25.000 registrierte Pferde. (Quelle EWU)

**Event** – Veranstaltung, Ereignis.

**EWD-Classes** – Klassen für Reiter mit körperlichen oder geistigen Behinderungen. Reithelme sind in dieser Klasse Pflicht und jeder Teilnehmer hat einen Helfer in der Bahn, der bei Bedarf eingreifen kann. →*Equestrians with Disabilities*.

**EWU** – →*Erste Westernreiter Union Deutschland e.V.*

**EWU-Champion** – Die jahresbeste Pferd/Reiterkombination jeder Disziplin in den Klassen LK 1/2 A und LK 1/2 B. Die Punkte werden auf A- und AQ-Turnieren erritten.

**Exihibitor** – Aussteller, Vorführer, auch Reiter.

**Exhibitors Group** – Eine →*Halter Class*, bei der ein Teilnehmer vier Pferde aus seinem Besitz vorstellt, egal welchen Alters und Geschlechts.

**Experienced Rider** – Erfahrener Reiter.

**Extended Jog** – Verstärkter, verlängerter →*Jog*. In einigen Disziplinen wird der Extended Jog verlangt.

Er hat bei gleichbleibender unveränderter Weichheit des Ganges zu erfolgen. Die Schrittlänge soll sich dabei vergrößern, ohne dass sich die Geschwindigkeit erhöht mit der die Beine bewegt werden. Ein Mitteltrab, bei dem der Reiter nicht mehr bequem sitzen kann, ist unerwünscht. Leichttraben ist in keiner Westerndisziplin erlaubt, wird aber durchaus in der Lösungsphase des Pferdes benutzt und auch im Gelände.

**Extended Lope** – Verstärkter, verlängerter Galopp. Ähnlich dem verstärkten Jog soll sich lediglich die Schrittlänge verändern, aber nicht die Geschwindigkeit, der Beinbewegung. Der Extended Lope kann z. B. in der Disziplin →*Western Horsemanship* vorkommen.

**Extended Paces** – Verstärktes Tempo in jeder Gangart.

**Exterieur** – →*Conformation*.

# F

**Fall behind the Movement** – Hinter der Bewegung des Pferdes bleiben. Der Reiter kommt bei einer Bewegung aus dem Gleichgewicht und gerät dadurch hinter den gemeinsamen Pferd-Reiter-Schwerpunkt.

**Fall of Horse** – Sturz des Pferdes. Er führt bei allen Verbänden in allen Disziplinen zur Disqualifikation.

**Farrier** – Hufschmied.

**Fault** – Fehler.

**Feathering** – Kötenbehang.

**Federation Equestrian International** – Die FEI ist Ausrichter aller internationalen Reitturniere, die von ihren Mitgliedern veranstaltet werden. Das bedeutet insbesondere, dass sie bei den Weltreiterspielen, auf denen die Weltmeisterschaften ausgetragen werden und den Olympischen Spielen über die Wettkampf- und Qualifikationsregeln entscheidet. Auch die medizinische Betreuung und Dopingtests bei internationalen Turnieren fallen in den Zuständigkeitsbereich der FEI.

**Federation of European Quarter Horse Associations** – Die FEQHA wurde 1997 als Dachverband gegründet. 2010 waren 16 europäische Quarter Horses Associations Mitglied des Verbandes. Die Hauptveranstaltung der FEQHA ist die European Championship of American Quarter Horses.

**Fee** – Gebühr. →*Breeding Fee,* →*Entry Fee.*

**FEI** – →*Federation Equestrian International.*

**Female** – Weiblich.

**Fence** – Zaun. Damit kann der Zaun einer Weide, aber auch die Arenawand, bzw. der aus →*Panels* bestehende Arenazaun gemeint sein.

**Fence Work** – Arbeit mit dem Rind in der Disziplin →*Working Cowhorse*, im Gegensatz zur →*Dry Work*, der Arbeit ohne Rind.

**Fencing** – Beim Fencing wird das Pferd gegen eine Wand, einen Zaun, eine andere feste Einzäunung oder ein →*Fencing-Gate* geritten, um es zum Stoppen zu bringen. "Let the Wall stop the Horse" (Lass die Wand das Pferd stoppen) ist die Idee, die dahinter steht.

Sliding Stop

Das Fencing ist eine Übung für den →*Sliding Stop*. Wird diese Methode angewandt, muss das Fencing möglichst stressfrei für das Pferd durchgeführt werden, d. h. mit entsprechender „Überlegungsphase“, →*Dwell Time,* für das Pferd. Fencing heißt keinesfalls, das Pferd pausenlos im Galopp von einer Arenawand an die gegenüberliegende Wand zu reiten.

**Fencing-Gate** – Ein spezielles Tor, um dem Pferd das Stoppen beibringen zu können. Ein Fencing-Tor gehört zur Standardausrüstung der →*Slide Tracks* von Pferdetrainern in den USA. Es ist eine Art Tor, häufig ein langes →*Panel*, das an der langen Seite in den →*Slide Track* hineinragt, so dass das Pferd vor ihm gestoppt werden kann. →*Fencing.*

**Fender** – Schweißblatt. Großes, breites Lederstück, das meistens gleichzeitig den vorderen Steigbügelriemen darstellt. Der Fender kann unterschiedlich breit sein, je nach gewünschter Bewegungsfreiheit für die Beine des Reiters. →*Free Swinging Fender.* Der Fender sollte ursprünglich das Reiterbein vor Pferdeschweiß schützen. Die Fenderaufhängung spielt für den guten Sitz des Reiters eine große Rolle. Je nach Satteltyp oder auch Qualität des Sattels kann sich die Fenderaufhängung weiter vorne oder weiter hinten befinden. Die Fender sind an den →*Bars* befestigt. Liegt die Fenderaufhängung zu weit vorne, vor dem Schwerpunkt des Sattels, besteht die Gefahr im →*Chair Seat* zu reiten. →*Saddle.*

Kopfstück mit Ferrules

**Ferrules** – Hülsen. Es handelt sich meist um Metallhülsen, die zur Verzierung der Westernausrüstung dienen. →*Silver Ferrules*, →*Ball Ferrules*, →*Barrel Ferrules.*

**Fetlock** – Fesselkopf. →*Conformation.*

**Fetlock Joint** – Fesselgelenk. →*Conformation.*

**Fetlock Shears** – Fesselhaarscherer. Um in →*Halter Shows* eine klarere Beinlinie zu zeigen, werden unerwünschte Fesselhaare mit einem elektrischen oder manuellen Fesselhaarscherer entfernt. →*Clipping.*

**FEQHA** – →*Federation of European Quarter Horse Associations.*

**Fiador(e)** – Eine Art Kehlriemen an der →*Hackamore*, der eine Verbindung zum →*Heel Knot* hat und diesen in Position hält.

**Figure Eight** – Zwei Zirkel in Form einer Acht. Diese Figur kommt in einer →*Reining Pattern* vor.

**Filly** – Weibliches Pferd unter vier Jahren.

**Final** – Finale, Endausscheidung, Endrunde.

**Finished Horse** – Fertig ausgebildetes Pferd.

**Finishing Line** – Ziellinie.

**Fisheye** – Fischauge, auch Birkenauge genannt. Es ist zu erkennen an einer sichtbaren Begrenzung der Iris durch einen mehr oder weniger breiten, weißen Ring.

**Fitting a Saddle (Horse)** – Anpassen eines Sattels. Jeder Sattel muss dem Pferd angepasst werden. Maßgebend dafür ist die Winkelung der →*Bars.* Der Sattelbaum soll vorne parallel zum Schulterbereich aufliegen, d. h. keine punktuellen Druckstellen aufweisen. Mindestens zwei Finger Luft sollen zwischen Widerrist und Kammer bleiben. Ist der Sattel zu weit, rutscht er zu tief auf den Widerrist und die Schulter. Man sitzt bergab und wird erhebliche Schwierigkeiten haben, korrekt zu sitzen. Ein zu enger Sattel behindert das Pferd in der Schulter, kneift und führt zu Druckstellen. Grundsätzlich unterscheidet man drei Pferdetypen mit unterschiedlicher

Sattellage:
1. Das gut gebaute Pferd mit einer guten Rippenwölbung, gutem Widerrist und einer guten Gurttiefe. Diese Rückenform hält einen Sattel ideal in Position.

2. Das Pferd mit einem tonnenähnlichen, runden Körperbau, der besonders bei vielen Ponyrassen vorkommt. Bei diesen Pferden hat der Sattel die Tendenz, von rechts nach links zu rutschen. Es wird immer schwierig sein, für diese Pferde einen Sattel zu finden, zumal diese Rückenform oft in Kombination mit einem kurzen Rücken zu finden ist. Hier empfiehlt es sich, einen Sattel zu kaufen, dessen Leder unterhalb der →*Fork* weit nach vorne gezogen ist, der eine große Auflagefläche rechts und links der Sitzfläche und hinten kurze →*Skirts* hat.

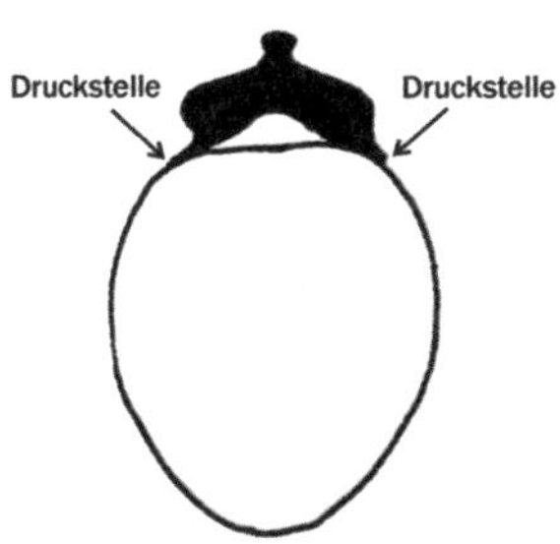


3. Das sehr schmale, rippige Pferd mit einer kleinen Herz- und Lungenkapazität, kommt häufig bei den Vollblütern vor. Auch für diese Pferdetypen ist es schwierig, einen passenden Sattel zu finden, ebenso wie für Pferde mit Senkrücken. Hier kann manchmal ein dickeres, gepolstertes bzw. entsprechend gearbeitetes →*Pad* helfen.

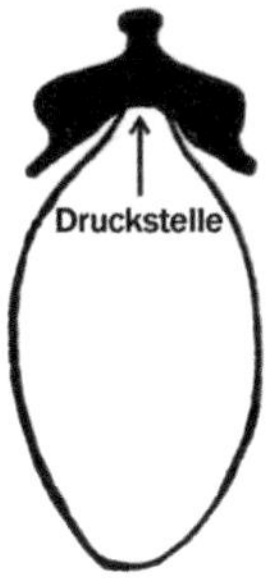


**Fitting a Saddle (Rider)** – Anpassen des Sattels für den Reiter. Hat man einen Sattel gefunden, der gut auf das Pferd passt, sollte der Reiter ein paar Runden reiten, um festzustellen, ob er korrekt auf dem Sattel sitzen kann und ob die Größe des Sattels für ihn richtig ist. Die Größe eines Sattels bzw. seiner Sitzfläche wird in Inch angegeben. Je größer und schwerer ein Reiter ist, desto größer muss sein Sattel sein. Gemessen wird die Sitzlänge von der hinteren Basis des →*Horns* bis zum →*Cantle*.

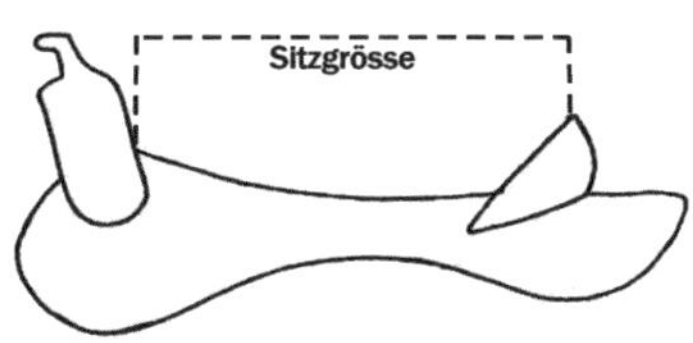


Je steiler Fork und Cantle gewinkelt sind, umso mehr bieten sie dem Reiter Führung. Flache Winkel geben mehr Freiraum für die Bewegung im Sattel. Der individuelle Körperbau des einzelnen Menschen bestimmt, in welchem

Sattel er gut sitzen kann. Nur weil ein Sattel den Namen eines Weltmeisters trägt, kann nicht jeder gut darauf reiten. Es mag ein fantastischer Sattel sein, aber wenn dieser Weltmeister einen gänzlich anderen Körperbau hat als der Käufer, wird dieser sich kaum darin wohlfühlen oder zu einem guten Sitz kommen. Zudem sind Männer und Frauen verschieden gebaut. Frauen haben runde Oberschenkel und ein breites Becken. Deshalb müsste der ideale Sattel für eine Frau im vorderen Bereich schmal und im hinteren Bereich weiter geschnitten sein.

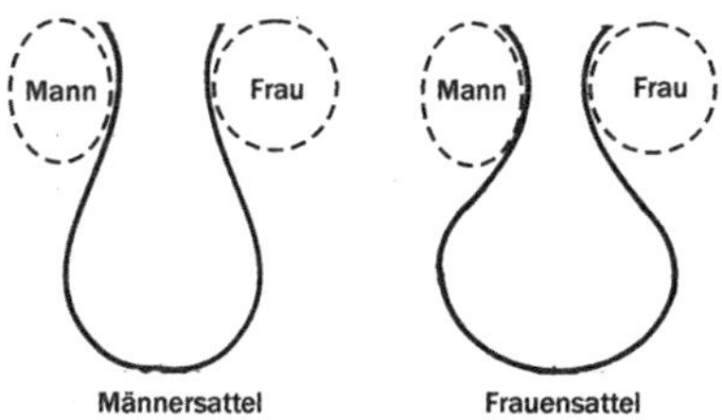


Ein Mann hat ein schmaleres Becken und ovale Oberschenkel, so dass der Sattel für einen Mann vorne breiter gebaut, im Cantle-Bereich jedoch schmaler sein kann. Da die Arbeit der Cowboys hauptsächlich von Männern durchgeführt wird, werden die meisten Satteltypen auch für Männerproportionen gebaut. →*Saddle.*

**Flag Race** – Flaggenrennen. Das Flag Race ist ein Spiel der Westernverbände, das auf Turnieren durchgeführt wird. Vier Tonnen, auf denen jeweils ein mit Sand gefüllter Eimer steht, werden im Rechteck aufgestellt. In Tonne eins und Tonne drei steckt eine Fahne. Nach einem fliegenden Start reitet der Reiter außen herum zur ersten Tonne, greift dort die Flagge, um sie in den Eimer der zweiten Tonne zu stecken. Weiter geht es zu Tonne drei, deren Flagge in den Eimer von Tonne vier eingesteckt werden muss. Die Zeit wird bei Überschreiten der Start und Ziellinie genommen und bestimmt den Sieger.

**Flank** – Flanke. →*Conformation.*

**Flank Billet** – Befestigungsgurt für den hinteren Bauchgurt. →*Billet,* →*Back Cinch.*

**Flankrider** – Flankenreiter beim Viehtrieb. Die Reiter, die die Herde seitlich begrenzen und absichern. →*Point Rider.*

**Flap Chaps** – →*Batwing Chaps.*

**Flapping Leg** – Flatternder Schenkel. Mit einem flatternden Unterschenkel, d. h. einem Schenkel, den der Reiter nicht unter Kontrolle hat, kann er keine wirksamen Hilfen geben.

**Flat Bottom Stirrup** – Steigbügel mit flachem Auftritt. →*Stirrup.*

**Flat-Kneed** – Flache Gänge ohne Knieaktion.

**Flat Spin** – Flache →*Spins* oder →*Turn Arounds.* Sie werden als flach, "flat", bezeichnet, wenn Kopf, Hals, Rücken und Hinterhand dabei auf gleicher Höhe bleiben. →*Reining.*

**Flat Walk** – Flacher, raumgreifender Schritt.

**Flaxen** – Flachsfarben.

**Fleece Lining** – Vlies-Futter, z. B. am Sattel. Die Unterseite des Sattels ist mit einem Futter versehen, das aus Vlies, aber auch aus Schafffell bestehen kann. Dieses Futter dient als Polsterung.

**Flexing** – Biegung des gesamten Pferdes.

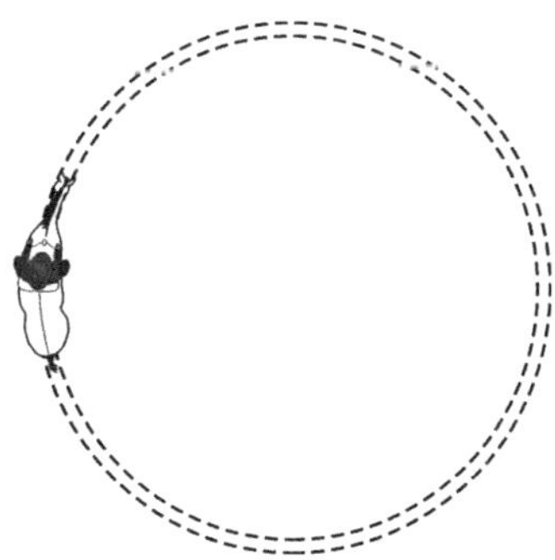

Das gebogene Pferd folgt mit seiner Hinterhand der Vorhand auf einer Spur wie z. B. auf der Zirkellinie. Um das zu erreichen, muss sich das Pferd in seinem Rumpf biegen. Es ist in seiner Wirbelsäule vom Genick bis zum Schweif gebogen.

**Flexing at the Poll** – Elastische Nachgiebigkeit und Flexibilität des Pferdes im Genick- und Halsbereich gegenüber dem Druck im Maul oder auf der Nase, welcher durch die Zäumung ausgeübt wird.

**Floating** – Abfeilen scharfer Kanten an den Backenzähnen, um Verletzungen im Maulbereich vorzubeugen.

**Floral Pattern** – Dekoratives Blumen- oder Pflanzenmuster auf Lederzubehör. →*Floral Stamping.*

Show-Sattel mit Floral Pattern

**Floral Stamping** – Punzierung im Blumen- oder Pflanzenmuster auf Lederzubehör wie Sattel, Zaumzeug oder Vorderzeug. →*Floral Pattern.*

**Fluent Transitions** – Fließende Übergänge zwischen den einzelnen Gangarten.

**Fly Mask** – Fliegenmaske. Netzartiger Fliegenschutz zum Überziehen für Augen und Ohren des Pferdes.

**Flying Lead Change** – Fliegender Galoppwechsel. Ein Wechsel des Galopps zwischen der Absprung- und Landephase eines Galoppsprunges, also in der Luft. Das Pferd wechselt dabei vom Rechtsgalopp zum Linksgalopp oder umgekehrt, ohne die Gangart zu verlassen. Dabei wechseln gleichzeitig Vorder- und Hinterhand die Fußfolge. Geschieht das nicht parallel, fällt das Pferd in den Kreuzgalopp. →*Cross Firing,* →*Counter Canter,* →*Lead,* →*Lope.*

**Flying Start** – Fliegender Start. Die Startlinie wird bereits in der Gangart überritten, die vom Wettkampf gefordert wird. Ein üblicher Start bei Renndisziplinen des Westernreitsports oder bei Rennspielen.

**Foal** – Neugeborenes Fohlen.

**Foaled** – Geboren.

**Forearm** – Unterarm des Pferdes. →*Conformation.*

**Forehand** – Vorhand. →*Conformation.*

**Forehand Turn** – Vorhandwendung. Das Pferd bleibt bei diesem Manöver auf einem Punkt stehen und bewegt nur die Hinterhand um die Vorhand herum. In den Disziplinen →*Trail* und →*Western Horsmanship* können Vorhandwendungen von 90° bis 360° verlangt werden. Das Drehbein, der Angelpunkt, ist bei einer Vorhandwendung an einer Umzäunung immer das äußere Vorderbein. Der innere Vorderfuss läuft vorwärts um den äußeren herum. Der äußere Hinterfuß kreuzt vor dem inneren Hinterfuß.

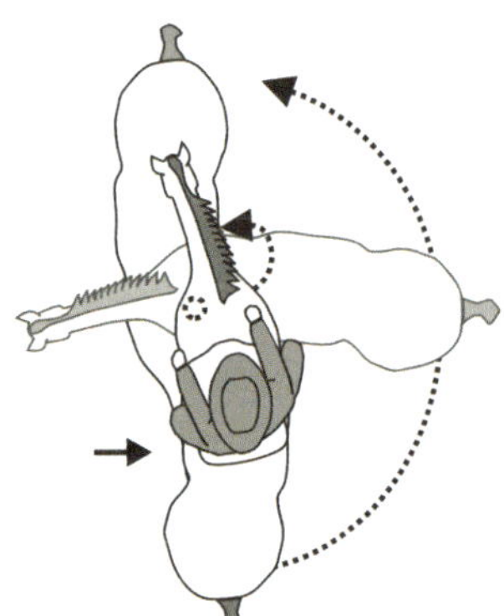

Als Drehrichtung wird die Richtung bezeichnet, in die sich der Kopf bewegt. D. h. wenn das linke Vorderbein der Drehpunkt ist, handelt es sich um eine Vorhandwendung nach links. Entweder dreht das Pferd den Huf des Standbeines auf der Stelle oder es hebt ihn leicht an, um ihn genau dort wieder zu platzieren, wo er gestanden hat. Die Vorhandwendung gehört zu den Bewegungsabläufen, die das Pferd in der freien Natur recht selten ausführt. Das Pferd als Fluchttier konnte bei seinem Überlebenskampf gegen meist sehr schnelle Gegner sein Gewicht bei einer Vorhandwendung nicht auf die Vorderhand verlagern, denn in dem Moment hätte es nicht die nötige Schubkraft für eine plötzliche Flucht gehabt. Lediglich bei spielerischen Drohgebärden im Sozialverhalten gegenüber anderen Pferden oder zum Auskeilen, dreht das Pferd auf der Vorderhand.

**Forehead** – Stirn. →*Conformation.*

**Foreleg** – Vorderbein. →*Conformation.*

**Forelock** – Schopf. →*Conformation.*

**Fork** – Sattelgabel. Vordere Gabelung des Sattels unter dem →*Horn*. Die Fork ist die vordere Verbindung der →*Bars* am Sattelbaum, →*Tree*, des Westernsattels, →*Saddle*. Die Fork des Westernsattels kann unterschiedliche Formen haben, die hauptsächlich von den jeweiligen →*Swells* abhängen. Bei →*Oldtimer*-Sätteln findet man häufig die →*A-Fork* oder →*Slick Fork*, die so gut wie keine Swells aufweist. Die Fork selbst sollte so niedrig wie möglich sein, da sie sonst eine Behinderung in der tiefen Handhaltung des Reiters darstellen kann, wird jedoch auch durch die Widerristhöhe des Pferdes mitbestimmt. Lediglich der Cuttingsattel, →*Cutting Saddle*, verfügt über eine recht hohe Fork mit einem schmalen, hohen Horn.

**Fork Seat** – Spaltsitz. Der Fork Seat ist ein fehlerhafter Sitz des Reiters, bei dem er nicht mehr deutlich auf den beiden Gesäßknochen sitzt, sondern bei vorgeneigtem Oberkörper vermehrt auf dem Spalt. Dadurch sind nicht nur die Unterschenkel schwer kontrollierbar, sondern es können auch keine korrekten Gewichtshilfen mehr gegeben werden.

Fork Seat – Spaltsitz

**Foundation Line** – Hengste der Ursprungsblutlinien des Quarter Horses vor Gründung der →*American Quarter Horse Association*. Dazu gehören: Printer (1800 – 1828), Copper Bottom ( 1828 – 1860), Shiloh (1844 – 1869), Steel Dust (1845 – 1874), Old Billy (1860 – 1886), Old Cold Deck (1868 – 1890), Roan Dick (1879 – 1901), Lock's Rondo (1880 – 1897), Traveler (1885 – 1910), Sykes Rondo (1887 – 1907), Old Fred (1893 – 1915) und Peter McCue (1895 – 1923). Viele der ersten eintragenen Quarter Horses gehen auf diese Linien zurück.

**Foundation Quarter Horse** – Blutlinien aus den Anfangsjahren der →*American Quarter Horse Association*. Die FQHR (The Foundation Quarter Horse Registry Ltd.) definiert die Foundation-Blutlinien folgendermaßen: Kein registriertes Vollblut darf im Pedigree näher als in der vierten Generation sein, d. h., höchstens Urgroßmutter oder Urgroßvater dürfen Vollblüter sein. Alle Pferde mit der Registrationsnummer 1 bis 27.000 werden als Foundation-Blut anerkannt. Jedes Quarter Horse muss zu mindestens 75% aus Foundation-Blutlinien abstammen, wobei nicht weniger als 75% der vierten Generation auf das Foundation-Blut zurückgehen darf. Der Verband will damit sicherstellen, dass ein Quarter Horse im Typ als solches erkannt werden kann und nicht nur über die Papiere als solches zu identifizieren ist. →*Foundation Line.*

**Foundation Sire** – Gründungshengst, Stammvater, Begründer der Blutlinien. →*Foundation Quarter Horse*, →*Foundation Line.*

**Four-Beat** – Viertakt. Der Schritt →*Walk* ist eine Gangart im Viertakt.

**Four-Wheel-Trailer** – Pferdeanhänger mit zwei Achsen. →*Two-Wheel-Trailer,* →*Gooseneck-Trailer.*

**Free Longeing** – Longieren des Pferdes ohne Longe im →*Round Pen.* Das Pferd wird durch Körpersprache und Stimme beeinflusst. Diese Art der Arbeit mit dem gesattelten oder auch ungesattelten Pferd hat, je nach Intention und Ausbildungsstand, unterschiedliche Ziele. Sie dient der einfachen Bewegung eines Pferdes, der Erziehung und dem Basistraining in den verschiedenen Ausbildungsphasen bei jungen, ungerittenen Pferden.

**Free of Disease** – Frei von ansteckenden Krankheiten.

**Free Swinging Fenders** – Freischwingende Fender. Sie ermöglichen dem Reiter, das Bein im Sattel ohne große Anstrengung nach vorn oder hinten zu bewegen. →*Cutting-Saddles* sind mit Free Swinging Fenders ausgestattet.

**Freestyle Reining** – Die Freestyle →*Reining* ist am ehesten mit einer Eislaufkür zu vergleichen. Bestimmte Manöver müssen in einer bestimmten Zeit zu einer frei gewählten Musik präsentiert werden.

**Pete Kyle als betrunkener Mexikaner**

Die Freestyle Reining stellt eine Möglichkeit dar, mittels gekonnter Choreographie die Reining-Manöver kreativ zu nutzen und die athletischen Möglichkeiten des Pferdes auf eine reizvolle, ästhetische Art und Weise zur Musik zu entfalten.

Ein Reiter dieser Disziplin sollte problemslos in der Lage sein, eine normale Reining zu reiten. Wichtig ist bei der Auswahl der Musik, dass der Takt der Musik mit der jeweiligen Gangart übereinstimmt. Die Regeln der →*Natio-*

*nal Reining Horse Association* schreiben für die Freestyle Reining folgende Manöver zwingend vor: Jeweils einmal vier →*Spins* nach rechts und links. Mindestens drei →*Stops* und einmal zehn Schritte rückwärts richten, außerdem jeweils ein →*Roll Back* nach rechts und links. Die Galoppgeschwindigkeiten, →*Speed Control*, sollen deutlich auf beiden Händen demonstriert werden, auch ein fliegender Galoppwechsel auf jeder Hand wird verlangt. Im Gegensatz zur herkömmlichen Reining ist in der Kandare, →*Bit,* die zweihändige Zügelführung erlaubt. Es ist aber auch gestattet, mit nur einer Hand oder ohne Zügel nur mit Gewichts-, Stimm- und Schenkelhilfen zu reiten.

**End of the Trail**

Kostüme sind erlaubt, aber nicht vorgeschrieben. In den USA sieht man häufig Kostüme, die zur Musik passen, z. B. zu mexikanischer Musik ein entsprechendes Kostüm aus Mexiko. Requisiten sind erlaubt, dürfen aber den Blick des Richters nicht behindern. Es gibt zwei →*Scores*, eine für den technischen Wert der Ausführung der vorgeschriebenen und zusätzlichen Reining-Manöver und eine Score für den künstlerischen Eindruck, der mit 10% in die Gesamtscore eingeht. In den USA wird gelegentlich auch ein Applausmesser verwendet, dessen Werte in vorgeschriebener Höhe in die Gesamtscore einfließen. Sollte eines der vorgeschriebenen Manöver innerhalb der Zeitgrenze von dreieinhalb Minuten nicht gezeigt werden, bleibt der Ritt ebenso wie bei Sturz des Reiters ohne Bewertung. Zusätzliche Manöver und Wiederholungen von verlangten Manövern sind erlaubt. Das Einstudieren einer solchen Reining kostet sehr viel Zeit, denn jede Bewegung des Pferdes muss zu einem bestimmten Zeitpunkt erfolgen und auf die Musik abgestimmt sein, wenn es harmonisch aussehen soll.

**Freeze-Up** – Einfrieren der Bewegung. Das Pferd hat beim →*Spin* oder →*Roll Back* in der →*Reining* für einen Moment alle vier Beine auf dem Boden. Freeze-Up ist unerwünscht und wird mit Strafpunkten geahndet.

**Frog** – Hufstrahl. →*Hoof.*

**Front Boots** – Schutzgamaschen für die Vorderbeine. → *Boots.*

**Front Feet** – Vorderfüße.

**Front Leg** – Vorderbein.

**Front Girth** – Der vordere Gurt des Westernsattels. →*Saddle.*

**Front Jockey** – Vordere Sattelschabracke. Separates Lederteil seitlich unterhalb der Fork beim Westernsattel. →*Saddle.*

**Front Rigging Dee** – Vorderer Metallring der Gurtungseinrichtung des vorderen Bauchgurtes am Westernsattel. →*Saddle.*

**Frosted Hip** – Farbbezeichnung bci den

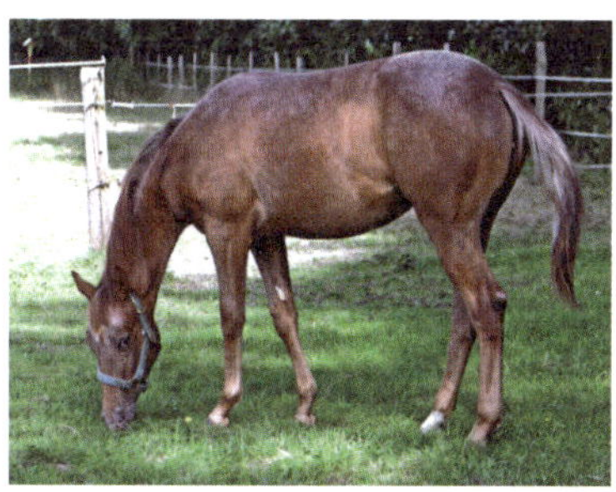

→*Appaloosa* für ein Pferd mit dunkler Grundfarbe und verschwommener, rauhreifähnlicher Zeichnung auf der Kruppe.

**Full Cantle Plate** – Silbernes oder versilbertes Metallstück, das zur Verzierung über das gesamte →*Cantle* des Sattels verläuft.

**Full Leather Inskirt Rigging** – Metallloses Gurtungssystem des Westernsattels. →*Inskirt Rigging,* →*Rigging.*

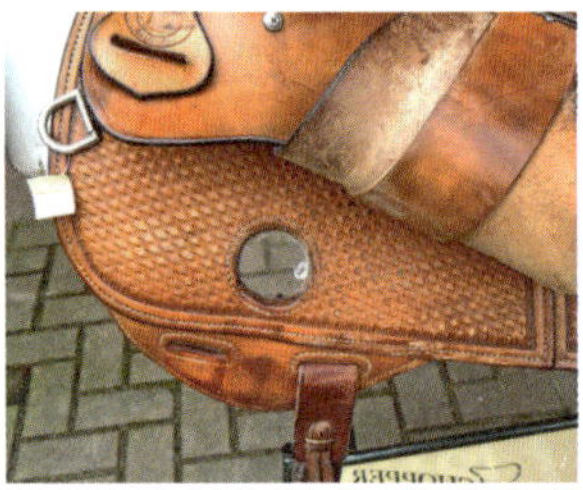

**Full-Quarter-Tree** – Typbezeichnung für einen Sattelbaum, der für Quarter Horses und breite, im Quarter Horse-Typ stehende Pferde konzipiert wurde. →*Saddle,* →*Tree.*

**Full Skirt** – Bezeichnung für eine rechteckige hintere Sattelschabracke im Gegensatz zum →*Round Skirt.* →*Skirt,* →*Saddle* .

**Full Speed** – Sich bewegen so schnell es geht. Volles Tempo.

**Futurity** – Wettbewerb für Jungpferde eines bestimmten Alters. Eignungstest für junge Pferde, bei dem die Startgelder lange im Voraus eingezahlt und in voller Höhe als Preisgelder wieder ausgeschüttet werden.

**Futurity Champion** – Titel für das beste drei-, vier oder fünfjährige Pferd in einer Disziplin. Dieser Titel wird einmal jährlich vergeben. Genaue Bestimmungen sind bei den einzelnen Verbänden zu erfahren. →*Futurity.*

Full Speed

# G

**Gag Bit** – Aufziehtrense. →*Gonzales Bit.*

**Gait** – Gangart. Schritt, Trab, Galopp. →*Walk,* →*Jog,* →*Lope.*

**Gaskin** – Wadenmuskel am Hinterbein, innen und außen oberhalb des Sprunggelenks, der beim Quarter Horse besonders ausgeprägt ist. →*Conformation.*

**Gate** – Tor. Das Tor ist ein Pflichthindernis des →*Trails* und der Disziplin →*Superhorse*. Das Tor gehört von der Technik her mit zu den schwierigsten Hindernissen.

Tor aufziehen vorwärts

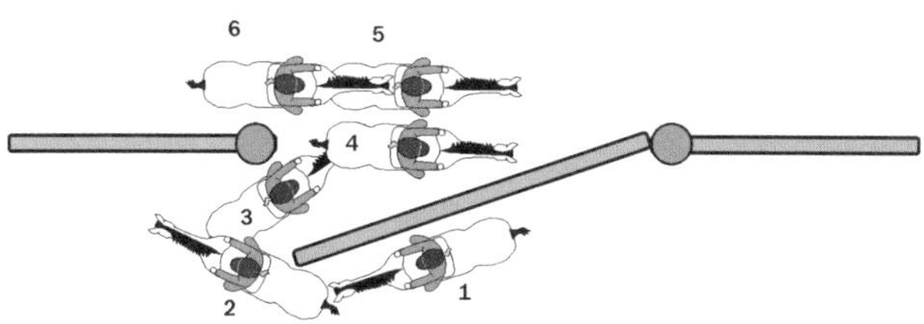


Tor aufdrücken vorwärts

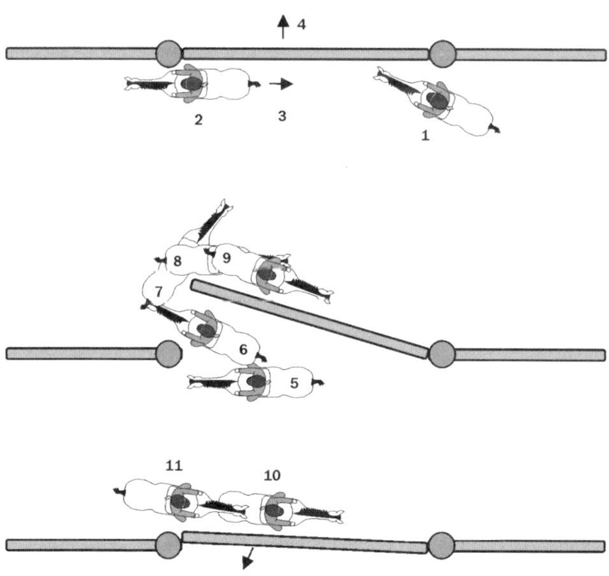

Es gibt vier Möglichkeiten, ein Tor zu durchreiten: Zwei Vorwärtsvarianten und zwei Rückwärtsvarianten, wobei das Tor jeweils einmal zum Pferd hin und einmal vom Pferd weg geöffnet wird. Das Tor darf während der Aufgabe nicht losgelassen werden und sollte auch nicht soweit geöffnet werden, dass Rinder einer imaginären Rinderherde hindurch laufen könnten. Bei einhändiger Zügelführung ist am Tor der Wechsel der Zügelhand erlaubt. Die Torbreite sollte ca. 2,50 m betragen.

**Gear** – Sammelbezeichnung des Cowboys für Sattel, Halfter, Rope. Heute umgangssprachliches Wort für Ausrüstung. →*Equipment.*

**Gelding** – Wallach, kastriertes männliches Pferd.

**General Rules** – Allgemeine Regeln.

**General Terms** – Allgemeine Grundbegriffe.

**Gentic Defect** – Genetischer Defekt. Ein genetischer Defekt kann, muss aber nicht weiter vererbt werden. →*Hyperkalemic Periodic Paralysis.*

**Genetic Testing** – Genetischer Test zur Ermittlung der Abstammung. Er wird unter bestimmten Umständen von den Westernzuchtverbänden verlangt, wie z. B. bei Fohlen, die durch gekühlten Samen gezeugt wurden.

**German Martingale** – Der als German Martingale bezeichnete Hilfszügel, in Deutschland als Thiedemann- oder Köhlerzügel bekannt, ist eine Kombination aus einem Trensenzügel und einem Schlaufzügel. Der Schlaufzügel läuft, zusätzlich zu den normal verschnallten Trensenzügeln, durch die beiden Trensenringe und wird auf jeder Seite mit einem Karabinerhaken in dafür vorgesehene Ösen des Trensenzügels eingehakt. Verkürzt der Reiter den Zügel, verkürzt sich der Schlaufzügelteil bis zu doppelt so schnell, wie der Trensenzügel und der Kopf des Pferdes wird nach unten gezogen. Durch die verschiedenen Ösen am Trensenzügel, in die die Karabinerhaken eingehakt werden können, bestimmt der Reiter, wie stark der Schlaufzügel jeweils wirkt. Dieser Hilfszügel gehört nur zu Korrekturzwecken, für eine begrenzte Zeit in kompetente Reiterhände.

**German Open** – Deutsche Meisterschaft im Westernreiten, die von der →*EWU* durchgeführt wird. Die rasse- und verbandsübergreifende Deutsche Meisterschaft in Reining wird jedoch von der →*FEI* zur Ausrichtung wechselnd an einen der Westernverbände vergeben, die dann dieses Ereignis in ihre jeweilige jährliche Hauptveranstaltung integrieren.

**German Silver** – Handelsname für 18%igen Nickel, der silberpoliert ist. In German Silver ist kein Silber enthalten. Es wird auch als Alpacca bezeichnet. Es wird für Buckles und andere Ziergegenstände verwendet.

**Get** – Nachkommen eines Hengstes oder einer Stute.

**Get of Sire/Dam** – Disziplin in der →*Halter Class*, bei der bis zu drei Söhne oder Töchter eines Hengstes/einer Stute vorgestellt werden können, die vier Jahre und jünger sein müssen. Mutter- oder Vatertier müssen nicht vorgestellt werden. →*Produce of Sire/Dam.*

**Girth** – Gurt. 1) Rumpfumfang eines Pferdes. Er wird hinter dem Widerrist

gemessen.
2) Bezeichnung für den Sattelgurt. →*Cinch.*

**Girth Claustrophobia** – Gurtzwang. Gurtzwang entsteht in der Regel durch unsachgemäßes Anlegen des Bauchgurtes. Da die Gurtung des Westernsattels nach dem Flaschenzugprinzip arbeitet, muss sehr vorsichtig vorgegangen werden, um nicht zu fest zu gurten. Es kann sehr lange dauern, bis sich ein Pferd mit Gurtzwang durch neu erworbenes Vertrauen zum Menschen wieder problemlos satteln lässt.

**Girth Cover** – Überzug für den Sattelgurt zum Schutz der empfindlichen Gurtlage eines Pferdes, zur Polsterung oder zum Schutz des Sattelgurtes.

**Give and Take** – Annehmen und Nachgeben der Zügel. →*Pull and Slack.*

**Gloves** – Handschuhe. Während der arbeitende Cowboy zum Schutz der Hände robuste Handschuhe aus Leder bevorzugt, werden in Turnierdisziplinen wie →*Showmanship at Halter*, →*Western Horsemanship* und →*Western Pleasure* zunehmend Stoffhandschuhe von den Reiterinnen getragen, die farblich zum →*Outfit* passen. →*Roper* benutzen spezielle, robuste Handschuhe aus Baumwolle.

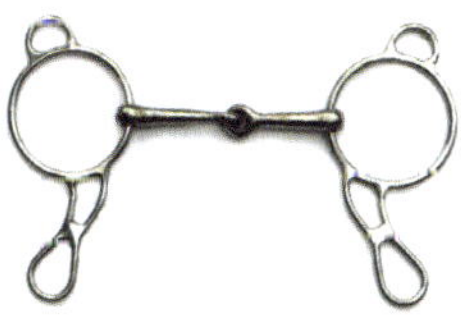

Gonzales Bit

**Goat Tying** – Eine Amateur- und Jugendklasse der →*APHA*, die aber auch beim Rodeo durchgeführt wird Der Teilnehmer reitet vom Startpunkt bis zu einer an einem ca. 3 m langen Seil angebundenen Ziege. Dort springt er vom Pferd, wirft die Ziege um und bindet ihr drei Beine zusammen. Bewertet wird die Zeit.

**Gonzales Bit** – Aufziehtrense mit kurzen Anzügen, →*Shanks*. Sie wird als Trainingszäumung benutzt, ist jedoch bei den meisten Verbänden im Turniersport verboten. →*Gag Bit.*

**Gooseneck-Trailer** – Aufliegeanhänger. →*Two-Wheel-Trailer,* →*Four-Wheel-Trailer.*

**Go-Round** – Vorrunde, Vorausscheidung. Go-Rounds finden statt, wenn die Teilnehmerzahl einer Prüfung zu groß ist, um alle Teilnehmer gleichzeitig, z. B. bei Gruppenprüfungen, in die Arena zu lassen, oder nur eine begrenzte Anzahl von Reitern an einem Finale teilnehmen kann.

**GQHYA** – German Quarter Horse Youth Association.

**Grain** – Glattleder.

**Grand Champion** – Das beste Pferd seines Geschlechts in einer →*Halter-Show*. In Halter Shows werden die Pferde nach

Halter Champion

Alter und Geschlecht getrennt vorgestellt, d. h. Stuten, Hengste und Wallache sind jeweils nach Altersgruppen unterteilt. Aus den Erstplatzierten jeder Gruppe wird der Beste seines Geschlechts, unabhängig vom Alter, zum Grand Champion gekürt.

**Granddam** – Großmutter eines Pferdes.

**Grandsire** – Großvater eines Pferdes.

**Gray** – Schimmel. Mischung aus vielen weißen und wenigen andersfarbigen Haaren. Ein Gray wird in der Regel einfarbig dunkel geboren und im Laufe der Jahre immer heller, da die Anzahl der weißen Haare stetig zunimmt.

**Grazer** – Kurzform für →*Grazing Bit.*

**Grazing Bit** – Eine Kandare mit kurzen Oberbäumen, deren untere Anzüge soweit zurückgebogen sind, dass das Pferd damit grasen kann. Das Grazing Bit hat ein einfaches Mundstück mit wenig.

**Mit einem Grazing Bit kann ein Pferd bei einem Stop problemlos grasen**

Zungenfreiheit und ist eine empfehlenswerte Kandare für Pferde, die gerne mit den Lippen nach den Anzügen angeln.

**Great-Granddam** – Urgroßmutter eines Pferdes.

**Great-Grandsire** – Urgroßvater eines Pferdes.

**Green Broke Horse** – Gerade angerittenes Pferd, das nur an Sattel und Wassertrense gewöhnt wurde.

**Green Horse** – Junges, unerfahrenes Pferd, das kaum geritten ist.

**Green Class** – Klasse einiger Westernzuchtverbände, die in verschiedenen Disziplinen angeboten wird. Hier dürfen Pferde ohne Erfolge unabhängig vom Status des Reiters, d. h. auch von Profis, vorgestellt werden. In einer solchen Klasse dürfen auch ältere Pferde zweihändig im →*Snaffle Bit* geritten werden.

**Groom** – Pferdepfleger.

**Grooming** – Pferdepflege.

**Groom Kaddy/Caddy Kit** – Putzkasten.

**Grooming Tools** – Putzzeug für das Pferd.

**Ground Doubling** – →*Doubling* vom Boden aus..

**Ground Driving** – "Fahren" des Pferdes vom Boden aus. Arbeit mit einem Pferd an einer Art Doppellonge. Dazu wird das Pferd gesattelt und die beiden Steigbügel unter dem Bauch miteinander verbunden, um ein Hochlappen oder Herumflattern zu verhindern. Die beiden Longen oder Fahrleinen werden rechts und links ins Gebiss eingeschnallt und durch die Steigbügel geleitet. Der „Fahrer“ geht hinter dem Pferd her und dirigiert es mit Zügel- und Stimmsignalen. Später, nach einiger Übung, kann der „Fahrer“ auch in der Mitte stehen bleiben und das Pferd läuft wie an einer Doppellonge um ihn herum. Dabei verläuft der äußere Zügel hinter dem Westernsattel über den Rücken des Pferdes.

**Ground Tying** – Hindernis der Disziplin →*Trail.* Übersetzt würde man sagen: „am Boden festbinden“. Der Reiter steigt dabei vom Pferd und läßt entweder beide Zügel auf die Erde hängen oder nur einen, während der andere über den Hals gelegt wird, um das Pferd so "am Boden festzubinden". Bei einer Zäumung auf →*Hackamore* wird nur das Führseil heruntergelassen, und bei der kalifornischen Zäumung mit →*Romal Reins* wird ein Zügel vom Gebiss gelöst und auf die Erde gelegt. Das Pferd soll dort stehen bleiben, wo es abgestellt wurde, ohne zu fressen oder sich zu bewegen.

Meistens wird im Trail verlangt, dass der Reiter ruhig in einem großen Bogen sein Pferd umrundet, oder er muss an einen vorgeschriebenen Ort im Parcours gehen, um dort z. B. etwas aufzuheben oder etwas zu trinken. Beim Wiederaufsteigen muss das Pferd am losen Zügel ruhig stehen bleiben. Ein auf Ground Tying trainiertes Pferd wird in der Regel überall so stehen bleiben, was besonders auch für den Freizeitreiter sehr praktisch ist. Man sollte sich jedoch auch über das Risiko bewusst sein, das man eingeht, wenn man ein Pferd in freiem Gelände ohne Absicherung abstellt.

**Grulla** – Bezeichnung des →*Grullo* beim ApHA.

**Grullo** – Graufalbe. Das Fell ist rauchfarben bis mausgrau, es liegt aber keine Mischung aus schwarzen und weißen Haaren vor, sondern alle Haare haben die gleiche graue Farbe. Mähne, Schweif und die unteren Beinhälften sind schwarz und in der Regel hat das Pferd einen schwarzen Aalstrich.

**Guarantee Period** – Anzeigefrist z. B. für Gewährsmängel (fault that constitutes a breach of warranty). Nach dem § 441 ff BGB haftet ein Verkäufer für Hauptmängel des Pferdes, wenn der Käufer sie innerhalb von 14 Tagen nach dem Kauf angezeigt hat. Wurde ein Hauptmangel oder auch ein anderer Mangel arglistig verschwiegen, haftet der Verkäufer 30 Jahre lang. Die Gewährsmängel sind nach der alten, kaiserlichen Verordnung: Rotz, Dummkoller, Periodische Augenentzündung, Koppen, Dämpfigkeit und Kehlkopfpfeifen. Die ersten beiden Krankheiten spielen heute nur noch eine geringfügige Rolle. →*Warranty Period.*

**Guiding** – Führen, Lenken. Das Pferd über Hilfen dazu veranlassen, dorthin zu gehen, wo der Reiter hin möchte.

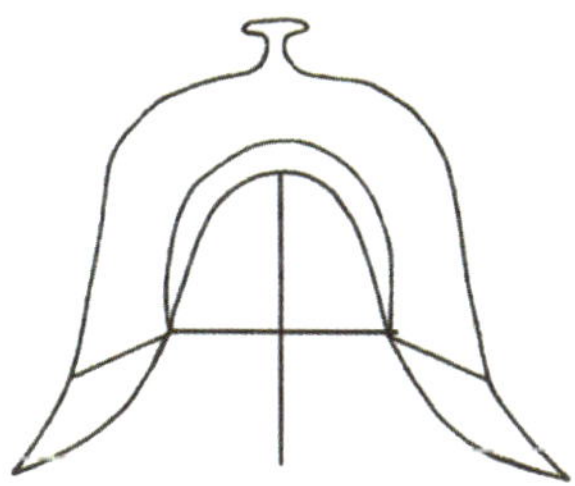

**Gullet** – Kammer des Westernsattels Hohlraum unterhalb der →*Fork.* →*Saddle.*

# H

**Hackamore** – Wenn im Westernreitsport von der Hackamore die Rede ist, ist damit die klassische Hackamore →*Jaquima*, gemeint. Es handelt sich dabei um eine gebisslose Ausbildungszäumung, die bei der traditionellen Ausbildung im kalifornischen Stil vor der Umstellung auf Kandare benutzt wird. Mit der Hackamore werden meist vierjährige Pferde geschult, die in diesem Alter durch den Zahnwechsel bedingt Probleme mit dem Gebiss haben können. Die Hackamore, die zweihändig geritten wird, besteht aus dem Nasenband, →*Bosal*, den Zügeln plus Führseil, →*Mecate,* und dem Kopfstück, →*Hackamore Hanger*. Gelegentlich wird noch eine Art Kehlriemen →*Fiador(e),* benutzt, der den →*Heel Knot* in Position hält. Das Kernstück dieser recht teuren gebisslosen Zäumung ist das →*Bosal*, ein metallloses, meist kunstvoll geflochtenes Nasenband aus Rohhaut oder Leder. Unter dem Unterkiefer vereinigt sich das Nasenband zu einem geflochtenen Knoten, →*Heel Knot*. Der Zügel dieser Zäumung besteht aus der ca. 7 m langen Mecate, die traditionell aus Schweif- oder Mähnenhaar geflochten, heute jedoch auch aus anderem Material erhältlich ist, →*Cowboy's Snaffle Bit*. Das Zügelseil wird in das Bosal eingeknotet und kann durch seine Länge individuell auf die Größe jedes Pferdes abgestimmt werden.

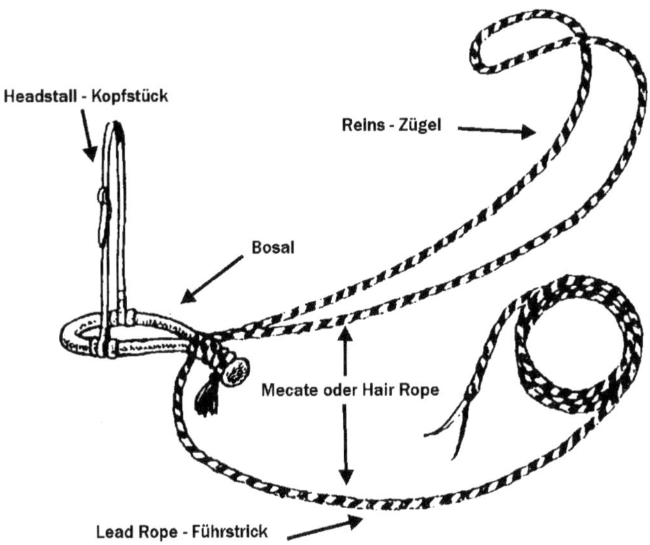

Das übrig gebliebene Ende, das Führseil, wird am Sattel fixiert. Bosal und Mecate sollten in Durchmesser und Gewicht aufeinander abgestimmt sein, da sie eine ausbalancierte Einheit bilden. Das Kopfstück dieser Zäumung ist meist ein einfacher Riemen aus Leder. Zweck der Hackamore ist es, dem Pferd durch Impulse auf den Nasenbereich und die Jochbeine das Verständnis für richtungsweisende und tempobeeinflussende Signale zu vermitteln. Die „stachelige" Mecate veranlasst das Pferd beim Anlegen des Zügels, diesem zu weichen, so dass es später auch mit einem Lederzügel entsprechend reagiert und im →*Neck Reining* zu reiten ist.

**Hackamore Hanger** – Kopfstück der →*Hackamore.*

**Hacksaw Blade** – Schweißmesser.

**Hair Headstall** – Aus Pferdehaar geflochtenes Kopfstück. Diese Kopfstücke sehen sehr schön aus und sind auf Grund der diffizilen Flechtarbeit teuer. Für starke Belastungen im Arbeitsalltag sind sie ungeeignet, da sie nicht haltbar genug sind und reißen können. →*Hitching,* →*Braided.*

**Hair Rope** – Amerikanischer Bezeichnung für die →*Mecate*. Gegenüber Lederzügeln sind Hair Ropes schwerer und haben einen größeren Durchmesser. Die Seile aus Mähnenhaar sind wesentlich weicher und seidiger als die aus Schweifhaar geflochtenen.

**Half Bred** – Halbblüter. Kreuzung zwischen Warm- und Vollblut.

**Half Breed Bit** – Kandare, die auch →*Roller Bit* genannt wird, obwohl sie nicht zwingend eine Kupferrolle, →*Cricket,* oder ein →*Hood* haben muss. Sie stellt ein Mittelding zwischen →*Spade Bit* und →*Curb Bit* dar. Die Kupferrolle begrenzt die Zungenfreiheit und entlastet somit die Laden. Sie sollte sich immer oberhalb der →*Bit Bars* befinden, andernfalls ist das Gebiss im Turniersport verboten, da sich die Kupferrolle in die Zunge regelrecht eingräbt. Mundstück und Anzüge, →*Shanks,* können fest oder lose miteinander verbunden sein. →*Port.*

**Half Hitch** – Sicherheitsknoten, der sich mit einem Ruck öffnen lässt.

**Half Pastern** – Halbweiße Fessel. →*Markings.*

**Half Turn** – Halbe Hinterhandwendung, bzw. 180°-Wendung. →*Turn Around.*

**Hall of Fame** – Ehrenhalle. →*AQHA-Museum.*

**Hallow back** – Senkrücken. Der Rücken eines Pferdes „hängt durch" und besitzt unter Umständen nur eine geringere Tragfähigkeit. Ein Pferd mit Senkrücken hat größere Schwierigkeiten, im Rücken elastisch zu sein und den Rücken richtig mitschwingen zu lassen. Deshalb ist es besonders wichtig, durch Gymnastizierung die Rückenmuskulatur zu fördern und zu stärken. Es ist extrem schwierig, für ein Pferd mit Senkrücken einen passenden (Western-)Sattel zu finden.

**Showhalfter**

**Halter** – Halfter. Gebissloser Kopfzaum aus Leder oder Kunststoff zum Führen oder Anbinden eines Pferdes. In den

→*Halter-Classes* und der Disziplin →*Showmanship at Halter* werden die Pferde mit Halfter an der Hand vorgestellt. In der Regel wird zum Vorstellen kein normales Stallhalfter, sondern ein Lederhalfter, das aufwendig mit Silberbeschlägen verziert ist, benutzt. Wichtig ist, dass ein Halfter gut sitzt, deshalb, und nicht nur aus hygienischen Gründen, sollte jedes Pferd ein eigenes Halfter besitzen. Ist das Halfter zu eng, schnürt es dem Pferd die Luft ab. Ist es zu weit, kann das Pferd sich beim Kratzen hinter den Ohren mit dem Huf darin verfangen. Beim Kauf des Halfters ist auf Stabilität zu achten, auch wenn qualitativ hochwertige Halfter einiges mehr kosten. Reißt ein Halfter, wenn ein Pferd mit voller Kraft zurückzieht, kann es sich überschlagen und schwer verletzen. Führt ein solcher Kraftakt lediglich zum Reißen des Halfters oder Stricks, so lernt das Pferd daraus, dass es bei genügend Kraftaufwand freikommt.

Esel mit Fohlen, das halfterführig werden soll

**Halter Broke** – Halfterführig. Das Pferd ist an das Führen am Halfter gewöhnt. Auf den Ranches in den USA werden häufig die Fohlen nach dem Absetzen für zwei bis drei Tage an einen Esel gebunden, dem sie in dieser Zeit folgen müssen, d. h. dorthin mitgehen, wo der Esel hin möchte. Geht der Esel zur Tränke, haben sie die Möglichkeit, dort auch zu trinken. Frisst der Esel mit gesenktem Kopf, kann auch das Fohlen fressen. Am Anfang geht die Fohlen-Esel-Kombination nicht ohne Kämpfe ab. Der Esel ist meist stärker und stoisch. Diese Methode ist eine für den Menschen leichte und gefahrlose Art, das Fohlen ans Halfter zu gewöhnen.

**Halter Class** – Zuchtprüfung der Westernzuchtverbände. Die Pferde werden, in der Regel nach Geschlecht und Alter getrennt, am Halfter vorgestellt. In der Halter Class wird ein Pferd nach dem Gebäude, →*Conformation,* beurteilt.

Das Pferd sollte ein ausbalanciertes Gebäude mit einem korrekten Fundament haben. Die Bemuskelung sollte rasse- und geschlechtstypisch sein und das Pferd sollte eindeutig die jeweiligen Rassemerkmale zeigen. Die Pferde werden in der Bewegung und im Stand beurteilt und müssen hierfür →*Square* aufgestellt werden. Eine gut besetzte Halterklasse gibt Aufschluss über die züchterische Qualität des jeweiligen Jahrgangs. →*Grand Champion,* →*Get of Sire,* →*Produce of Dam,* →*Broodmare Class.*

**Halter Horse** – Pferd, das ausschließlich in →*Halter Classes* vorgestellt wird.

**Halter Ring** – Ring am Halfter unterhalb der Ganasche, in den das Führseil oder Anbindeseil eingeschnallt wird.

**Hand** – Ehemaliges Größenmaß der

Cowboys für Pferde. Ein Pferd war soundsoviel „hands“ groß. Eine Hand hat vier Zoll, das sind 10,16 cm. Auch heute wird die Bezeichnung auf den Ranches im Südwesten der USA noch oft verwendet.

**Handbook** – Handbuch.

**Handcrafted** – Handgearbeitet, im Gegensatz zu maschineller Verarbeitung. →*Handmade*.

**Hand Engraved** – Handgraviert.

**Handling** – "Handhabung" eines Pferdes. Ein Pferd mit gutem Handling ist angenehm im Umgang. Beim Reiten steht es gut an den Hilfen und hat eine gute Ausbildung. An der Hand zeigt ein solches Pferd angenehme Umgangsformen und ist leicht zu handhaben.

**Handmade** – Handgearbeitet. →Handcrafted.

**Handtooling** – Mit der Hand punziert im Gegensatz zum maschinellen →*Tooling*.

**Hard and Fast Tying** – →*Roping*, bei dem das →*Rope* fest am Sattelhorn verknotet wird, im Gegensatz zum →*Dally Team Roping*.

**Harness Leather** – Geschirrleder, schweres Naturleder.

**Hat** – Egal welche Bekleidung die Cowboys je trugen, ein breitkrempiger Hut gehörte immer dazu. Die breite Krempe schützte vor Sonne, Regen und auch Hagel. Der Hut wurde benutzt, um Feuer anzufachen, Wasser zu holen oder das Pferd zu tränken. Nach der Etikette des Westens war es dem Mann erlaubt, seinen Cowboyhut auch im Haus, beim Essen oder sogar beim Tanzen aufzubehalten, eine Tradition, die im Südwesten der USA auch heute noch gepflegt wird. An der Hutform konnte man früher erkennen, aus welcher Region der Reiter kam. So hatte der Hut des nördlicheren Cowboys einen schmaleren Rand, als der des Cowboys aus südlicheren Regionen. Der Hut zählte mit zum wertvollsten Besitz eines Cowboys, denn er kostete einen halben bis ganzen Monatsverdienst, allerdings war er auch äußerst haltbar und widerstandsfähig, denn er bestand aus Biberhaarfilz. Nach dem Kauf wurde der Hut vom Cowboy individuell bearbeitet, um ihm die gewünschte und für den Träger unverwechselbare Form zu geben.

Das Tragen eines Westernhutes ist auf Westernturnieren Pflicht, denn ein korrekter Westernhut rundet das Gesamtbild des Reiters ab. (Die →*EWU* passt sich allerdings der FN an und zwingt jugendliche Reiter seit 2010 Reitkappen zu tragen.) Neben Strohhüten, in verschiedensten Qualitäten, gibt es Filzhüte. Die preiswerten werden aus nordeuropäischem Kaninchenfell hergestellt, die teuren sind aus dem Fell der Wildhasen Australiens, Kanadas oder Argentiniens oder aus Biberfell. Generell ist zu sagen, je höher der Biberanteil in einem Hut, d. h. je mehr "X" er aufweist (steht meist im Schweißband des Hutes), umso teurer ist er. Ein Hut mit hohem Biberfellanteil hält seine Form besser und übersteht einen Regen ohne Schaden, während ein sehr einfacher Filzhut ohne Hutschoner zum Schlapphut werden kann. Gibt es eine Papphutschachtel beim Kauf dazu, empfiehlt es sich, das gute Stück darin aufzubewahren. Für teurere Hüte lohnt sich auf die Dauer sicherlich die Anschaffung einer speziellen Kunststoffhutschachtel →*Hat Can*. Hat der Hut doch einmal seine Form verloren, kann man ihn sich von einem der Westernausstatter nachformen lassen. Teure Hüte werden beim Kauf vor Ort für den zukünftigen Träger aus einem Rohling geformt, wobei nicht nur die modische Hutform und die Kopfform des Trägers Beachtung finden.

**Hatband** – Hutband. Es wird aus vielen verschiedenen Materialien hergestellt, früher oft aus Schlangenhaut oder indianischer Perlenstickerei. Neben diesen Materialien verzieren auch Bänder aus echtem Silber oder anderem Metall, punzierte Lederbänder, geflochtene Lederbänder, Kunststoffbänder oder geflochtenes Pferdehaar die Hüte. Die Sturmbänder, die den Hut bei stürmischem Wetter auf dem Kopf halten und unter dem Kinn gebunden werden, sind außer in Renndisziplinen, im Turniersport unerwünscht.

**Hat Can** – Spezialbox, um einen oder mehrere Westernhüte geschützt zu transportieren, damit seine Form keinen Schaden nimmt.

**Hat Cover** – Hutschutz auch Had Protector oder Hat Saver genannt. Es gibt ihn in verschiedenen Größen. Dieser Hutschutz ist ein Kunststoffüberzug, in Form eines Westernhutes, der bei Bedarf über den Hut gezogen wird, um ihn vor Regen zu schützen. Hüte minderer Qualität können sich bei starkem Regen sonst so verformen, dass sie zu „Schlapphüten" werden. →*Hat,* →*Hat Saver,* →*Hat Protector.*

**Hat Protector** – →*Hat Cover.*

**Hat Saver** – →*Hat Cover.*

**Hat Sponge** – Spezieller Schwamm, um einen Westernhut zu reinigen.

**Haunches In** – Travers. →*Quarters In.*

**Haunches Out** – Renvers. →*Quarters Out.*

**Hay-Net** – Heunetz.

**Hay-Rack** – Heuraufe.

**Head** – Kopf.

**Header** – →*Dally Team Roping.*

**Heading** – →*Dally Team Roping.*

**Head Raising** – Hochreißen des Kopfes oder Kopfschlagen. Eine Abwehrbewegung gegen das Gebiss oder die Zügelhilfen. Die Ursache dafür kann ein falsches Gebiss, eine zu harte Hand des Reiters, ein schlecht sitzender Sattel oder ein generelles Problem im Rückenbereich des Pferdes sein. Man sollte die Ursache erforschen, um das Problem beseitigen zu können.

**Head Set** – Manier, in der das Pferd seinen Kopf trägt.

**Headshy** – Kopfscheu. Durch mangelnde Gewöhnung an den Menschen oder schlechte Erfahrungen verursacht. Kopfscheuheit kann mit viel Zeit, Ruhe und Vertrauen behoben werden.

**Headstall** – Kopfstück. Es zeichnet sich beim Westernreiten vor allem durch möglichst wenig Leder am Pferdekopf aus.

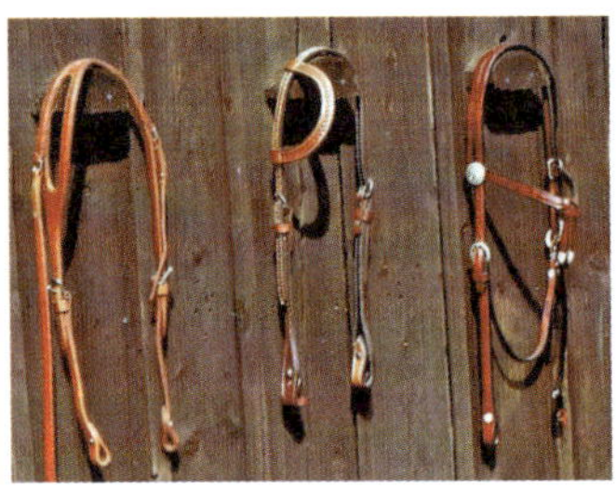

One-Ear Headstall, Slide Ear Head Stall, Browband Headstall

Es gibt verschiedene Arten von Kopfstücken, die vom Ausbildungstand des Pferdes bzw. vom Gebiss abhängen.In der Grundsausbildung wird der Reiter in der Regel ein solides Stirnbandkopfstück, →*Browband Headstall,* mit Kehlriemen benutzen. Eine andere Möglichkeit ist das →*Split Ear Headstall.* Dieses Kopfstück besitzt ebenso wie die anderen Kopfstücke ohne Stirnband meist keinen Kehlriemen. Die →*One-Ear Headstalls* (Einohrzäumung), die eine Ohrschlaufe haben, die nur um ein Ohr herum liegt, werden mit gleitender Ohrschlaufe, →*Slide Ear Headstall,* oder mit feststehender Ohrschlaufe, →*Shaped Ear Headstall, angeboten.* Als →*Show Headstall* werden Kopfstücke mit Stirnband, mit gleitender Ohrschlaufe oder auch mit zwei meist üppig mit Silber verzierten Ohrteilen, angeboten. Im Westernreitsport wird bei Kopfstücken und Zügeln anstatt mit Schnallen häufig mit →*Chicago-Screws* oder Lederschnüren zur Befestigung gearbeitet.

**Headstall Loop** – Ring am oberen Teil des →*Bits* zur Befestigung des Kopfstückes.

**Health Certificate** – Gesundheitszeugnis. Es kann für ein Pferd bei Turnieren, Messen oder auch grenzüberschreitenden Reisen verlangt werden. Ob dieses Gesundheitszeugnis vom hauseigenen Tierarzt oder vom Amtstierarzt ausgestellt werden muss, hängt davon ab, wofür es benötigt wird.

**Health Requirements** – Gesundheitsvorschriften. Turnierteilnehmer unterliegen bestimmte Vorschriften, die die Impfungen der teilnehmenden Pferde oder auch Gesundheitszeugnisse betreffen. Entsprechende Vorschriften gibt es auch bei Grenzüberschreitungen mit Pferden, insbesondere für den Im- oder Export von Pferden.

**Heat** – Rosse. Zeitabschnitt im Hormonzyklus der Stute, in dem sie fruchtbar ist und gedeckt werden kann, bzw. den Deckakt überhaupt zulässt.

**Heavy in the Face** – Ein Pferd, das sich gegen die Reiterhand wehrt, unwillig und hart im Maul ist.

**Heel** – Trachtenwand, Ballen. →*Hoof.*

**Heel Caps** – Metallverzierung für die Hacken von Westernstiefeln. Diese verzierung ist bei Reitern eher unüblich. →*Boots.*

**Heeler** – →*Dally Team Roping.*

**Heeling** – →*Dally Team Roping.*

**Heel Knot** – Kunstvoll geflochtener Endknoten des →*Bosals.* Er liegt unterhalb des Unterkiefers und unter dem Knoten der →*Mecate.* Er verleiht dem Nasenband die Schwere und Balance. →*Hackamore.*

**Heel Strap** – Sporenriemen, der unter dem Fuß entlanggeführt wird und das Verrutschen des Sporen am Stiefel verhindern soll. →*Spurs.*

**Height at Withers** – Widerristhöhe. →*Measure.*

**Herd Bound Horse** – Pferd, das an der Herde "klebt", Kleber. Das Pferd hat Probleme, sich aus einer Gruppe von Pferden zu lösen und sich von den anderen Pferden zu entfernen.

**Herd Holder** – Zwei Helfer des →*Cutting*-Reiters während des Wettbewerbs, auch →*Cornermen* genannt. Aufgabe der Herd Holder ist es, dabei mitzuhelfen, die Rinder in die richtige Formation in Richtung Bahnmitte zu treiben, damit der →*Cutter* seinen →*Cut* machen kann. Nachdem der Cutter sein Rind ausgewählt hat, reiten die Herd Holder wieder an ihren Platz am →*Back Fence* zurück und bewachen die Herde. Sie hindern die restlichen Rinder daran, den arbeitenden Cutter zu stören.

**Herd Work** – Arbeit mit der Rinderherde. →*Cutting*. Bestandteil der Prüfung →*Reined Cowhorse* bei der →*NRCHA*.

**Heritage Class** – Klasse des →*ApHC*, in der das authentische Outfit des Reiters und die farbliche Qualität des Pferdes beurteilt werden. Da die →*Appaloosas* geschichtlich eng mit den Indianern verbunden waren, sind in der Men's Heritage Class meist indianische Krieger zu sehen, während in der Ladie's Herritage Class klassische indianische Frauenkleider vorherrschen.

Es sind zwar auch andere historische Kostüme erlaubt, werden aber nur selten gezeigt. Die Pferde werden in Schritt und Trab in beiden Richtungen vorgestellt. Ein Sattel ist nicht zwingend erforderlich und es sind auch authentische Zäumungen zugelassen. Die Pferde dürfen außerdem mit typisch indianischen Zeichnungen versehen sein.

**Hesitate** – Verharren. Das Pferd steht bewegungslos und entspannt. Insbesondere in der →*Reining* spielt das Verharren eine wichtige Rolle und ist Bestandteil der →*Reining-Pattern*. Das Pferd soll zeigen, dass es ruhig stehen kann, obwohl es noch direkt vorher rasante Bewegungen ausgeführt hat. Das Verharren demonstriert Ruhe, Gelassenheit und den Gehorsam eines Pferdes. Auch in anderen Disziplinen, wie z. B. in der Einzelaufgabe der →*Western Horsemanship*-Prüfung oder beim →*Trail* kann das kurze Verharren gefordert werden.

**High Headed** – Mit hohem Kopf. Bezeichnung für ein Pferd, das Kopf und Hals hochnimmt, wenn es den Druck des Gebisses spürt.

**High Point Horse** – Das Pferd mit der höchsten Punktzahl eines Jahres in der jeweiligen Disziplin und Klasse. Dieser Titel wird international z. B. durch die Westernzuchtverbände, aber auch national durch die Tochterzuchtverbände vergeben.

**High Port Bit** – Kandare, deren Mundstück eine hohe Zungenfreiheit, →*Port*, hat. Diese Gebisse sind so konstruiert, dass die Zungenfreiheit bei durchhängendem Zügel und korrekter Kopfhaltung des Pferdes den Gaumen nicht berührt. Der Druck auf die Laden setzt unmittelbar und schnell ein, da die Zunge Platz in der Zungenfreiheit findet und so nicht mehr als Puffer wirken kann. High Port Bits gehören nur in die

Hände erfahrener Reiter. →*Tongue Pressure,* →*Port.*

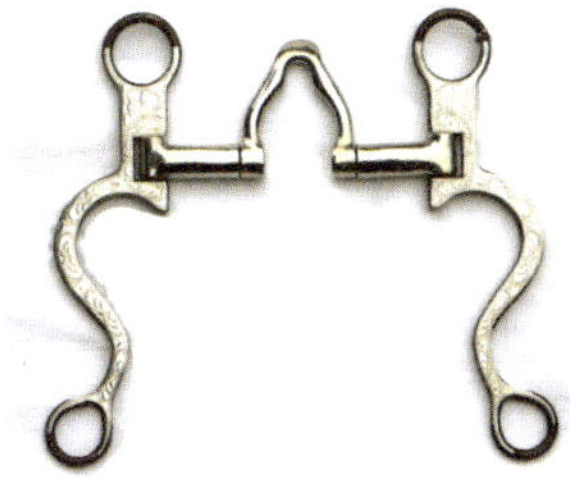

Cathedral Bit

**High Set Neck** – Hoch angesetzter Hals.

**High Set Tail** – Hoch angesetzter Schweif.

**Hind Cinch** – Hinterer Bauchgurt beim Westernsattel. Arbeitssättel, d. h. Sättel, für Rinderdisziplinent sowie für Renndisziplinen sind mit einem Hind Cinch ausgestattet. →*Back Cinch.*

**Hind Cinch Ring** – Gurtungsring für den hinteren Bauchgurt am Westernsattel.

**Hind Feet** – Hinterfüße.

**Hind-Legs** – Hinterbeine.

**Hindquarters** – Hinterhand.

**Hindquarter Pivot** – Hinterhandwendung. →*Pivot.*

**Hip** – Hüfte. →*Conformation.*

**Hip Displacement** – Fähigkeit des Reiters, die Bewegung der Hüften des Pferdes kontrollieren zu können. Unabdingbar für gehobene Lektionen.

**Hitching** – Hitching ist ein altes amerikanisches Kunsthandwerk. Es handelt sich um eine sehr seltene und fast ausgestorbene Wickeltechnik, bei dem Pferdehaare zu kunstvollen Zäumungen, Zügeln, Kinnriemen, Tassels, Gürteln und vielem mehr verarbeitet werden. Die einzelnen Pferdeschweifhaare, meistens 10, werden zu einem Strang (Pull) zusammengedreht. Man benötigt einen Holzstock, um den eine Schnur gewickelt wird. Die Stränge knotet/wickelt man schlauchförmig um den Stock auf diese Schnur. Dieser Knoten wird als "Hitch" bezeichnet. Nach Ende der Arbeit zieht man den Holzstock hinaus und es bleibt die schlauchförmig gewickelte Hitchingarbeit zurück, die man entweder rund sein lässt oder in einer Presse und einem flachen Stück (z. B. Gürtel) presst. Der Stock dient als Arbeitsgerät und von der Dicke des Holzstocks hängt dann auch die Dicke der Arbeit bzw. die Breite des gepressten Teils ab. Für einen Herrengürtel z. B. braucht man einen dickeren Holzstock als für einen schmalen Kindergürtel. Die Muster ergeben sich aus den verschiedenen Farben. Gehitchtes aus Pferdehaar ist relativ teuer, da das Hitchen sehr arbeitsintensiv und jedes Stück ein Unikat ist. Gehitchtes wird auch gerne mit Geflochtenem kombiniert, z. B. bei Zäumungen. →*Horsehair Braided,* →*Tassel.*

**Hobble Breaking** – Gewöhnung an die Fußfesseln, →*Hobbles.* Bei der Gewöhnung darf nicht vergessen werden, dass das Pferd ein Fluchttier ist und in Panik geraten kann, wenn es feststellt, dass es nicht fliehen kann. Deshalb sollte unbedingt darauf geachtet werden, dass der Boden in der Gewöhnungsphase weich ist, damit sich ein Pferd nicht verletzen kann, wenn es durch eine Panikreaktion stürzt.

**Hobbles** – Fußfesseln aus Stricken, Leder oder heute auch aus Kunststoff. Sie hindern das Pferd daran wegzulaufen bzw. erziehen es zum Stillstehen. In der Regel werden die Hobbles um die beiden Vorderbeine entweder in Röhrbeinhöhe oder unterhalb des Fesselkopfes angelegt, so dass das Pferd nicht mehr in der Lage ist, ein Vorderbein unabhängig vom anderen nach vorne zu führen, also normale Schritte zu machen. Zusätzlich kann diese Fesselung mit einem Hinterbein verbunden werden.

Ein Pferd, das z. B. an Hobbles gewöhnt ist, wird nicht so schnell Panik geraten, wenn es sich z. B. einmal mit seinen Füssen in Draht oder ähnlichem verfangen sollte. Es wird meistens geduldig warten, bis jemand kommt, um es zu befreien. Mit Hobbles, die nur um die Vorderfüße angelegt werden, kann das Pferd sich durchaus von der Stelle bewegen, „Experten" können damit sogar galoppieren. Früher wurden die Pferde in den USA gehobbelt, damit sie sich nicht allzu weit von der Lagerstelle entfernen konnten. Heute wird es eher benutzt, um das Pferd zu lehren ruhig stehen zu bleiben. Im Turniersport ist das Hobbeln z. B. im →*Ground Tying* verboten.

**Hobble Strap** – Lederriemen, der am →*Fender* oberhalb des Bügels um den schmalen Teil des Fenders geschnallt wird. →Saddle.

**Hock, Hocks** – Sprunggelenke. →*Conformation.*

**Hock Wrap** – Sprunggelenksschützer.

**Hogged Mane** – Gestutzte Mähne.

**Hole** – Zwischenraum zwischen dem →*Pen* und →*Arena Wall* beim →*Team Penning.*

**Honda** – Öse am Ende des →*Ropes* bzw. des →*Lariats* durch die das Seil gleitet, so dass es eine Schlinge bildet.

**Honda Knot** – Hondaknoten.

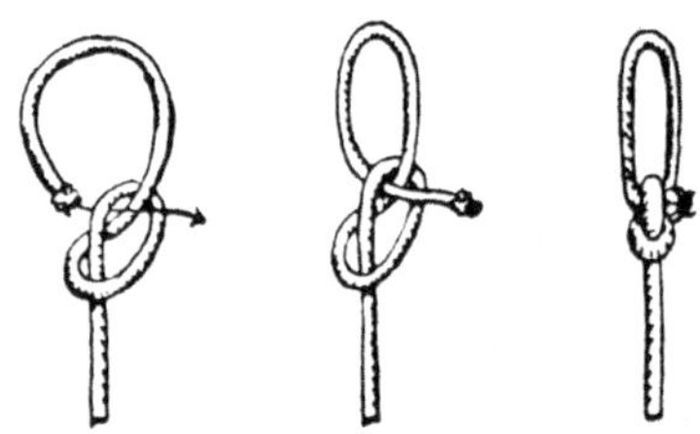

**Hood** – 1. Haube, Kapuze, in der Regel zu einer bestimmten Decke, →*Blanket,* gehörig.
2. Abdeckung vom →*Cricket* aus Kupfer oder einem anderen Metall.

**Hooded Bit** – →*Copper Hood.*

**Hoof** – Huf.

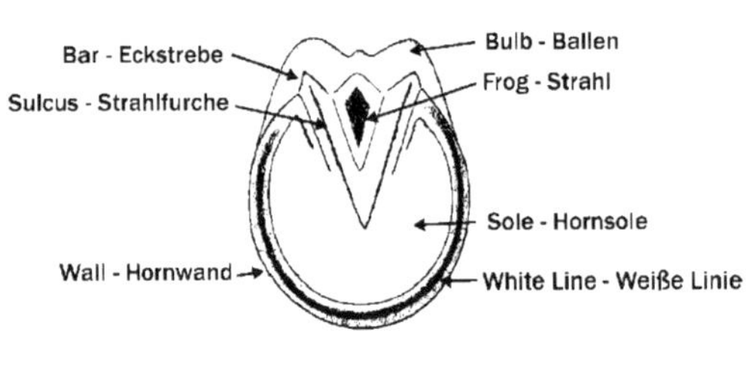


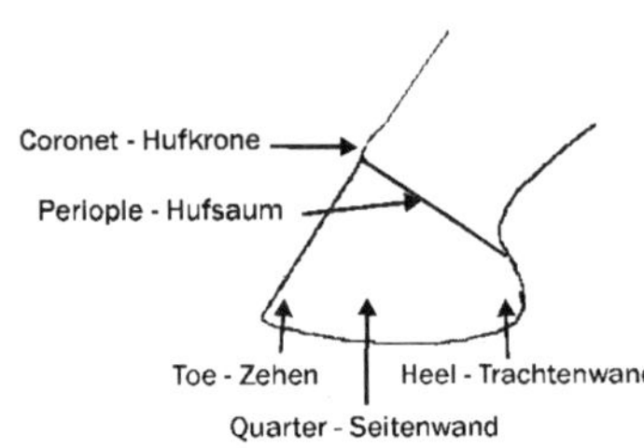

**Hoof Blackener** – Schwarzer Huflack, der vor der Show aufgetragen wird, um die dunkle Huffarbe zu intensivieren.
**Hoof-Care** – Hufpflege.
**Hoof Grease** – Huffett.
**Hoof Nipper** – Hufschneidezange.
**Hoof Oil** – Huföl.
**Hoof Parer** – Hufschneider.
**Hoof-Pick** – Hufkratzer.
**Hook Wrap** – Spunggelenksschützer. Sie schützen das Pferd im Training vor Verletzungen am Sprunggelenk.
**Horn** – Sattelhorn des Westernsattels. →*Saddle*.
**Horncap** – Metallkappe oben auf dem Sattelhorn des Westernsattels, in die manchmal sogar die Initialen des Besitzers eingraviert sind.
**Horn Neck** – Hals des Sattelhorns beim Westernsattel.
**Horn Protector** – Transportschutz für das →*Horn* des Westernsattels aus weichem Material.
**Horn Wrap** – Hornumwicklung aus Leder. Dadurch schützt der →*Roper* den Hals des Sattelhorns, damit dieser nicht durch das harte Material des →*Ropes* beschädigt wird. →*Roping Saddle*.
**Horny Wall** – Hufwand. →*Hoof*.
**Horse** – Pferd.
**Horse and Dog Trail** – Trail für eine Pferd/Reiterkombination mit Hund. Bei diesem immer beliebter werdenden Breitensportwettbewerb, in dem auch spezielle Aufgaben für den Hund vorgesehen sind, werden das Pferd im Sinne einer →*Trail*-Prüfung, der Hund als gehorsamer Begleiter und das harmonische Zusammenwirken von Reiter, Pferd und Hund bewertet. Beim Einreiten in den Parcours ist der Hund angeleint, wird vor dem ersten Hindernis von der Leine gelassen und am Ende des Parcours wieder angeleint. Der Reiter muss sich am Anfang seines Rittes entscheiden, ob der Hund rechts oder links bei Fuß läuft und diese Seite im Parcours beibehalten.

D. h. auch nach der Bewältigung eines Hindernisses muss der Hund wieder auf diese Seite zurückkehren. Es gibt sechs Pflichthindernisse, zu denen das An- und Ableinen des Hundes gehört. Beim Tor kann der Hund voraus geschickt oder abgelegt werden. Beim Slalom in Schritt oder Trab und beim →*Walk-*, →*Trot-* oder →*Lope Over* geht der Hund bei Fuß. Bei der Brücke überquert der Hund diese zuerst oder kommt hinterher. Weitere Hindernisse können frei gewählt werden, bei denen der Hund aber nicht zwingend den Reiter begleiten muss, sondern u. U. solange an einem bestimmten Platz im Parcours abgelegt wird. Kleine Aufgaben für den Hund können z. B. sein, ihn durch ein eigenes kleines Flattertor oder über einen Sprung zu schicken oder ihn durch eine Würstchengasse gehen zu lassen.
**Horseback Riding Programm** – Motivationsprogramm für Freizeitreiter. Die ursprüngliche Idee entstand bei der AQHA, wurde aber inzwischen auch von anderen Verbänden übernommen. Die Reiter führen dabei über die im Sat-

tel verbrachten Stunden Buch und erhalten Urkunden oder eine andere Anerkennung.

**Horse-Business** – „Pferdegeschäft". Wer als Trainer, Züchter, Importeur, Verkäufer usw. tätig ist, ist im Horse-Business.

**Horse Classes** – Wettkampfklassen in denen das Pferd und nicht der Reiter die Punkte erhält, meist handelt es sich um →*Open Classes*, in denen die Profis starten müssen sowie Klassen der →*NCHA* und NRHA.

**Horse Hair** – Pferdehaar.

**Horsehair Braided** – Aus Pferdehaar geflochten. Die einzelnen Pferdeschweifhaare, meistens 10, werden zu einem Strang (Pull) zusammengedreht. Mehrere Stränge, meistens 12, werden zu einem Zopf geflochten. Da Pferdehaar eine beschränkte Länge hat, werden beim Flechten laufend Stränge eingesetzt, damit die gewünschte Länge erreicht wird. Die Zöpfe können später zusammengenäht und zu Zäumungen, Gürteln, Hutbändern und Schmuck verarbeitet werden. → *Hitching*.

**Horseman** – Eine Person, die es aufgrund umfassender Kenntnisse, Erfahrung und des richtigen Gefühls versteht, artgerecht und angemessen mit Pferden umzugehen. →*Horsemanship*.

**Horsemanship** – Das bedeutet nicht nur einen guten Reitstil, sondern auch die Berücksichtigung pferdespezifischer Eigenarten im fairen Umgang mit dem Pferd. →*Horseman*.

**Horse Owner** – Pferdebesitzer.

**Horse People** – Pferdeleute.

**Horseshoe** – Hufeisen. →*Circle Shoe*, →*Sliding Plate*, →*Keg Shoe*.

**Horse Trailer** – Pferdeanhänger.

**Horsewalker** – Führmaschine. Elektrisch betriebener Rundlauf, in dem mehrere Pferde Platz haben und hintereinander laufen. In den USA sind meistens Horsewalker zu finden, in denen die Pferde angebunden mitlaufen.

Horsewalker

Eine andere Variante ist eine drehtürähnliche Konstruktion, in der sich die Pferde einzeln in den jeweiligen Feldern bewegen. Horsewalker werden eingesetzt, um Pferden die nötige Bewegung zu verschaffen. Der Einsatz dieser Maschinen kann verschiedene Gründe haben.

**Hot Horse** – Pferd mit zu viel Vorwärtsdrang.

**Hot Quit** – Bezeichnung beim →*Cutting* für ein unkorrektes Beenden der Arbeitssequenz, d. h., wenn der Reiter die Arbeit am Rind beendet, ohne dass das Pferd ruhig dasteht oder dem Rind das Hinterteil zuwendet. Für einen Hot Quit erhält der Reiter Strafpunkte.

**Hot Tempered Horse** – Heftiges Pferd, das sich schlecht im Zaum halten lässt, bzw. die Hilfen des Reiters ignoriert und z. B. auch gegen das Gebiss durchgeht.

**Hunt, Ray** – (31.08.1931 bis 12. März 2009) Der legendäre Ray Hunt gilt als Vater des modernen Westerntrainings. Er wurde in Kalifornien geboren und wuchs auf der Farm seiner Familie auf. Ray Hunt bezeichnet Tom Dorrance als den Menschen, der sein Leben veränderte und von dem er am meisten über Pferde gelernt habe.

Ray Hunt

Ray Hunt war der erste, der vor ca. 30 Jahren die moderne Lehrmethode anwandte. Er lehrte die Pferdebesitzer die Dinge aus der Perspektive des Pferdes zu sehen. Er publizierte das Buch "Think Harmony with Horses" (Deutscher Titel: Harmonie mit Pferden). Auch in den letzten Jahren vor seinem Tod gab er unzählige Clinics, rund um den Erdball, um sein Wissen an andere Menschen weiter zu geben, damit sie lernen ihre Pferde zu verstehen und mit ihren Pferden individuell zu arbeiten. Auch bekannte Westerntrainer wie Pat Parelli, John Lyons, Buck Brannaman und viele andere haben von ihm gelernt.

**Hunt Seat Equitation** – Prüfung der amerikanischen Zuchtverbände, bei der mit klassischer Ausrüstung geritten wird. Sie wird als Jugend- und Amateurprüfung angeboten. Die Prüfungsanforderung ist in groben Zügen mit der →*Western Horsemanship* identisch. Bewertet wird die Harmonie zwischen Reiter und Pferd bei der Ausführung der Manöver. Diese Prüfung besteht ebenfalls aus einer Einzelaufgabe und einer Gruppenprüfung. Im Gegensatz zur Western Horsemanship wird allerdings in der Hunt Seat Equitation auch das Leichttraben und das Galoppieren im leichten Sitz verlangt.

**Hunter Hack** – Prüfung der amerikanischen Westernverbände, bei der das Pferd in klassischer Ausrüstung vorgestellt wird. In dieser Prüfung soll sich das Pferd beim Überwinden von zwei Sprüngen zwischen 61 cm und 84 cm wie ein Jagdpferd bewegen. Im Anschluss an die Sprünge folgt die Gruppenprüfung, bei der die Reiter die Pferde in allen drei Gangarten auf beiden Händen vorstellen müssen. Springmanier, Bewegungen und Einhaltung eines gleichmäßigen Jagdtempos werden bewertet.

**Hunter under Saddle** – Prüfung der amerikanischen Westernverbände, bei der das Pferd in klassischer Ausrüstung vorgestellt wird. Bewertet wird das Pferd. Es soll sich mit langen, flachen Schritten in leichter, weicher Vorwärts-

bewegung zeigen. Das Pferd soll zudem gehorsam den leichtesten Hilfen des Reiters folgen, weiche Übergänge zeigen, und bei einer verlangten Verstärkung des Tempos soll dies mit gleich bleibender, fließender Bewegung geschehen.

**Hyperkalemic Periodic Paralysis** – Hypp ist eine Muskelerkrankung, die durch einen vererbbaren genetischen Defekt verursacht wird und zu unkontrollierbarem Muskelzittern oder starker Muskelschwäche, in schweren Fällen zu Kollaps oder sogar Tod führt. Dieser genetische Defekt besteht bei manchen Nachkommen des Quarter Horse Hengstes Impressive. Alle Nachkommen des Hengstes Impressive oder einer Blutlinie, bei der zukünftig ein solcher Defekt nachgewiesen wird, erhalten einen Vermerk in ihrem Papier, der ersehen lässt, dass das Pferd aus einer solchen Linie kommt. Ein Pferd, das einen negativen genetischen Hypp-Test nachgewiesen hat, erhält im Papier den Vermerk N/N.

# I

**Ice Boots** – Gamaschen zur Kältetherapie bei Schwellungen. Die isolierten Taschen der Eisgamaschen werden mit zerkleinertem Eis gefüllt und halten den umschlossenen Bereich des Pferdebeins kühl.

**ID-Number** – Registrationsnummer. →*AQHA,* →*APHA,* →*ApHC.*

**Illegal** – Nicht zugelassen, nicht erlaubt. Neben dem Einsatz unerlaubter Drogen bzw. Medikamenten zur Verbesserung der Leistung eines Pferdes gibt es zugelassene und nicht zugelassene Ausrüstungsgegenstände im Turniersport. Dazu gehören auch Hilfszügel, die zwar auf dem Abreiteplatz, aber nicht in der Prüfung gestattet sind. Es gibt Vorschriften für erlaubte und unerlaubte Gebisse, sowie weitere Gegenstände. Die jeweiligen →*Rule Books* der einzelnen Verbände geben genaue Auskunft darüber. Bedauerlicherweise finden immer mehr unerlaubte Ausrüstungsgegenstände den Weg aus den USA nach Europa.

Unerlaubtes Chain Bit, das dem Pferd erhebliche Schmerzen zufügen kann

Wer Turniere reiten will, sollte sich vor dem Start darüber informieren, was bei welchem Verband erlaubt oder verboten ist. Bei einem Verstoß gegen die Vorschriften drohen Disqualifikation oder weitere Disziplinarmaßnahmen des jeweiligen Verbandes.

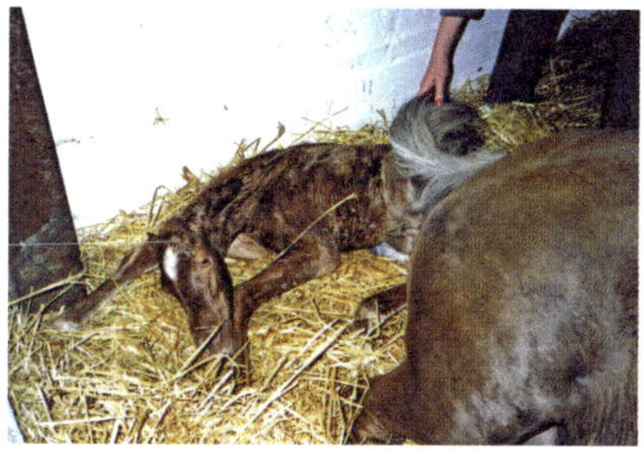

**Imprint Training** – Eine von Dr. Robert Miller entwickelte Methode, ein neugeborenes Fohlen in der Prägephase mit dem Menschen vertraut zu machen. Unmittelbar nach der Geburt berührt der Mensch dabei das Fohlen an allen Körperteilen.

**Inbreeding** – Inzucht.

**Incentive Fund** – Multimillionen Dollarprogramm der →*AQHA*, über das bei Turnierteilnahme Pferdebesitzer, Züchter und Hengstbesitzer ausgezeichnet werden, vorausgesetzt der jeweilige Hengst wurde im Incentive Fund der AQHA gegen eine Gebühr eingeschrieben. Fohlen, deren Vatertiere dort eingetragen sind, können ebenfalls für eine Gebühr eingetragen werden. Für jeden Punkt bei einer AQHA-Show in der →*Open*- oder →*Amateur*-Class wird am Jahresende an diese Pferde eine bestimmte Summe ausgezahlt. Die Summe, die für jeden Punkt ausgezahlt wird, ergibt sich aus der Division der eingezahlten Summe eines Jahres durch die Punkte, die die nominierten Pferde gewonnen haben. 80% der Summe gehen an den Besitzer des Pferdes. 10% an den Züchter des Fohlen und 10% an den Besitzer des Vatertieres. Pferde, die in diesem Programm eintragen sind, haben auf dem Originalpapier einen entsprechenden Vermerk.

**Inch** – Altes angloamerikanisches Längenmaß, das dem englischen Zoll entspricht. 1"(inch) = 2,54 cm.

**Indian Pony** – Indianerpferd, in der Regel ein direkter →*Mustang*-Nachkomme.

**Indirect Rein** – Indirekter Zügel. Er wird beim →*Neckreining* eingesetzt. →*Direct Rein.*

**Indoor Arena** – Reithalle.

**In-Hand-Trail** – →*Yearling In-Hand-Trail.*

**Inside Rein** – Innerer Zügel. In einer Biegung nach rechts ist z. B. der rechte Zügel der innere Zügel.

**Inskirt Rigging** – Gurtungssystem des Westernsattels, bei dem die →*Rigging* in den →*Skirt* des Sattels eingearbeitet ist, wobei es sich um eine →*Plate Rigging*, →*D-Ring-Rigging* oder eine →*Leather-Inskirt-Rigging* handeln kann. →*Conventional Rigging.*

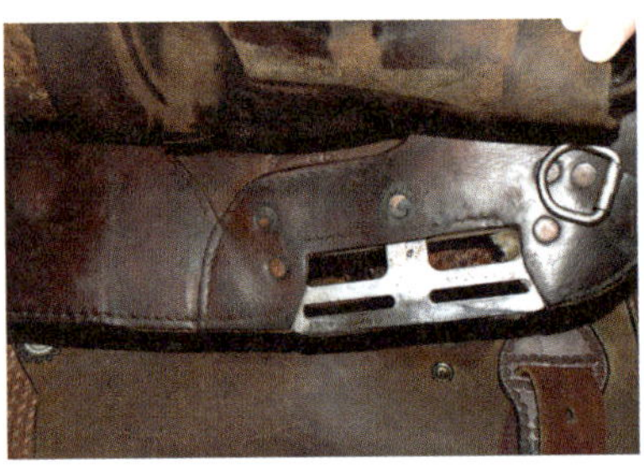

Plate Inskirt Rigging

**Iodine** – Jod.

**Iron Horn Tree** – Frühe Form des texanischen Sattelbaums mit eisernem Sattelhorn.

**Irregular Steps** – Unregelmäßige Schritte. →*Step.*

**Isabelle** – →*Palomino.*

# J

**Jackpot** – Gesamteinsatz, der an die Teilnehmer einer Show als Gewinn ausgeschüttet wird.

**Jacob, Alan** (✝ 21.10.2003) – 1970 veranstaltete Alan Jacob sein erstes Rodeo in Europa. Die Rodeotour ging nach Italien, Schweiz und Frankreich. Die dafür benötigten Quarter Horses, Paints und Appaloosas importierte er und verkaufte einige der Pferde, die meisten in Frankreich. Über diese Schiene des Rodeos haben die drei Westernpferderassen ihren Weg nach Europa gefunden und damit auch das Westernreiten. Als Jacob 1970 die ersten Pferde herüberholte, hatten die Luftlinien kein Interesse daran, die Pferde zu fliegen. So kamen die Pferde mit dem Schiff; 28 QH-Stuten, 10 QH-Wallache, einige Paints und zwei Appaloosas, alles trainierte Reitpferde, hauptsächlich Ranchpferde. Es war ein Containerschiff, für das Alan Jacob und seine Leute hölzerne Boxen bauen mussten. Die Pferde brauchten 9 Tage bis Hamburg. 1970 traf mit "Bulls Billy Van" der erste QH-Hengst in Deutschland ein. Eigentlich hatte Alan Jacob nie im Sinn, in Deutschland zu bleiben, und er war überrascht, so viele amerikanische Soldaten hier zu finden. Erst war es in Kaiserslautern, dann in Berlin und es folgten noch viele andere Plätze, an denen man Rodeos sehen wollte. So suchte Alan Jacob sich schließlich einen Platz, an dem er mit seinen Bullen und Pferden bleiben konnte. 1971 fand er in Otterberg/Pfalz den passenden Hof mit 35 Hektar Land und ließ er sich dort nieder. Alan und Eva Jacob importierten eine Reihe herausragender Pferde nach Deutschland.

Auf der Equitana 1972 war Alan Jacob der Erste, der mit einem Quarter Horse dabei war. Mitte der siebziger Jahre kam dann die Wende im deutschen Reitsport. Vorher ritt man nur große Pferde, lediglich Isländer und Araber wurden bisher akzeptiert. Doch nun wollten die Menschen durch den Wald und die Felder reiten und nicht mehr nur in der Reithalle ihre Runden drehen. Ursula Bruns, die Herausgeberin der Zeitschrift "Freizeit im Sattel" hatte bereits 1972/1973 Artikel über QH`s veröffentlicht. Dic bekannte Autorin war auch die Käuferin des ersten Appaloosas. Es war schwer, den Käufern die Westernpferdrassen nahezubringen. Die einzige Vorstellung, die man von amerikanischen Pferden hatte, war die aus den Filmen, in denen Cowboys und Indianer die Berge hinauf und hinunter galoppierten. Viel Geld ausgeben wollte man für ein Freizeitpferd auch nicht. Alan Jacob und seine Frau Eva hatten zwei Geschäfte: das Rodeo und die Pferdezucht. Das Rodeo finanzierte derzeit die Zucht und den Verkauf der

Quarter Horses. Alan Jacob gehörte 1975 zu den Gründungsmitgliedern der →*Deutschen Quarter Horse Association*. Er wohnte bis zu seinem Tod in Otterberg/Pfalz auf seiner Ranch, die er "American Horse Farms" genannt hatte.

**Jaquima** – Kommt aus dem Spanischen: "jaquima" = Halfter. →*Hackamore.*

**Jaw** – Ganasche, Kinnbacke des Pferdes. Ausgeprägte Ganaschen zählen zu den Rassemerkmalen der Quarter Horses des alten Typs.

**Jeans** – Nietenhosen. Hosen aus festem Stoff, deren Taschen angenietet wurden, damit sie nicht so schnell ausreißen. 1873 schlug bei dem Stoffhändler Levi Strauss aus San Francisco die Geburtsstunde der Nietenhose, die nicht nur zum Kultgegenstand dieses Jahrhunderts wurde, sondern auch fester Bestandteil der Kleidung eines Cowboys. Jedoch war es die Firma Blue Bell Company, die um die Jahrhundertwende die "Cowboy-Hose" mit dem Markennamen "Wrangler" kreierte, die bis heute auf Ranches als "Wrangler Cowboycut" in Blau und im Turniersport in allen Farben getragen wird, wobei im Turniersport inzwischen auch andere Firmen Jeanslieferanten sind. Am besten haben sich unter Chaps eng anliegende Hosen bewährt, da sie nicht auftragen und keine unliebsamen Falten erscheinen lassen. Die Farbe der Hosen sollte möglichst nah an die Farbe der Chaps herankommen, um die Farbharmonie nicht zu stören. Sind noch keine Chaps vorhanden, wird der Reiter in Jeans reiten. Hiermit ist jedoch nicht unbedingt eine Blue Jeans (blaue Jeans) gemeint, denn diese ist auch heute noch die Arbeitskleidung eines Cowboys. Für den Wettkampf sollte man eine farbige oder schwarze Jeans wählen. Beim Kauf einer Jeans zum Reiten ist darauf zu achten, dass sie unten weit genug ist, um über dem Stiefel getragen zu werden, und dass sie zwei →*Inch* länger ist, als die, die man normalerweise trägt. Durch die Winkelung des Knies wird sie auf dem Pferd um einiges „kürzer". Bei der Größe einer Jeans gibt die erste Zahl die Taillenweite an und die zweite Zahl die Beinlänge. Viele Jeanstypen sind bei gleicher Taillengröße in verschiedenen Längen zu erstehen und umgekehrt und damit individuell den Proportionen des Trägers anzupassen. Zusätzlich werden Jeans als Herren- und auch Damenmodell angeboten. →*Größentabelle im Anhang.*

**Jerk Line** – →*Tie Down.*

**Jingle Bobs** – Klirrender Sporenanhänger, der auch Jingle Bells genannt wird. Meist perlenförmige Metallteile, die an den Sporen hängen und beim Gehen ein klingelndes Geräusch verursachen.

**Jockey** – Bestimmte Lederteile am Westernsattel. Diese Lederteile werden vor der →*Fork Front Jockeys* genannt, seitlich des Sitzes →*Side Jockeys* und hinter dem →*Cantle* →*Rear Jockeys* oder →*Back Jockeys.* →*Saddle*

**Jog** – Trab des Westernreiters. Der Jog ist eine weiche diagonale Gangart im Zweitakt.

Es handelt sich dabei um einen typischen flachen, langsamen Trab mit wenig Wurf. Er wird grundsätzlich ausgesessen geritten. Das Pferd bewegt sich dabei vollkommen gleichmäßig von einem diagonalen Beinpaar auf das andere, mit gerader Vorwärtsbewegung. Pferde, die vorne traben und mit der Hinterhand Schritt gehen, erfüllen die Anforderung für diese Gangart nicht. Da immer ein diagonales Beinpaar den Boden berührt, kann sich das Pferd im Jog gut ausbalancieren. Der Jog wird in den USA auch "Sitting Trot" genannt und hat eine kürzere Schrittlänge, als der Trab beim klassischen Reiten. Die beim Trab vorhandene Schwebephase ist kaum vorhanden. Die Schnelligkeit des Jogs soll der einer ziehenden Rinderherde entsprechen, bei der der Schritt zu langsam und der Trab zu schnell und unbequem wäre. Im Jog hat der Reiter gute Möglichkeiten, einen korrekten Sitz zu entwickeln, da er ein ruhiges Sitzen im Sattel erlaubt. Im Jog soll das Pferd am losen Zügel entspannt und vor allem in seiner rassebedingten, natürlichen Köperhaltung gehen. Wird eine Verstärkung zum →*Extended Jog* verlangt, muss dies unter unveränderter Weichheit des Ganges erfolgen. Ein Mitteltrab, der den Reiter nicht mehr sitzen lässt, ist unerwünscht. Leichttraben ist bei Westerndisziplinen grundsätzlich nicht erlaubt.

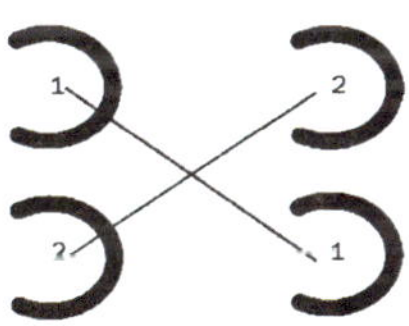


**Jog Over** →*Trot Over.*

**Joint** Gelenk.

**Jointed Mouthpiece** – Mundstück eines Gebisses, das in der Mitte ein Gelenk hat. Es wird als gebrochenes Gebiss bezeichnet. →*Snaffle Bits* und →*Snaffle Bits with Shanks* haben gebrochene Mundstücke.

**Jowl Sweat** – Abschwitzhülle für die Kehle bzw. das Genick des Pferdes, meistens aus Neopren. Durch längeres Anlegen der Abschwitzhülle soll in den Bereichen darunter überschüssiges Fett abgeschwitzt werden, um so die Konturen dieses Bereichs klarer hervorzuheben. Wird hauptsächlich bei Pferden angewendet, die in →*Halter Shows* vorgestellt werden.

**Judge** – Richter. →*Approved Judge.*

**Judging** – Bewertung.

**Jump** – 1. Hindernis der Disziplin →*Trail.* Kleiner Sprung bis maximal 45 cm Höhe bei EWU-Turnieren. Die Gangart, aus der heraus das Hindernis überwunden werden soll, ist vorgeschrieben. Bei →*AQHA* und →*ApHC* ist ein Sprung im Trail verboten.
2. Hindernis in der Disziplin →*Hunter Hack*, die im klassischen Sattel geritten wird.

**Jump Horse up in the Bridle** – Ein Pferd durch Schenkeldruck gegen das Gebiss treiben, bei feststehenden Zügelhänden, so dass das Pferd im Genick nachgibt und abknickt.

**Junior Class** – Prüfungen für jüngere

Pferde. Bei der →*EWU* Pferde von vier bis – sechs Jahren. Dreijährige Pferde dürfen bei diesem Verband noch nicht starten. Bei den amerikanischen Zuchtverbänden gelten Pferde bis fünf Jahre als Junior-Pferde. Diese dürfen sogar bereits in dem Jahr, in dem sie zweijährig werden, ab 1. Juli gestartet werden. Junior Pferde dürfen im →*Snaffle Bit* oder der →*Hackamore* zweihändig vorgestellt werden, allerdings auch im →*Bit* bei einhändiger Zügelführung. →*Two-Year-Old Western Pleasure*.

# K

**Katalog Race** – Spiel im Westernreitsport, bei dem es um Zeit geht. Nach dem Start muss der Teilnehmer zwei Tonnen ansteuern. Auf der ersten Tonne befindet sich ein Eimer mit Zetteln, auf denen Nummern notiert sind und von denen der Reiter einen entnimmt. Er reitet zur zweiten Tonne, auf der sich ein Katalog befindet, aus dem er die auf dem Zettel angegebene Seite herausreißt. Mit Zettel und Katalogseite reitet er zurück zur Ziellinie. Verliert er Zettel oder Katalogseite, erhält er fünf Strafsekunden.

**Keg Shoe** – Fabrikgefertigte Standard-Stahl-Hufeisen. →*Plate*.

**Keyhole** – Schlüsselloch. →*Trail*-Hindernis, das aus sechs Pylonen besteht, die schlüssellochförmig angeordnet sind.

**Keyhole Race** – Spiel bei Westernturnieren, das nach Zeit gerichtet wird. Der Reiter muss nach einem fliegenden Start zwischen zwei Begrenzungslinien mit 1,20 m Abstand eine Strecke von mindestens 15 Metern zurücklegen, um dann in einem Wendekreis von sechs Metern sein Pferd zu wenden, und auf der gleichen Strecke wieder zurückreiten. Ein Pferd, das Start- oder Ziellinie nicht überquert oder die Begrenzungslinien berührt, wird disqualifiziert.

**Kicking Board** – Bande. Seitenwände einer Reithalle oder Arena.

**Kiltie Plates** – Metallverzierung für →*Lacers*, die unterhalb der Schnürsenkel angebracht wird.

**King Fritz** – Bekannter Hengst, der 1956 geboren wurde und dessen Großväter →*King P 234* und →*Poco Bueno* waren. Der Horseman Fritz Watkins war, als er das erst dreimonatige Hengstfohlen sah, von seinen Qualitäten überzeugt und kaufte es. King Fritz enttäuschte seine neuen Besitzer nicht und zeigte im Turniersport in den Disziplinen →*Cutting*, →*Working Cowhorse*, →*Reining* und →*Western Pleasure* sein Talent. Seine männlichen Nachkommen schlugen nach dem Vater und seine Töchter waren ausnahmslos gute Zuchtstuten. 308 Fohlen von ihm wurden registriert, darunter elf →*AQHA Champions* und zwei AQHA-World-Champions. King Fritz musste 1975 wegen einer unheilbaren Krankheit eingeschläfert werden.

**King P-234** – Herausragender Zuchthengst. King wurde am 25. Juni 1932 geboren, als es die →*AQHA* noch nicht gab. Gezüchtet in Laredo, Texas von dem Mexikaner Manuel Benavides Volpe, galt sein Exterieur für mehr als zehn Jahre als angestrebtes Zuchtziel. Sein Vater war →*Zantanon*. Einen Monat alt wurde King erstmalig verkauft. Vierjährig zum →*Calf Roping* ausgebildet, wechselte er wieder den Besitzer, der ihn im →*Roping* und als Deckhengst einsetzte. Fünfjährig wurde er für den in der damaligen Wirtschaftskrise unerhört hohen Preis von 800 $ verkauft an die Hankins Brüder. Bereits wenige Jahre später betrug die Decktaxe dieses hervorragenden Vererbers 500 $. Er wurde Vater von 658 Fohlen, darunter 20 →*AQHA Champions.*

**Bild im AQHA-Headquarter in Amarillo**

**Knee** – Knie. Während in der deutschen klassischen Reitlehre mit "Knie" das nächste Gelenk über dem Tarsalgelenk an den Hinterbeinen bezeichnet wird, meint der Begriff im Amerikanischen das Vorderfusswurzelgelenk oder Carpalgelenk. →*Conformation.*

**Knee Boots** – Schutzgamaschen für das Vorderfusswurzelgelenk, auch Carpalgelenk genannt, um dieses vor heftigen Stößen, Quetschungen und Trittverletzungen durch Hufkontakt zu schützen. Knee Boots werden insbesondere beim Training von →*Reining*-Pferden eingesetzt, um die Beine insbesondere bei →*Spins* und →*Roll Backs* zu schützen. Junge Pferde, die erst lernen müssen, wie sie beim →*Turn Around* ein Bein vor das andere setzten, schrammen häufig mit der Hinterseite und den Hufeisen des einen Beines über die Vorderseite des anderen Beines. Das führt zu Schwellungen oder Verletzungen.

**Knee Guards** – →*Knee Boots.*

**Knocking over Marker** – →*Marker* überreiten im Sinne von Umwerfen.

**Knot** – Knoten.

**Kodel Pad** – →*Pad* aus synthetischem Material.

# L

**Lacer Boots** – Kurze, geschnürte Stiefel, auch kurz Lacers genannt, die im Westernreitsport insbesondere im Turniersport gerne getragen werden. So umständlich das An- und Ausziehen der Lacers durch die Schnürung auch ist, sind sie für manchen Reiter mit einem hohen Spann die einzige Alternative. →*Boots*.

**Ladies Reining** – Reining-Prüfung der →*NRHA*, in der nur Damen als Reiter zugelassen sind.

**Lameness** – Lahmheit. Krankheiten des Bewegungsapparates des Pferdes gehen meistens mit Lahmheiten einher, die die verschiedensten Ursachen haben können. Um herauszufinden, auf welchem Bein das Pferd lahmt, lässt man sich das Pferd an der Hand vorführen. Ein Pferd, das auf der Vorhand lahmt, wird auf das gesunde Bein "nicken", da es mit dem lahmen Bein nur einen verkürzten Schritt macht, um den Schmerzen zu entgehen. Ist keine Lahmheit auf der Vorhand zu erkennen, lässt man das Pferd von sich wegführen. Die Lahmheit in einer Hinterhand ist an der Bewegung der Kruppe zu erkennen, die sich auf der einen Seite mehr senkt als auf der anderen. Die Kruppe senkt sich bei jedem Schritt auf der gesunden Seite tiefer und ist auf der Seite der Lahmheit entsprechend höher. Bei Lahmheiten ist es sinnvoll, den Tierarzt zu rufen, um eine genaue Diagnose mit Therapievorschlag einzuholen.

**Lariat** – Wurfseil. Der Ausdruck kommt aus dem Spanischen von "La →*Reata"*.

**Latigo** – 1. Fettgegerbtes und dadurch besonders geschmeidig gewordenes Leder, meist rötlich gefärbt. Es wird in Streifen unterschiedlicher Breite angeboten. Seine Geschmeidigkeit und seine geringfügige Dehnbarkeit machten den Latigo zu einem idealen Riemen, um Dinge festzuschnallen. Es wird auch für die Herstellung von Kopfstücken verwendet.
2. Bezeichnung für den Lederriemen, mit dem der Bauchgurt an der →*Rigging* des Sattels befestigt wird, da dieser häufig aus Latigoleder besteht. Die korrekte Bezeichnung lautet →*Tie-Strap*.

**Latigo Knot** – Als Latigo Knot wird ein Knoten bezeichnet, mit dem ein Latigoriemen oder auch ein breiter Riemen aus anderem Material mittels eines dünnen Lederstreifens, der durch drei Löcher gezogen wird, irgendwo befestigt werden kann.

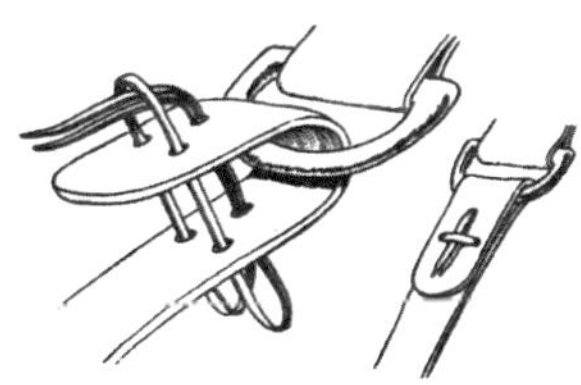

Latigo Knot

**Lead** – 1. Führen. Wenn man z. B. sagt: "Ein Pferd führt mit der rechten Hand", ist damit der Galopp gemeint, in dem sich das Pferd gerade befindet. Im Rechtsgalopp greift das Pferd mit der rechten Vorhand weiter aus als mit der linken. Das Pferd führt mit der Hand, deren Vorderbein weiter vorgreift. →*Left Lead,* →*Right Lead,* →*Lead*

*Change,* →*Simple Lead Change,* →*Flying Lead Change.*
2. Führstrick, Führleine. Er/sie kann aus Baumwolle, Kunststoff oder auch aus Leder sein. Der ideale Führstrick ist ein dicker Baumwollstrick mit 2,50 m bis 3,00 m Länge und einem →*Lead-Snap* oder →*Bull-Snap* am Ende. Zum einen erlaubt die Länge des Stricks, sich bei Problemen mit dem Pferd aus dem Bereich der Vorderhand zu bringen, ohne es loslassen zu müssen. Zum anderen lassen sich diese dicken Stricke besser festhalten als dünnere. Sollte das Pferd einmal den Strick durch die Hand ziehen, verursachen Baumwollstricke kaum Brandverletzungen, im Gegensatz zu Kunststoffstricken. In →*Shows* werden fast ausnahmslos Führleinen aus Leder verwendet.

**Lead a Horse** – Führen eines Pferdes. Ein Pferd korrekt zu führen, gehört mit zu den wichtigen Grundlagen im Westernreitsport. Der Führer fasst den Führstrick ca. 50 cm unterhalb des Pferdemaules mit der rechten Hand. Das Pferd wird am losen Führstrick geführt, da ein straff gehaltener Strick dem Führenden keine Möglichkeit gibt, ein davonstürmendes Pferd zu halten. Sieger einer solchen Kraftprobe ist in der Regel das Pferd. Durch den losen Führstrick ist der Führer in der Lage, dem Pferd durch einen Ruck am Führstrick über das Halfter einen plötzlichen, überraschenden Impuls auf die Nase zu geben. Die linke Hand hält das Ende des groß aufgerollten Stricks. Reißt das Pferd durch eine Kopfbewegung den Strick aus der Führerhand, hat dieser das andere Ende noch in der linken Hand. Ein gut ausgebildetes Westernpferd wird dem Menschen so folgen, dass der Führer sich seitwärts versetzt vor der linken Schulter des Pferdes befindet. Dadurch kann der Führende den Pferdekopf im Auge behalten und so evtl. Reaktionen des Pferdes vorhersehen. Soll das Pferd antreten, wird kurz am Strick gezupft und ein Stimmkommando gegeben. Der Führer geht gleichzeitig los, blickt das Pferd nicht an, sondern schaut in die Richtung, in die er gehen will. Zum Anhalten sagt man "Whoa" und bleibt gleichzeitig stehen. Beim Umdrehen, wendet der Führer das Pferd von sich weg nach rechts. Führt man ein Pferd am Zügel, nimmt man entweder beide Zügel in die Hand oder nur einen und bindet den anderen am Sattelhorn fest, damit er nicht herunterrutschen und das Pferd versehentlich darauftreten kann.

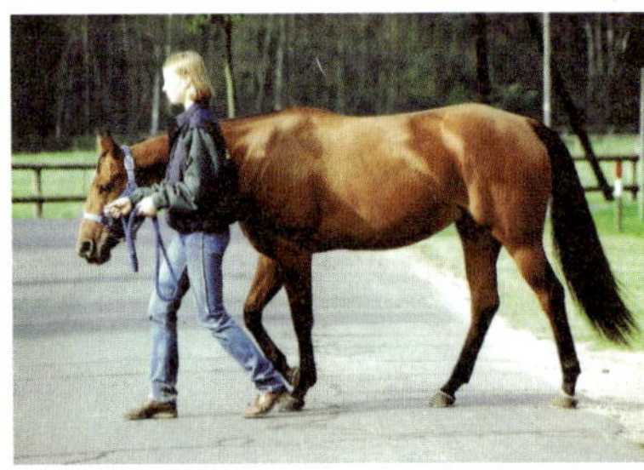

**Lead Change** – Galoppwechsel. Es wird zwischen einfachem und fliegendem Galoppwechsel unterschieden. →*Simple Lead Change* →*Flying Lead Change*

**Leading** – Führend. Damit ist gemeint: gehört zur Spitzengruppe. →*Leading Sire,* →*Leading Dam,* →*Leading Owner,* →*Leading Breeder.*

**Leading Breeder** – Züchter, dessen Nachzucht in einem bestimmten Jahr oder auf einer bestimmten →*Show* die meisten Punkte erreicht hat.

**Leading Dam** – Auszeichnung der Zuchtverbände für die Stute mit dem erfolgreichsten Nachwuchs. Das kann sich auf verschiedene Shows oder Zeiträume beziehen. →*Leading Sire.*

**Leading Owner** – Auszeichnung der Zuchtverbände für den Pferdebesitzer des erfolgreichsten Pferdes einer Show oder eines Jahres.

**Leading Rein** – Richtungsgebender Zügel, auch →*Direct Rein* genannt.

**Leading Sire** – Erfolgreichster Vererber in einem Jahr in einer bestimmten Disziplin, z. B. Leading Sire →*Western Pleasure,* →*Reining*. Es ist zudem die Bezeichnung für einen Vererber mit den erfolgreichsten Nachkommen überhaupt. →*Million Dollar Sire*.

**Lead-Line Class** – Führzügelklasse. Sie gibt dem Reiternachwuchs die Möglichkeit zur Turnierteilnahme. Diese Klasse gehört nicht bei allen Verbänden zu den offiziellen Turnierklassen. Die Lead-Line Class ist eine Reitprüfung, bei der nur der Reiter beurteilt wird. Das zugelassene Höchstalter der Reiter differiert je nach Verband und Veranstalter. Das Pferd muss von einer erwachsenen Person, d. h. über 18 Jahre alt, geführt und kontrolliert werden. Der Reiter darf mit einer Western- oder Englischausrüstung gemäß dem Regelbuch des jeweiligen Verbands in der entsprechenden Klasse reiten. Die Kleidung des Führers sollte auf die des Reiters abgestimmt sein. In dieser Prüfung wird Schritt, je nach Verband auch Trab, in beide Richtungen verlangt. Nach dem →*Line-Up* müssen die kleinen Reiter ohne Hilfe des Führers das Pferd rückwärtsrichten, damit der Richter sich ein Bild von den reiterlichen Fähigkeiten der jungen Reiter machen kann. Der Reiter wird nach seiner Grundhaltung im Sattel, d. h. Handhaltung, Beinhaltung, Rückenhaltung beurteilt. Eine Führleine von mindestens 1,85 m Länge wird entweder am Gebissring oder am Halfter, das unter oder über dem Zaumzeug liegt, so befestigt, dass der Führer das Pferd jederzeit kontrollieren kann. Reiter dieser Klasse dürfen an keiner anderen offiziellen Klasse des Turniers teilnehmen.

**Lead Rope** – Führstrick. Ein Strick, an dem das Pferd am Halfter geführt wird oder auch angebunden werden kann. Ein Führstrick kann verschiedene →*Snaps* zur Befestigung am Halfter haben. Führstricke werden aus verschiedenen Materialien, wie z. B. Baumwolle oder auch Kunststoff hergestellt. →*Lead.*

**Lead Snap** – Haken an Führstricken und Führketten, die mit einer Hand zu öffnen sind. →*Snap.*

**Leather** – Leder. Die englischen Bezeichnungen für Glattleder sind →*Grain* und →*Smoothout*, für Wildleder →*Suede* und →*Roughout*.

**Leather Carving** – Lederschnitzerei. Die alte maurische Kunst der Ornamentschnitzerei in Leder wurde später von den Cowboys übernommen. Gürtel, Taschen, Sättel und andere Gebrauchsgegenstände wurden damit verziert.

**Leather Inskirt Rigging** – Ein in die Auflagen des Sattels →*Skirts* eingearbeiteter, metallloser Gurtungsschlitz.

**Leather Thongs** – Lederriemen zum Flechten von Lederartikeln wie sie im Ranchbetrieb benötigt werden.

**Leasing Horse** – Gemietetes Pferd. Um

bei den amerikanischen Westernverbänden mit eincm solchen Pferd in einer Prüfung zu starten, muss es mindestens für 6 Monate geleast und der Leasingvertrag beim jeweiligen Verband eingetragen sein.

**Left Lead** – Linksgalopp. →*Lope.*

**Leg Aids** – Schenkelhilfen. Sie werden durch Annehmen der Schenkel mit gespannter Wade gegeben. Spannung in der Wade ist nur möglich, wenn der Reiter den Absatz tief nimmt. Schenkelhilfen können treibend, begrenzend oder verwahrend wirken. Bei gleichmäßigem Einsatz beider Schenkel können Schenkelhilfen vorwärts oder rückwärts treibend wirken. Bei vermehrt einseitigem Einsatz wirken sie seitwärtstreibend. Der Pferdekörper wird in Höhe der Wade in drei Einwirkungsfelder unterteilt. In Normalposition liegt das Bein im Einwirkungsfeld für die seitlich wirkende Hilfe. Das heißt, das Pferd kann in Verbindung mit anderen Hilfen mit einem Schenkeldruck in diesem Einwirkungsfeld, z. B. zum Seitwärtstreten veranlasst werden. (Abb. 1)
Wird der Schenkel weiter vorne, vor der Normallage, positioniert, wirkt er auf die Vorhand ein. Diese Schenkelhilfe, kommt hauptsächlich bei Hinterhandwendungen zum Einsatz, bei der sich die Vorhand bewegen muss. (Abb. 2)

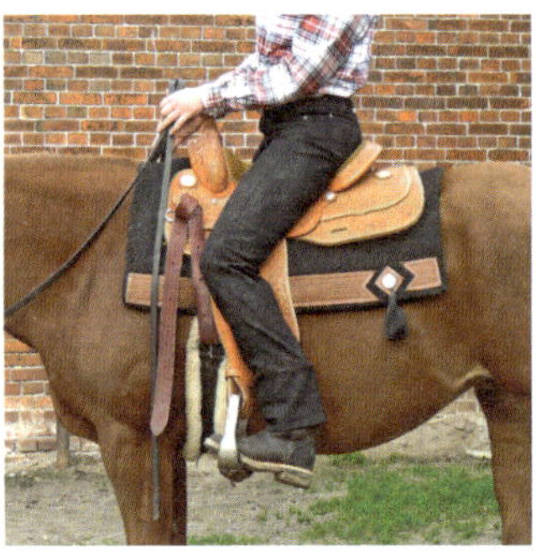

Abbildung 1

Abbildung 2

Treibt die Wade weiter hinten als in der Normalposition, beeinflusst sie die Hinterhand. Mit dieser Schenkelposition kann der Reiter im Zusammenspiel mit anderen Hilfen z. B. eine Vorhandwendung einleiten, bei der sich die Hinterhand bewegen muss. (Abb. 3)

Abbildung 3

Im Gegensatz zum aktiven Schenkel gibt es noch den verwahrenden Schenkel. Er ist eigentlich passiv und wirkt begrenzend. Er kann z. B. in der Bahnmitte zum Einsatz kommen, wenn die begrenzende Hallenwand oder der Zaun durch den Schenkel ersetzt werden muss. Wie stark die Hilfen gegeben werden müssen, hängt vom Ausbildungsstand, Temperament und von der Sensibilität des einzelnen Pferdes ab. Einige Pferde benötigen sogar den

Nachdruck des Sporns. Andauerndes Klopfen oder Treiben mit den Schenkeln, steht in krassem Gegensatz zur Impulshilfengebung des Westernreitens und ist unerwünscht.

**Legal** – Erlaubt, zugelassen. Im Turniersport gibt es z. B. legale und illegale Ausrüstungsgegenstände oder auch Zügelhaltungen. →*Illegal.*

**Leg Boots** – Gamaschen zum Schutz der Pferdebeine. →*Bell Boots*, →*Combination Boots*, →*Knee Boots*, →*Skid Boots*, →*Shin Boots*, →*Splint Boots*, →*Ice Boots.*

**Leggin(g)s** – Eng geschnittene Lederbeinkleider, die die Beine röhrenförmig umschließen. Auch alter Ausdruck texanischer Cowboys für →*Shotgun Chaps.*

**Leg Pressure** – Schenkeldruck. →*Leg Aids.*

**Leg Wraps** – Schutz für die Vorderbeine des Pferdes. →*Boots.*

**Leg Yielding** – Schenkelweichen. Das Pferd weicht dem Schenkel des Reiters seitwärts und geht dabei auf zwei Hufschlägen. Der Winkel, den das Pferd zum Hufschlag einnimmt, ist variabel. →*Two Tracking*, →*Side Pass*, →*Leg Aids.*

**Lengthen the Reins** – Die Zügel verlängern.

**Leopard** – Tigerschecke. Fellmuster beim →*Appaloosa.*, ein weißes oder fast weißes Pferd mit dunklen Flecken.

**Lethal White** – „Todbringendes Weiß". So wird ein Scheckfohlen genannt, das keine oder fast keine pigmentierten Hautstellen hat. Durch die gleichzeitig auftretende Darm- und Gehirnabnormalität ist ein solches Fohlen nicht lebensfähig. Lethal White Fohlen treten sowohl bei Anpaarungen von →*Overo* mit Overo als auch bei Anpaarungen von Overos mit einfarbigen Pferden oder →*Tobi-anos* auf.

**Leverage** – Hebelwirkung, Hebelkraft des →*Bits*. Die Stärke der Hebelkraft ergibt sich nicht allein aus der Länge der Anzüge, sondern zusätzlich aus dem Längenverhältnis der Oberbäume zu den Unterbäumen. Das Mundstück fungiert als Drehpunkt. Je länger der Unterbaum und je kürzer der Oberbaum, desto größer die Hebelwirkung des Bits.

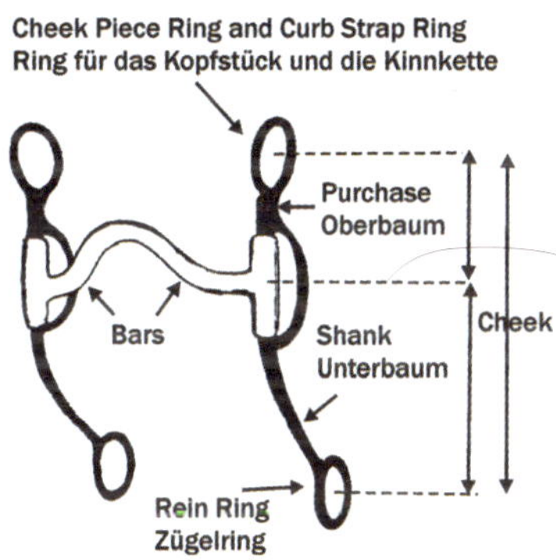


**Liability Insurance** – Haftpflichtversicherung. Sie ist für Pferde, die auf Westernturnieren starten, Vorschrift. Aber auch jeder andere private Pferdhalter sollte sich unbedingt umfassend absichern, da ein Pferd erhebliche Schäden anrichten kann. Sei es z. B. durch einen Schlag, durch den Menschen oder Pferde verletzt werden, oder auch bei Ausbruch der Pferde von der Weide.

**Life Foal Guarantee** – Lebendfohlengarantie. Ein Hengsthalter garantiert damit, dass er bestimmte Leistungen erbringt, für den Fall, dass aus der Bedeckung kein lebendes Fohlen hervorgeht. Von einem lebenden Fohlen im Sinne der Lebendfohlengarantie ist dann die Rede, wenn das Fohlen gestanden und gesaugt hat. Die Garantie kann sich z. B. auf eine kostenlose Nachbedeckung im Folgejahr beziehen.

**Lifestock** – Vieh. →*Cattle.*

**Lifetime** – Auf die gesamte Lebenszeit bezogen. → *Lifetime Leading Sire,* →*Lifetime Membership,* →*Lifetime Saddle Tree Guarantee.*

**Lifetime Leading Sire** – Hengst, dessen gesamte Nachkommen während seiner gesamten Lebenszeit die höchsten Erfolge hatten. Da durch künstliche Besamung mehr Stuten als früher gedeckt werden können und auch wesentlich mehr Turniere mit hohen Starterzahlen durchgeführt werden, ist es für einen jüngeren Top-Hengst leichter, sich an die Spitze dieser Liste zu setzen und erstklassige Hengste aus einem früheren Jahrzehnt zu überrunden.

**Lifetime-Membership** – Bei den amerikanischen Zuchtverbänden kann man durch Zahlung eines entsprechenden Betrages eine Lifetime-Membership erwerben und ist für den Rest des Lebens Mitglied dieses Verbandes.

**Lifetime Saddle Tree Guarantee** – Lebenslange Garantie auf den Sattelbaum. →*Saddle Tree.*

**Light Brown** – Hellbraun. Wird bei der Bezeichnung von Lederzeug wie Sattel, Zaumzeug sowie sonstigem ledernem Zubehör verwendet.

**Light Pattern** – Leicht gescheckt. Fellzeichnung beim →*Paint* oder →*Pinto.*

**Limbs** – Gliedmaßen.

**Lime Circle** – Hindernis der Disziplin →*Trail.* Dabei wird eine Vor- oder Hinterhandwendung verlangt. Die Vorderbeine bzw. die Hinterbeine befinden sich in einem Kreis oder einem aus Stangen gelegten, kleinen Quadrat. Ohne die Grenzlinien dieses Circles zu berühren, soll eine Vorhand- bzw. Hinterhandwendung ausgeführt werden.

**Limited** – Begrenzt. Bezeichnung bei Verbänden für eine Begrenzung in Starterklassen, die sich aus Gewinnsummen oder Punkten für Reiter oder Pferd ergibt.

**Limited Non Pro** – Amateurklasse, in der die Gewinnsumme einen bestimmten Betrag nicht überschreiten darf. →*NRHA* und →*NCHA.*

**Limited Open** – Klasse für Profis und Amateure, in der die Gewinnsumme einen bestimmten Betrag nicht überschreiten darf. →*NRHA* und →*NCHA.*

**Limited Rider** – Bei der →*AQHA* Übergangsstufe zwischen der →*Novice Class* und den anderen Leistungsklassen.

**Limit of Capability** – Leistungsgrenze.

**Lindel** – →*Side Pull.*

**Line Breeding** – Linienzucht. Viele erfolgreiche Züchter der Westernpferderassen betreiben Linienzucht. Das heißt, sie wählen Hengste und Stuten aus bestimmten Zuchtlinien zur Anpaarung aus, um bestimmte gewünschte Eigenschaften aus dieser Linie fester zu verankern.

**Line-Up** – Bei Gruppenprüfungen wird nach Abschluss der →*Railwork* verlangt, dass sich die Reiter in der Bahnmitte nebeneinander aufstellen, auf einer Linie sozusagen. Dieser Vorgang wird als Line-Up bezeichnet.

**List of Competitors** – Liste der Starter in Startreihenfolge in einer Turnierprüfung. Die Startreihenfolge ist bei der →*EWU* zwingend vorgeschrieben.

**List of Results** – Ergebnisliste. Sie wird für die einzelnen Prüfungen auf den Turnieren nach Abschluss der Prüfungen ausgehängt. Die Ergebnislisten werden zusätzlich in den entsprechenden Verbandsmedien veröffentlicht.

**Lite Oil** – Bezeichnung für naturfarbenes Lederzubehör.

**Logs** – Hindernisteile der Disziplin →*Trail*, →*Western Riding*, →*Superhorse*. Logs sind Stangen, die entweder gerade hintereinander, fächerförmig oder auch im Zickzack in einem Trailparcours ausgelegt werden können. Die Stangenabstände sind den jeweiligen Regelbüchern zu entnehmen. Die Gangart, in der sie überwunden werden sollen, ist in der →*Pattern* vorgeschrieben. →*Walk Over*, →*Trot Over*, →*Lope Over*.

**Long Cheeks** – Lange Seitenteile bei einem →*Bit*. →*Leverage*, →*Long Shanks*.

**Longeing Whip** – Longierpeitsche.

**Longe Line Class** – Disziplin der Zuchtverbände, bei der Pferde an der Longe vorgestellt werden. Dabei handelt es sich meist um jüngere Pferde, die noch nicht geritten werden. Sie werden am Halfter mit einer Longe in allen drei Gangarten vorgestellt. Beurteilt werden dabei die Gänge des Pferdes im Hinblick auf die Disziplinen →*Western Pleasure* und →*Hunter under Saddle*.

**Long Mouth** – Bezeichnung für eine lange Maulspalte des Pferdes.

**Long Shanks** – Lange Anzüge, Hebelarme, am →*Bit*, die länger als vier →*Inch* sind. Sie sollten nur in speziellen Fällen Verwendung finden. →*Shanks*.

**Long Training Fork** – Martingal ohne Halsriemen, das im Gegensatz zur →*Short Training Fork* von den Zügeln bis zum Bauchgurt führt. →*Training Fork*.

**Loose Cheek Bit** – Eine gebrochene oder ungebrochene Kandare, →*Bit*, deren →*Cheeks* beweglich sind. Je beweglicher die Teile einer Kandare sind, umso ungenauer wirkt sie. Bewegliche →*Cheeks* können zu Verletzungen an der zarten Haut der Maulwinkel führen. Daher sollten die Cheeks möglichst mit einer T-stückartigen Verbindung befestigt sein.

**Loose Jaw Bit** – →*Loose Cheek Bit*.

**Loose Rein** – Loser Zügel. Beim Westernreiten wird üblicherweise mit losem Zügel geritten. Die Zügel sollen dabei eine Länge haben, die es dem Reiter jederzeit erlaubt, ohne die Hände bis an den Hut hochheben zu müssen, bei Notwendigkeit schnell über das Gebiss Einfluss auf das Pferd zu nehmen.

**Loose Shanked Bit** – →*Loose Cheek Bit*.

**Lope** – Galopp.

Der Galopp ist keine symmetrische Gangart wie der →*Jog*, ein Zweitakt mit diagonaler Fußfolge, sondern eine leichte, rhythmische Gangart im Dreitakt. Die Fußfolge beginnt mit dem äußeren Hinterfuß. Es folgen die diagonalen Beinpaare, dann der führende Vorderfuß, anschließend eine Schwebephase. Es wird zwischen Rechtsgalopp und Linksgalopp unterschieden. Im Rechtsgalopp greift das rechte Beinpaar weiter vor, im Linksgalopp das linke. Der Rechtsgalopp wird in der Regel auf der rechten Hand geritten, der Linksgalopp auf der linken.

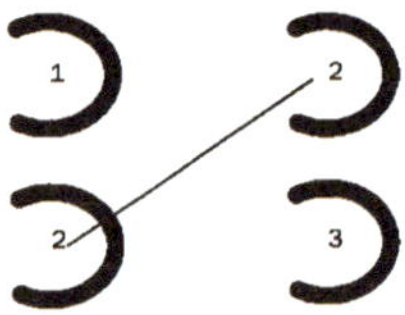


Fußfolge im Rechtsgalopp

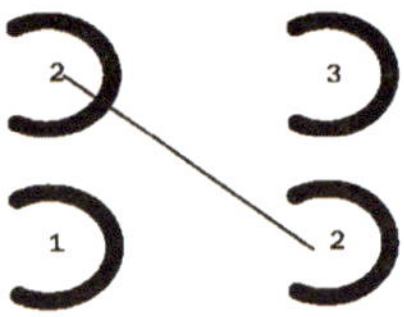


Fußfolge im Linksgalopp

Galoppiert ein Pferd auf der rechten Hand im Linksgalopp und auf der linken im Rechtsgalopp, nennt man das Außengalopp, →*Counter Canter*, der als fehlerhaft gilt, es sei denn, er wurde als Übung bewusst vom Pferd verlangt. Der Kreuzgalopp, →*Cross Firing* oder →*Disunited Canter,* ist immer fehlerhaft. Hierbei ist die Fußfolge des Galopps durcheinander geraten. Das Pferd geht hinten Links- und vorne Rechtsgalopp oder umgekehrt. Den Kreuzgalopp erkennt jeder Reiter sofort an seiner Umbequemlichkeit. Pferde, die im Viertakt galoppieren, erfüllen die Anforderungen an den Lope nicht. Dabei fußt das diagonale Beinpaar beim Vorgreifen nicht genau gleichzeitig auf, sondern gering zeitlich versetzt. So kommt es zum Viertakt. Die Bewegung der Pferde im Lope sollen völlig natürlich und losgelassen sein. Das Tempo sollte der natürlichen und weichen Bewegung des Pferdes angepasst sein.

**Lope In** – Hindernis der Disziplin →*Trail.* Der Reiter muss durch einen Stangengang hineingaloppieren und möglichst nah vor einer querliegenden Stange stoppen.

**Lope Over** – Hindernis der Disziplin →*Trail.* Der Reiter muss im →*Lope* über vier oder mehr am Boden liegende Stangen, →*Logs,* reiten. Ihr Abstand beträgt laut Regelbüchern der Verbände 1,80 m bis 2,10 m. Erhöhungen bis zu 20 cm sind bei manchen Veränden erlaubt. Berührt das Pferd die Stangen führt das zu Punktabzug.

**Loss of Rhythm** – Taktverlust. Ein Pferd, das taktrein geht, fußt mit gleichmäßig langen Schritten, Tritten oder Sprüngen auf. Der Schritt ist ein klarer Viertakt, der Trab ein Zweitakt und der Galopp ein Dreitakt. Wird diese Gleichmäßigkeit unterbrochen spricht man von einem Taktverlust. →*Walk,* →*Jog,* →*Lope.*

**Low Back Support** – Elastische, verstellbare Rückenstütze für den Reiter, die außerdem Rückenmuskulatur warm hält. Insbesondere →*Cutting*-Reiter, deren Rücken hohen Belastungen ausgesetzt ist, benutzen dieses Zubehör gern.

**Low Cantle** – Niedriges →*Cantle.* →*Saddle.*

**Lowered Heel** – Tiefer Absatz des Reiters. →*Seat.*

**Lower Tigh** – Unterschenkel des Reiters. →*Leg Aids.*

**Low Port Bit** – Kandare mit leicht gewölbten Mundstück und breitem, niedrigem →*Port* und daher wenig Zungenfreiheit. Je niedriger die Zungenfreiheit, umso größer der Druck auf die Zunge. →*Tongue Pressure,* →*Port.*

**Low Set Neck** – Tiefangesetzter Hals des Pferdes.

**Low Set Tail** – Tiefangesetzter Schweif des Pferdes.

# M

**Made to Measure** – Maßanfertigung. Hierbei kann es sich um Sättel, Chaps oder andere Ausrüstungsgegenstände handeln.

**Mailbox** – Wahlhindernis der Disziplin →*Trail.* Öffnen eines amerikanischen Briefkastens vom Pferd aus, um dort einen Gegenstand herauszunehmen oder hineinzulegen.

**Male** – Männlich.

**Mane Comp** – Mähnenkamm.

**Mane Hair** – Mähnenhaar.

**Mane Hair Mecate** – →*Mecate* aus Mähnenhaar.

**Mane Tamer** – Mähnenausrichter, meist aus Stoff, um vor einer Show die Mähne auszurichten bzw. in optimaler Position zu halten. Das Stoffteil wird über die Mähne gelegt und mit einem Klettverschluss am Hals befestigt.

**Maneuver** – Festgelegte Bewegungsabläufe. Elemente einer Disziplin z. B. in der →*Reining* die →*Stops* und →*Spins*.

**Marble** – Fellzeichnung bei den → Appaloosas.

**Mare** – Stute, weibliches Pferd.

**Mare Care** – Stutenunterbringung und ihre Versorgung während der Deckphase oder in der Zeit mit dem neugeborenen Fohlen.

**Marker** – Markierungspunkt in der Bahn. Dafür werden meistens Pylonen, manchmal auch Blumengestecke verwendet. Marker kennzeichnen in der →*Arena*, an welcher Stelle ein bestimmtes →*Maneuver* der Turnieraufgabe, →*Pattern*, ausgeführt werden soll. Sie dienen als Orientierungshilfe sowohl für den Reiter als auch für den Richter.

**Markings** – Abzeichen. Das sind angeborene oder erworbene unveränderliche Kennzeichen im Haarkleid eines Pferdes. Angeboren sind z. B. Weißfärbungen im Fell. Die Abzeichen werden je nach Westernzuchtverband teilweise unterschiedlich definiert. Zu den erworbenen Abzeichen gehören Narben ohne oder mit Pigmentstörungen, die zu weißen Abzeichen führen können.
Die Abbildungen auf der nächsten Seite zeigen die wichtigsten standardisierten Abzeichen am Kopf und an den Beinen.

**Martingale** – →*Western Martingale.*

**Massage Comb** – Nadelstriegel aus Plastik.

**Maturity** – Altersgebundener Wettbewerb nach dem Prinzip der →*Futurity,* jedoch für ältere Pferde, meistens fünf- und sechsjährige, differierend je nach Verband und Disziplin.

**Maturity Champion** – Titel nationaler Zuchtverbände für das beste ältere Pferd, meist fünf- und sechsjährig, jeder Disziplin. Der Titel wird nur einmal jährlich vergeben. →*Maturity.*

**McClellan Saddle** – Kavalleriesattel, der 1859 von General McClellan entwickelt und nach ihm benannt wurde. Dieser legendäre Kavalleriesattel wird heute in verschiedenen Ausführungen auch als Wanderreitsattel verkauft.

## Markings am Pferdekopf

spot
Flocke

star
Stern

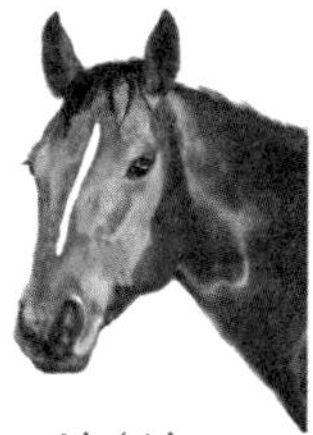

strip/stripe
schmale Blesse

blaze
breite Blesse

race
unregelmäßige Blesse

snip
Schnippe

star and strip
Stern und Blesse

bald, large blaze
Laterne

## Markings am Pferdebein

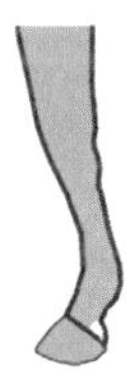

heel
weißer Ballen

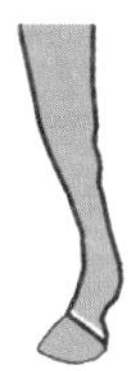

coronet
weiße Krone

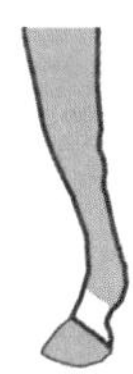

half pastern
halbweiße Fessel

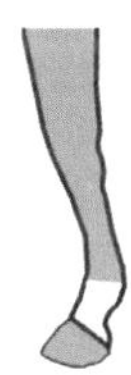

pastern
weiße Fessel

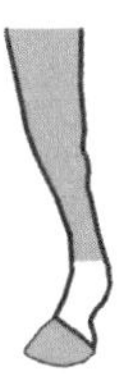

ankle
hochweiße Fessel

half stocking/socks
halbweißer Fuß

stocking
weißer Fuß

high stocking
hochweißer Fuß

Der McClellan Sattel besteht aus zwei lederbezogenen Trachten, die durchgehend in der Mitte offen sind. Der Sattel ist sehr leicht, allerdings im Westernturnier-sport insbesondere wegen seines fehlenden Sattelhorns nicht zugelassen.

**Measuring Vessel** – Meßbecher, z. B. zum Abmessen von Futterrationen.

**Mecate** – Auch →*Hair Rope* genannt. Als Mecate wird ein ca. 7 m langes und meist 12 bis 15 mm dickes Seil aus Pferdehaar bezeichnet. Sie wird oberhalb des →*Heel Knots* am →*Bosal* mit einem Knoten zum →*Hackamore* Zügel und Führseil geknotet. Das ist schwierig und will geübt sein.

**Steve Guitron, der bekannte Hersteller für kalifornische Zäumungen**

Das Ende des Führseils, das immer links aus dem Mecate-Knoten herauskommt, wird auf 30 cm Durchmesser aufgerollt und vorne unterhalb der →*Swells* mit Sattelschnüren befestigt. Durch die individuelle Knüpfung der Mecate kann die Zügellänge immer der Größe des Pferdes angepasst werden. Das Pferdehaar der Mecate fühlt sich am Hals des Pferdes stachelig an. Es weicht daher der Berührung aus und lernt so das →*Neck Reining*, die typische einhändige Zügelführung des Westernreitens für ältere Pferde. Zu bevorzugen sind Mecates aus Mähnenhaar, die gegenüber einer aus Schweifhaar wesentlich weicher sind, allerdings auch erheblich teurer. Es gibt auch Mecates aus anderem Material wie die →*Poly-Mecate*.

**Mecate-Knoten**

**Mecate Reins** – Zügel der →*Mecate.*

**Mechanical Hackamore** – Mechanische Hackamore. Gebisslose Zäumung, die auch als Hackamore Bit bezeichnet wird, obwohl sie gar kein Gebissstück hat. Sie wirkt über Hebelarme und Kinnkette. Pferdenase und Unterkiefer werden in dieser Zäumung zusammengequetscht. Es handelt sich um eine sehr scharfe Zäumung, bei der die Kraftübertragung der Zügelhand durch die Hebelwirkung vervielfacht wird.

Bereits bei leichtem Annehmen des Zügels wirkt sie mit dem zum Teil nur aus einer ummantelten Metallkette bestehenden Nasenstück auf das empfindliche Nasen- und Kinnbein des Pferdes ein und übt durch die Kinnkette Druck auf das Kinn aus. Bei der →*EWU* ist diese Zäumung verboten, bei den amerikanischen Verbänden jedoch in Renndisziplinen und beim →*Roping* erlaubt. Ist im Westernreitsport von einer Hackamore die Rede, ist damit die klassische →*Hackamore* gemeint.

**Medical Service** – Sanitätsdienst.

**Medium Port Bit** – →*Bit* dessen Mundstück einen mittelhohen →*Port* oder mittelgroße Zungenfreiheit hat. Ein Medium Port Bit übt, wenn es gut angepasst ist, gleichmäßigen Druck auf Zunge und Laden aus. →*Tongue Pressure,* →*Port.*

**Mellowing Bits** – Gebisse mit einem Gummimundstück. Sie sind im Westernturniersport nicht erlaubt.

**Membership** – Mitgliedschaft.

**Membership Suspension** – Verbandsausschluss. Ein Verbandausschluss kann z. B. bei groben Verstößen gegen das Regelbuch der Verbände erfolgen. Er kann vorübergehend oder dauerhaft sein. Ein Verbandsausschluss bei den amerikanischen Zuchtverbänden kann z. B. beinhalten, dass der Ausgeschlossene kein Pferd mehr auf seinen Namen eintragen lassen kann.

**Mental Qualities** – Innere Werte. →*Disposition.*

**Million Dollar Sire** – Ein Hengst, dessen Nachkommen mehr als eine Million Dollar erritten haben. →*NRHA* Six Million Dollar Sires sind: "Topsail Whiz" (2009) und "Hollywood Dun it" (2010).

Hollywood Dun it

**Mink Oil** – Nerzöl. Mink Oil wird gerne zu Lederpflege verwendet, da es das Leder besonders geschmeidig macht.

**Minimum Requirement** – Mindestanforderung.

**Moment of Suspension** – Schwebephase. Der Moment in der Bewegung des Pferdes, in dem kein Huf den Boden berührt. →*Lope,* →*Trot.*

**Mona Lisa Bit** – →*Bit* ohne →*Roller*, dessen →*Port* mit einer Kappe, →*Hood*, abgedeckt ist. Das Bit wurde nach dem außergewöhnlichen Pferd des Erfinders benannt.

**Money Earner** – Ein Pferd, das Preisgeld gewonnen hat. Einige Verbände wie die →*NCHA* und die →*NRHA* erstellen nach dem Vorbild der →*High Point* Liste eine Jahresbestenliste nach der Gewinnsumme.

**Most Colorful** – →*Halter-Prüfung* des →*ApHC,* in der die vorgeführten Tiere zu 60% nach ihrer Farbe und zu 40% nach ihrem Exterieur beurteilt werden.

**Mostly White** – Überwiegend weiß. Fellzeichnung beim →*Paint* und →*Pinto.*

**Motionless Standstill** – Bewegungsloses Halten, wie es beim →*Hesitate* verlangt wird.

**Mottled Skin** – Bezeichnung für die marmorierte Haut um die Weichteile beim →*Appaloosa.*

**Mountain Saddle** – Westernsattel mit extrem tiefen Sitz zum Reiten im Gebirge.

**Mounted Shooting** – Ab 2011 anerkannte Zeitprüfung der →*AQHA*, bei der Luftballons während des Rittes abgeschossen werden müssen. Nach einem fliegenden Start schießt der Reiter leere mit Schwarzpulver gefüllte Patronen mit einem 45er Revolver auf Luftballons ab. Es handelt sich dabei um Reproduktionen von Single Action Revolvern, die vor 1898 gebaut wurden und bei denen nach jedem Schuss der Hahn neu gespannt werden muss.

Die Kleidung für diese Disziplin kann moderne Westernkleidung sein, aber auch traditioneller Look ist erlaubt. So sieht man in den USA, wo dieser Sport in der Cowboy Mounted Shooting Association schon seit längerem betrieben wird und sich großer Beliebtheit erfreut, Frauen in langen Röcken auf den Pferden.

**Mounting** – Aufsitzen, Aufsteigen. Ein gut ausgebildetes Westernpferd bleibt beim Aufsteigen am durchhängenden Zügel ruhig stehen. Es ist nicht vorgeschrieben, von welcher Seite man aufsteigt.

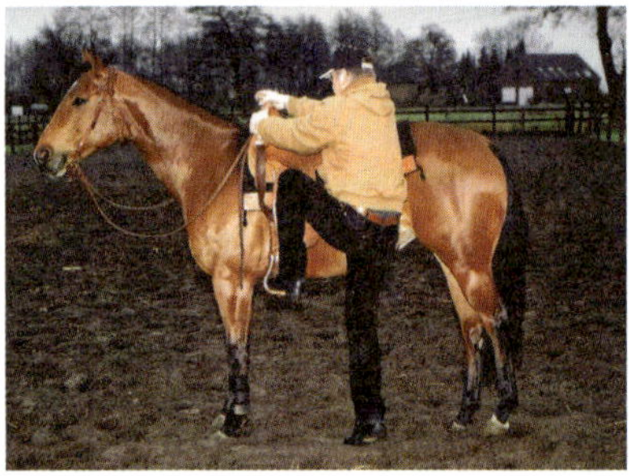

Dem Pferd zugewandt mit Blick zum Pferdekopf wird beim Aufsteigen von links, der linke Fuß mit der Fußspitze in Richtung Pferdekopf in den Bügel gesetzt. In dieser Position ist der Reiter in der Lage, Reaktionen des Pferdes frühzeitig zu erkennen und zu reagieren. Die bereits nach vorne zeigende Fußspitze kann sich beim Aufsteigen nicht in die Seite des Pferdes bohren und es so veranlassen, loszugehen. Der Reiter fasst mit der linken Hand die Zügel und mit der rechten das Horn, um sich, falls sich das Pferd bewegt, blitzschnell in den Sattel ziehen zu können. Der rechte, auf dem Boden stehende Fuß unterstützt das Hochziehen am Sattel durch Abfedern vom Boden. Diese Variante wird als korrektes Aufsteigen bezeichnet. Viele Reiter bevorzugen die bequemere Variante, bei der mit der linken Hand Horn und

Zügel und mit der rechten Hand das Cantle umfasst wird, um sich besser hochziehen zu können. Der rechte auf dem Boden stehende Fuß unterstützt das Hochziehen durch Abfedern vom Boden. Kurz vor dem Überschwingen des rechten Beines wird die rechte Hand ebenfalls vorne an das Horn genommen.

**Mouth Piece** – Mundstück des Gebisses. →*Bit.*

**Mouth Shutter** – Sperrhalfter. Es soll verhindern, dass sich das Pferd durch Aufreißen des Maules der Wirkung des Gebisses entzieht. Im Westernturniersport ist ein Mouth Shutter nur auf dem Abreiteplatz erlaubt. →*Nose Band.*

**Move-Off** – Anreiten aus dem Halten.

**Move on the Forehand** – Auf der Vorhand gehen. Dabei wird das Hauptgewicht des Pferdes von der Vorhand getragen. Durch Ausbildung lernt ein Pferd mit der Hinterhand vermehrt unterzutreten und Gewicht aufzunehmen, so dass es nicht mehr den Großteil des Gewichtes auf der Vorhand trägt. Pferde, die auf der Vorhand gehen, belasten damit übermäßig die Vorderbeine und zeigen dann häufig frühzeitige Verschleißerscheinungen im Vorhandbereich.

**Mullen Mouth Bit** – Kandare mit leicht gebogenem Mundstück und niedriger Zungenfreiheit. Dieses Gebiss ist z. B. für Pferde mit einer dünnen Zunge geeignet, da sonst ein hoher Zungendruck entsteht. →*Tongue Pressure.*

**Multi-Judge Show** – Ein Turnier, auf dem zwei oder mehrere Richter unabhängig voneinander richten. D. h. der Reiter reitet einmal, erhält aber zwei oder mehr verschiedene Bewertungen. →*Double Pointed Show.*

**Mustang** – Mustang. Abgeleitet von dem spanischen Wort „mesteño", was soviel wie "wild, verwildert" bedeutet. Mustangs sind Abkömmlinge der Pferde der spanischen Eroberer auf dem nordamerikanischen Kontinent. Bei dem Indianeraufstand 1680 in New Mexico kamen die riesigen Pferdeherden der Spanier frei und verwilderten.

In den nächsten 200 bis 300 Jahren vermehrten sich diese Pferde aufgrund der idealen Lebensbedingungen auf der Praerie so stark, dass Zehntausende von ihnen den nordamerikanischen Kontinent bevölkerten. Für die nomadisierenden Indianerstämme waren diese Herden ein unerschöpflicher Pool von Reit- und Tragetieren. Auch heute gibt es noch Regionen, in denen diese Pferde wild in Herdenverbänden leben. Sie wurden bis 1971 wahllos bejagt Seitdem werden sie durch ein Gesetz geschützt.

**Muzzle** – Maul. →*Conformation.*

# N

**Nail** – Nagel, Hufnagel.

**Narrow at the Hocks** – Bodeneng. Wenn die Pferdebeine, von vorne oder hinten betrachtet, unten am Boden enger zusammenstehen, als sie oben am Rumpf angesetzt sind. Pferde, deren Vorderbeine bodeneng stehen, neigen zu häufigem Stolpern. Tritt diese Stellung an der Hinterhand auf, ist ein schwankender Gang mit schwerfälligen Gangbewegungen der Hinterhand die Folge. Ein früher Verschleiß der Hinterhand ist bei dieser Fehlstellung möglich.

**National Cowboy and Western Heritage Museum** – Das bekannte Museum, das 2005 seinen 50. Geburtstag feierte, befindet sich in Oklahoma City. Mehr als 10 Millionen Besucher haben bereits die einzigartigen Schätze des Museums bewundert und die faszinierende Reise in die Tage des alten Westens angetreten.

Blickfang der großzügigen Eingangshalle ist Earle Fraser's berühmteste Statue "End of the Trail" (1915). Das Museum beinhaltet mehrere Galerien, die sich u. a. Themenbereichen wie Kavallerie, Indianern, →*Rodeo*, Handfeuerwaffen und legendären Westernschauspielern widmen. Einzigartig ist auch die "American Cowboy Gallery", ein Tribut an die wahren Helden des Westens.

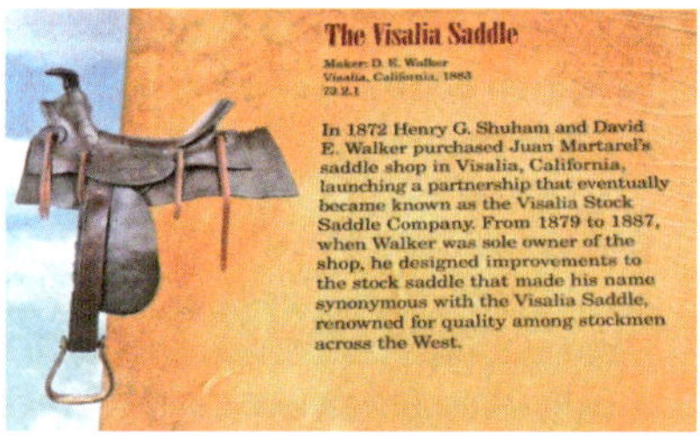


Geschichte und Kultur der Cowboys von den spanischen Kolonialzeiten bis ins 20. Jahrhundert, sowie die Entwicklung der Ranches in den USA wird beleuchtet. Diese Sammlung enthält u. a. Westernsättel aus allen Epochen mit ausführlichen Erklärungen ebenso wie Zaumzeuge, →*Branding* und die Entwicklung des Stacheldrahtes. Eine kleine, feine Ausstellung des Meisters der Rohhautverarbeitung, Luis Ortega, ist hier ebenfalls zu finden. In der "Art of the American West Gallery" sind Bilder und Skulpturen der bekanntesten Western Art Künstler wie Russell, Remington und Bierstadt und vielen anderen vertreten. Kein Oklahoma-Besucher mit Interesse an der Entwicklung des Westens sollte einen Besuch dieses Museums, das noch wesentlich viel mehr zu bieten hat, verpassen.

**National Cutting Horse Association** – NCHA. Verband der ausschließlich Cutting-Wettbewerbe durchführt. Die NCHA wurde am 1. Mai 1946 von einer Gruppe Cowboys und Ranchern gegründet. Schon vier Monate später konnte die erste anerkannte →*Cutting Show* in Dublin/Texas stattfinden. Bereits 1955 fanden ca. 300 Cutting-Turniere statt. Heute sind es mehr als 2.400 Shows im Jahr mit einem Gesamtpreisgeld von 45 Millionen $. Es gibt 11 anerkannte Klassen, die in →*Horse Classes* und die →*Rider Classes* unterteilt sind. Alle Prüfungen werden nach dem offiziellen Regelbuch der NCHA gerichtet, deren Prüfungsregeln von vielen anderen Verbänden für die Disziplin Cutting übernommen wurden.

**National Cutting Horse Association Germany** – NCHA of Germany. Deutscher Anschlussverband der NCHA. Die National Cutting Horse Association of Germany wurde 1980 gegründet. Anfang 2010 lag die Mitgliederzahl bei 211 Mitgliedern.

**National Reined Cow Horse Association** – NRCHA. Verband, dessen Geschichte vor mehr als 200 Jahren begann, als die Spanier ihre Rinderherden von Mexico nach Kalifornien brachten. Die kalifornischen →*Vaqueros* entwickelten seit der Zeit der Konquistadoren Ausrüstung, Reitstil und Trainingsmethoden für Pferde so, dass das kalifornische →*Reined Cowhorse* zu einem verlässlichen Partner der Vaqueros bzw. Cowboys wurde. Das Training der Vaqueros basierte auf dem Training der spanischen leichten Kavallerie, von dem gesagt wurde, es sei das Beste auf der ganzen Welt. Im frühen 20. Jahrhundert wurde aus dem Reined Cowhorse, das früher aus dem Ranchbetrieb nicht wegzudenkenden war, durch Modernisierung der Ranches ein Luxustier. Nach der Weltwirtschaftskrise und dem zweiten Weltkrieg beschäftigten sich einige Leute mit der Geschichte und dem Pferdetraining der Vergangenheit. Am 9. September 1949 trafen sich 42 engagierte Männer und Frauen in Gilroy/Kalifornien, die das Reined Cow Horse davor retten wollten, eine Fußnote in der Geschichte des Westens zu werden. Die California Reined Cow Horse Association wurde gegründet und später in National Reined Cow Horse Association umbenannt, da sich in allen Staaten der USA Liebhaber dieser traditionellen Reitweise fanden, die inzwischen auf teilweise hochdotierten Shows ihr Können demonstrierten. Die NRCHA hat es sich zur Aufgabe gemacht, die alten Trainingsmethoden zu bewahren und zum Standard innerhalb der Association zu machen. Das bedeutet, das junge Pferd wird mit der Wassertrense angeritten. Nach einem Jahr mit der Wassertrense folgt die Umstellung auf eine →*Hackamore*. Nach mindestens einem weiteren Jahr wird mit Hackamore und →*Bit* und später im Bit mit →*Romal Reins* geritten. Schließlich, wenn die Umstellung erfolgreich abgeschlossen ist, folgt die letzte Phase im Trainingsplan des Reined Cowhorse, es wird nur noch im Bit geritten.

**National Reining Horse Association** – NRHA. Verband, der seinen Sitz in Oklahoma City hat und ausschließlich →*Reining*-Prüfungen durchführt. Einer der Veranstaltungshöhepunkte ist die jedes Jahr Anfang Dezember in Oklahoma City stattfindende →*Futurity*.

**National Reining Horse Association Germany** – NRHA Germany. Deutscher Anschlussverband der NRHA. Er wurde im Februar 1987 auf der "Jomm Ranch" in Großwalstedt gegründet. Ziel des Vereins ist es, den Reining-Sport und die Zucht von Reining-Pferden zu fördern. 1988 wurden in Verbindung mit →*AQHA*- und →*EWU*-Turnieren die ersten NRHA-Klassen angeboten. Bei der NRHA sind Pferde aller Rassen zugelassen. Inzwischen veranstaltet die NRHA ca. 10 große Turniere im Jahr, bei denen es neben der →*Bronce Trophy* um hohe Preisgelder geht.

**National Snaffle Bit Association** – NSBA. Pleasure- und Hunter-Under-Saddle-Enthusiasten gründeten diesen Verband 1983 in den USA. Die NSBA ist offen für die drei Westernpferderassen →*Quarter Horse*, →*Paint Horse* und →*Appaloosa*. In der NSBA wurden früher ausschließlich die Prüfungen →*Western Pleasure* und →*Hunter under Saddle*, in allen Altersklassen der Pferde geritten. D. h. die Pferde wurden in der Western Pleasure dem Alter entsprechend im →*Snaffle Bit*, der →*Hackamore* und im →*Bit* vorgestellt, anders als der Name des Verbandes es vermuten lassen könnte. Zum Programm der NSBA gehören auch →*Longe Line Classes*. Inzwischen wurden die Disziplinen um →*Trail* und →*Western Riding* erweitert.

**National Snaffle Bit Association Germany** – Sie wurde 1997 gegründet. Die NSBA Germany ist Anschlussverband der NSBA in den USA. Die Prüfungen entsprechen denen des amerikanischen Verbandes.

**Natural** – Bezeichnung für ein hochtalentiertes Pferd.

**Natural Position** – Natürliche Selbsthaltung. Die Haltung, die das Pferd freiwillig von sich aus einnehmen würde.

**Natural Striving** – Natürlicher Vorwärtsdrang des Pferdes.

**Navajo Blanket** – Navajo-Decke. Satteldecke mit indianischen Mustern, die ursprünglich aus Wolle gewebt und von den Navajo-Indianern hergestellt wurde. Die heutigen im gleichen Stil angefertigten Navajo-Satteldecken werden in der Regel maschinell und aus diversen Materialien hergestellt. Eine Navajo-Decke muss immer zusammen mit einem anderen →*Pad* verwendet werden, da sie als alleinige Sattelunterlage zu dünn ist. Die Original Navajo-Decken sind heute sehr teuer, so dass man sie meist als Wandbehänge, denn als Satteldecke verwendet.

**Navicular Disease** – Hufrollenentzündung. Als Hufrolle bezeichnet man die Funktionseinheit von Strahlbein, der tiefen Beugesehne, die über das Strahlbein verläuft, bevor sie am Hufbein ansetzt, und dem dazwischenliegenden Hufrollenschleimbeutel, einem Polsterorgan zwischen Strahlbein und Sehne. Bei einer Hufrollenentzündung sind einzelne Teile dieses Organs oder die ganze Hufrollenapparat erkrankt. Veränderungen und Schäden am Sehnenapparat um das Strahlbein verursachen Entzündungen, die Schmerzen und Lahmheit nach sich ziehen. Die Hufrollenentzündung oder Strahlbeinlahmheit kann bei Pferden jeden Alters auftreten. Tritt sie bei jüngeren Pferden auf, kann es sich auch um erbliche Veranlagung handeln. Auf dem Röntgenbild kann man höchstens Veränderungen am Knochen, also am Strahlbein sehen. Hufrollenentzündung, die meist an beiden Vorderbeinen auftritt, wenn auch mit unterschiedlicher Intensität, kann durch ständige Überbelastung der Vorderhand, zu frühe Beanspruchung des Pferdes, aber auch durch fehlerhaften Beschlag und falsches Beschneiden der Hufe entstehen. Pferde mit Hufrollenentzündung fallen zuerst häufig durch einen kurzen, klammen Gang auf, der sich in Wendungen zu kurzfristiger Lahmheit verstärken kann, die nach wenigen Minuten wieder verschwindet. Die beschwerdefreien Zeiträume werden im Krankheitsverlauf immer kürzen, bis eine anhaltende leichte Lahmheit eintritt. Eine Heilung für eine Hufrollenentzündung gibt es nicht.

**NCHA** – →*National Cutting Horse Association.*

**NCHA-Futurity** – Hochdotierter Wettkampf der NCHA für dreijährige Pferde, die vorher noch nicht „geshowt" wurden, d. h. noch an keiner Prüfung teilgenommen haben. Die Futurity findet jährlich in Fort Worth/Texas statt, unterteilt in →*Open* und →*Non-Pro-Classes.*

**Near Side** – Linke Seite des Pferdes, von der der Reiter gewöhnlich aufsteigt.

**Neck Rein** – Äußerer Zügel, indirekter Zügel. →*Neck Reining.*

**Neck Reining** – Einhändige Zügelführung, bei der das Pferd dem an den Hals gelegten Zügel weicht. Das Pferd wird nicht mehr durch direkte Zügeleinwirkung mit dem inneren Zügel am Maul zur Richtungsänderung aufgefordert, sondern durch Anlegen des gegenüberliegenden äußeren Zügels am Hals, dem das Pferd in die entgegengesetzte Richtung weicht. Soll sich das Pferd z. B. nach rechts bewegen, legt der Reiter den linken Zügel an den Hals des Pferdes. Allerdings ist für eine korrekte Ausführung ein Zusammenspiel aller Hilfen erforderlich, das "Lenken" erfolgt nicht allein durch die Zügelhilfen. Neck Reining bedarf eines sorgfältigen Trainings.

Das Reiten mit Kandare und einhändiger Zügelführung sollte fortgeschrittenen Reitern überlassen bleiben, da hierfür sensible Hände und viel Übung in der Zügelführung erforderlich sind. Bei →*Split Reins* wird die zügelführende Hand so vor dem Körper getragen, dass beide Schultern auf gleicher Höhe sind. Die Hand weist in Richtung Pferdemaul, der Zeigefinger darf sich zwischen den beiden Zügeln befinden. Beide Zügelenden hängen auf der Seite der zügelführenden Hand herunter. Die Hand wird so vor dem Körper getragen, dass beide Schultern auf gleicher Höhe bleiben.

Bei den →*Romal Reins*, den kalifornischen Zügeln, hält die zügelführende Hand den Zügel unterhalb des Knotens wie einen Blumenstrauß, die freie Hand hält das Romal in einer Mindestentfernung von 40 cm zur zügelführenden Hand.

**Neck** – Hals. →*Conformation.*

**Neck Rope** – Halsseil. Zweites loses Rope. In manchen →*Roping*-Disziplinen wird das Neck Rope, durch das das eigentliche, am Sattelhorn befestigte Rope hindurchläuft, verlangt. Es soll Rind und Reiter vor Verletzungen schützen

Das Rope läuft durch das Neck Rope am Hals des Pferdes

**Neck Sweat** – Abschwitzhülle für den Hals.

**Net Rug** – Fliegendecke. Großmaschige Pferdedecke, die verhindern soll, dass sich Fliegen und andere Insekten direkt auf den Pferdekörper setzen können. →*Sheet.*

**Nez Percé Stake Race** – Bei diesem Rennen reiten zwei Reiter gleichzeitig einen parallel zueinander stehenden →*Pole Bending* Parcours. Der Sieger des jeweils reitenden Paares kommt eine Runde weiter, bis der Gesamtsieger ermittelt ist.

**No Marking** – Kein Abzeichen. Das Pferd zeigt keinerlei Weiß an seinem Körper. →*Markings.*

**Nomination** – Nennung für ein Turnier.

**Nomination Blanket** – Nennungsformular. Um an einem Turnier teilnehmen zu können, muss der Teilnehmer ein Nennungsformular ausfüllen. Jeder Verband hat seine eigenen Nennungsformulare und Vorschriften, welche Papiere dem Nennungsformular zur Anmeldung beigefügt werden müssen.

**Nomination Fee** – Startgebühr. →*Starting Fee.*

**Non Breeding Mare** – Zuchtuntaugliche oder sterilisierte Stute.

**Non Breeding Stock** – Als Non Breeding Stock können bei der →*AQHA* auch Wallache, sterilisierte Stuten und Stuten mit unzulässig viel Weiß, eingetragen werden, wenn deren Eigentümer eine Eintragung wünschen. Mit Non-Breeding-Stuten darf nicht gezüchtet werden und Fohlen aus solchen Stuten sind nicht registrationsberechtigt.

**Non-Member** – Nichtmitglied. Nichtmitglieder der Verbände bezahlen in der Regel für Dienstleistungen höhere Gebühren als Mitglieder, dazu gehört auch die Eintragung eines Pferdes.

**Non Pro** – Abkürzung für →*Non Professional.*

**Non Pro Class** – Amateurklasse. →*Amateur,* →*Non Professional* →*Class.*

**Non Professional** – Nichtprofessioneller, →*Amateur*. Bezeichnung für einen Reiter, der aus Liebhaberei und nicht berufsmäßig zur Gewinnerzielung reitet.

**Nose Bag** – Futtersack aus Sackleinen, weichem Leder oder gummiertem Segeltuch, das dem Pferd mit Futter gefüllt über den Kopf gehängt wird.

**Nose Band** – Nasenriemen, Sperrhalfter. Das Nose Band kann aus Leder, Kunststoff oder auch dem Material eines →*Ropes* sein. Es soll verhindern, dass das Pferd das Maul aufsperrt. Sachgemäß verschnallt, sollte der Nasenriemen locker oberhalb der Zäumung angelegt werden. Das Pferd soll ihn erst spüren, wenn es das Maul aufsperrt. Nose Bands sind auf dem Abreiteplatz erlaubt, wenn sie aus einem mindestens 1 cm breiten Leder- oder Nylonriemen bestehen. →*Mouth Shutter.*

**Nose-Line** – Nasenrücken. →*Conformation.*

**Nostrils** – Nüstern. →*Conformation.*

**Novice** – Einsteiger, Anfänger. Novice kann sich auf das Pferd oder auf den Reiter beziehen. → *Novice Class,* →*Novice Horse,* →*Novice Rider.*

**Novice Class** – Einsteigerklasse der Westernzuchtverbände für Reiter, die eine bestimmte Punktzahl noch nicht überschritten haben. Punkte, die in dieser Klasse erworben wurden, zählen nur für den Reiter, nicht für das Pferd. In dieser Klasse dürfen Amateure und Jugendliche auf Antrag auch fremde Pferde vorstellen z. B. auch solche, die geleast sind. →*Leasing.*

**Novice Horse** – Pferd, das eine bestimmte Punktzahl oder eine bestimmte Gewinnsumme noch nicht erreicht hat.

**Novice Horse Non Pro** – Amateurklasse, in der nur Pferde startberechtigt sind, die auf ihren Verbandsturnieren eine bestimmte Gewinnsumme noch nicht überschritten haben.

**Novice Horse Open** – Klasse für Profis und Amateure, deren Pferd eine bestimmte Gewinnsumme nicht überschritten hat.

**NRCHA** – →*National Reined Cow Horse Association.*

**Novice Rider** – Reiter, der eine bestimmte Punktzahl oder Gewinnsumme noch nicht überschritten hat.

**NRHA** – →*National Reining Horse Association.*

**NRHA-Futurity** – Hochdotierter Wettbewerb für dreijährige →*Reining* Pferde, der jedes Jahr Anfang Dezember in Oklahoma City stattfindet. Das Preisgeld lag 2009 bei zwei Millionen Dollar.

**NRHA Stallion Service Programm** – Programm zur Förderung der Zucht und Vermarktung von →*Reining* Pferden, in das jeder Hengsthalter seinen Hengst einbezahlen kann. Die Nachzucht der einbezahlten Hengste ist dann drei- und vierjährig in der *NRHA* →*Breeders* →*Futurity* und fünf- und sechsjährig im NRHA Breeders Derby startberechtigt. Das Preisgeld bei der Breeders Futurity lag 2010 bei ca. 140.000 €, beim Breeders Derby bei ca. 60.000 €.

**NRHA Super Stakes** – Jährlicher Wettbewerb der →*National Reining Horse Association* für die Nachkommen nominierter Hengste Er findet jeden Sommer in Columbus/Ohio statt.

**NSBA** – →*National Snaffle Bit Association.*

**Number Pin** – Spezielle Nadeln, mit denen Startnummern beim Turnier an Blusen, Jacken oder auch →*Pads* befestigt werden können.

# O

**Obedience** – Gehorsam.

**Objection** – Einspruch.

**Obstacle** – Hindernis. →*Trail*, →*Gate*, →*Back Through*, →*Lope Over*, →*Jog Over*, →*Walk Over*, →*Side Pass*, →*Lime Circle*, →*Square*, →*Bridge*, →*Jump*, →*Serpentine Obstacle*, →*Keyhole*, →*Mailbox*, →*Slicker*, →*Drag or Pull*, →*Ground Tying*, →*Carry Object*, →*Water Ditch*, →*Simulated Water*, →*Teeter Totter*.

**Off-Billet** – Gurtungsriemen des Westernsattels für die rechte Seite des Pferdes. Er wird doppelt gefaltet in den der Bauchgurt eingeschnallt. Der Off-Billet sollte ebenso wie sein Gegenstück für die linke Seite, der →*Tie Strap*, aus gutem Material sein, idealerweise aus gutem Leder. →*Billet*.

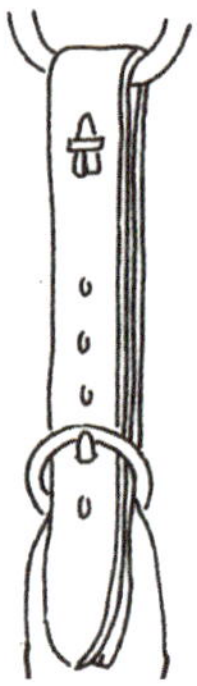

**Off Pattern** – →*Out Off Pattern*.

**Offset** – Bezeichnung für eine Vierteldrehung auf der Hinterhand.

**Offside** – Bezeichnung für die rechte Seite des Pferdes in Richtung Pferdekopf gesehen. Sie wurde auch Indianerseite genannt, da man behauptete, Indianer wären grundsätzlich von dieser Seite aufgestiegen.

**Offspring** – Nachzucht.

**Ok-Spur** – Ein um 1872 eingeführter Sporen mit 16 stumpf abgeschliffenen Zacken am Sporenrad. Dieser Zackenschliff und die Vielzahl der Zacken sollte die Verletzungsgefahr der Pferde beim Einsatz von Sporen verringern. →*Spurs*.

**Old Sorrel** – Old Sorrel war der Gründungshengst der King Ranch in Texas. Er war der Großvater von →*Peppy* und →*Wimpy*.

**Oldtimer** – Sattel älterer Bauart, d. h. eine Antiquität oder auch ein neu gebauter Sattel, der deutliche Merkmale des traditionellen kalifornischen Sattels zeigt. Dieser hat meist eine runde Auflage, ein übergangslos hochgezogenes, hohes →*Cantle* und eine →*A-Fork*. Das Horn ist meist lederumwickelt, wie beim →*Roping Saddle*. Der Oldtimer hat eine →*Conventional Rigging* und ursprünglich nur einen Bauchgurt. Heute ist er jedoch meist zusätzlich mit einem hinteren Bauchgurt ausgestattet. In der Regel hat der Oldtimer eine Glattledersitzfläche.

Oldtimer Sattel

**One Ear Headstall/Bridle** – Einohrkopfstück. Ein Kopfstück ohne Stirnriemen, das stattdessen eine Ohrschlaufe hat, die über das Ohr des Pferdes gelegt wird, um das Kopfstück in Position zu halten. Ein Einohrzaum ist die Zäumung mit dem wenigsten Leder am Kopf des Pferdes. Die Idee entstammt vermutlich dem Erfindungsreichtum eines Cowboys, dem das Kopfstück gerissen war und der seinen Gürtel als Ersatz benutzte. Er schnitt einen Schlitz in den Gürtel, um das Pferdeohr hindurchzustecken. →*Split Ear Headstall,* →*Slide Ear Headstall,* →*Headstall.*

**One-Horse-Trailer** – Pferdeanhänger für ein Pferd.

**One-Sided Obliqueness** – Einseitige Steifheit.

**On the Tree Rigging** – →*Conventional Rigging.*

**Open Class** – Offene Klasse, offener Wettbewerb. Das kann bedeuten, dass alle Profis in dieser Klasse starten müssen und Amateure oder Jugendliche, je nach Verbandsregeln, hier starten dürfen. Oder dass der Wettbewerb für Pferde aller Rassen offen ist. Die German Open z. B. ist offen für Reiter aus anderen Ländern allerdings ohne den Titel Deutscher Meister erringen zu können. →*Class.*

**Optional Equipment** – Zusätzliche Ausrüstung. Sie ist im Turniersport nicht vorgeschrieben, aber erlaubt, ohne dass der Reiter disqualifiziert wird.

**Organizing Committee** – Turnierleitung. →*Show Manager.*

**O-Ring-Snaffle** – Wassertrense, deren Gebissringe kreisrund sind. Der Durchmesser dieser Ringe darf im Turniersport 10 cm nicht überschreiten.

**Ostrich** – Straußenleder. Sowohl Gürtel als auch Westernstiefel werden teilweise aus Straußenleder hergestellt. Gegenstände aus diesem Material sind relativ teuer, jedoch in den USA recht beliebt.

**Outdoor Arena** – Außenreitplatz. →*Arena.*

**Outfit** – Bekleidung, Ausrüstung. →*Hat,* →*Chaps,* →*Boots,* →*Belt,* →*Buckle,* →*Bandaña,* →*Jeans,* →*Pants,* →*Shirt,* →*Tuxedo Shirt,* →*Duster,* →*Slicker,* →*Scarf Pin,* →*Turtleneck Slinky.*

**Out of Pattern** – Bezeichnet die Nichterfüllung einer →*Pattern,* was je nach Regelbuch eine Disqualifikation oder No →*Score* (0 Punkte) bedeutet.

**Out of Position** – Das Pferd ist nicht so gestellt und gebogen, wie es ein entsprechender Bewegungsablauf erfordert.

**Outside Rein** – Äußerer Zügel.

**Outstanding** – Außergewöhnlich, herausragend.

**Over-Bent** – →*Overflexing.*

**Overbridled** – →*Overflexing.*

**Overflexing** – Überbiegen. Hinter dem Zügel gehen, hinter dem Gebiss gehen. Das Pferd nimmt die Nase hinter die Senkrechte und rollt sich auf, um so dem Druck des Gebisses auszuweichen. Das Genick des Pferdes liegt dann tiefer als der erste Halswirbel, was unkorrekt ist. Häufig zu sehen bei unsachgemäßen Einsatz von Kandaren oder Schlaufzü geln. →*Behind the Bridle.*

**Overlay** – Auflage. Nicht alle Silberverzierungen sind aus echtem Silber. Häufig haben sie nur ein Silver Overlay, sind versilbert.

**Overo** – Fellzeichnungsmuster eines →*Paint Horses* oder auch →*Pinto.* Der Overo hat ein überwiegend weißes Gesicht, häufig mit laternenförmigen Abzeichen, manchmal mit ganz weißem Kopf. Die Fellzeichnung ist unregelmäßig und die weißen Abzeichen gehen von unten bzw. von der Seite aus und

Overo

kreuzen nur selten die Rückenlinie. Die Beine, der Schweif und die Mähne des Overos sind meist dunkel. Häufig treten auch →*Blue Eyes*, Glas- oder Fischaugen auf. Blue Eyes können bei einfarbigen Tieren auf die vorhandene genetische Overo-Anlage hindeuten. Overos vererben sich rezessiv und treten daher nicht so häufig auf. →*Crop-Outs* sind immer Overos.

**Overspinning** – Überdrehen beim →Spin in der Disziplin →*Reining*. D. h. die letzte Drehung hatte mehr als 360°.

Bis 90° überdrehen liegt innerhalb der Toleranzgrenze, für die der Reiter lediglich Punktabzug erhält. Bei mehr als 90° erhält der Reiter →*No Score*, 0 Punkte. Durch die hohe Geschwindigkeit bei den Spins ist es sehr schwierig, genau auf den Punkt zu stoppen.

**Overstrain** – Überforderung →*Psychological Overstrain*, →*Physiological Overstrain*.

**Owner** – Besitzer. Bei den amerikanischen Zuchtverbänden die Person, die als letztes auf dem →*Certificate of Registration* erscheint oder auf dem →*Transfer* als neuer Besitzer eingetragen ist.

**Ownership** – Besitz, Besitzrecht.

**Oxbow Stirrups** – Schmale Steigbügel mit rundem Auftritt. Sie werden insbesondere von →*Cutting*-Reitern benutzt, da sie gut am Fuß bleiben. Der Fuß wird bis zum Stiefelabsatz in diese Bügel hineingesteckt. Aufgrund ihrer geringen Größe ist ein Durchrutschen kaum möglich. →*Stirrups*, →*Cutting Saddle*.

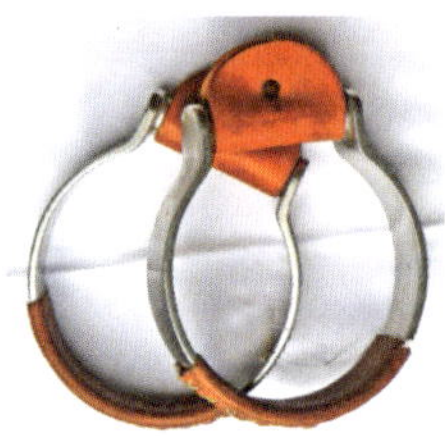

# P

**Pack Bag** – Packtasche aus Leder oder Segeltuch, die am Packsattel, →*Pack Saddle,* mit Schnüren befestigt wird.

**Pack Horse** – Packpferd. Pferd zum Tragen von Lasten.

**Pack Saddle** – Packsattel. Spezieller Sattel, um Gepäck zu transportieren. →*Pack Bag.*

**Pack Saddle Pad** – Packsatteldecke. Eine besonders große, dicke Satteldecke, die unter dem →*Pack Saddle* benutzt wird.

**Pad** – Polsternde Satteluntlage aus Filz, Wolle, Baumwolle, Fell oder auch Kunststoffmaterialien. Pads gibt es in allen Farben und vielen unterschiedlichen Mustern, Größen und Dicken.

Das Pad sollte auf jeden Fall so groß sein, dass die →*Rigging* nicht unterhalb des Pads direkt am Pferdebauch liegt. Bei einem Pferd, das ordentlich Speck auf den Rippen hat, was nicht unbedingt wünschenswert ist, jedoch vorkommt, kann man ein dünneres Pad benutzen, bei einem knochigeren Pferd sollte es ein dickeres sein. Bei Rückenproblemen können sogenannte →*Shockpads* mit einer speziellen Schaumstoffeinlage helfen. Für Pferde mit extrem schmaler Schulter gibt es Pads, die im Schulterbereich verstärkt sind. Für kleine Pferde mit kurzem, dickem Hals gibt es am Widerrist ausgeschnittene Pads. Auf keinen Fall genügt als Satteluntlage ein doppelt gefaltetes →*Navajo Blanket*! Für die →*Show* gibt es spezielle, sehr aufwendig verarbeitete Show-Pads, zum Teil mit Leder- und Silberverzierungen. Die Größe eines Pads sollte der Größe des Pferdes und des Sattels angepasst sein, wobei im Turniersport gerne sehr große Pads verwendet werden.

**Paddock** – Eingezäuntes Terrain zur Unterbringung von Tieren mit festem oder auch mobilem Zaun. Auch ein kleiner Auslauf kann als Paddock bezeichnet werden. Auf einem Turnier bringen die Teilnehmer häufig ihre Pferde in Paddocks mit einem mobilen E-Zaun unter.

**Paint Horse** – Geschecktes Quarter Horse. Das Paint Horse ist eigentlich nicht als eigene Rasse zu bezeichnen, denn es ist von seiner Herkunft, seinem Typ und seinen Eigenschaften identisch mit dem →*Quarter Horse*. Quarter Horses mit zuviel Weiß konnten bei der →*American Quarter Horse Association* nicht eingetragen werden. So ergab sich die Gruppierung der Paint Horses, die sich lediglich in der Farbe von den Quarter Horses unterscheiden. Die Scheckzeichnung des Paint Horses tritt in zwei Grundmustern auf, die mit →*Tobiano* und →*Overo* bezeichnet werden. Eine Mischform von beiden ist der →*Tovero*. Ein Paint Horse kann jedoch auch einfarbig sein, dann wird es als →*Breeding Stock* bezeichnet und eingetragen. Jedes Paint Horse hat Originalpapiere der →*APHA*. Der Ursprung der Paint Horses soll in einem Pferd zurückführen lassen, das 1519 von Hernando Cortez mit auf den amerikanischen Kontinent gebracht wurde. Es soll ein Fuchs mit weißen Flecken am Bauch gewesen sein.

Bereits zu Beginn des 19. Jahrhunderts gab es große freilebende Herden. Die Indianer bevorzugten die scheckigen Tiere und insbesondere die Komanchen, „Lords of the Plains" genannt, besaßen sehr viele Schecken in ihren Herden, die mit Paint, →*Pinto,* →*Skewbald* oder auch →*Pie-bald* bezeichnet wurden. Diese Pferde gaben den heutigen Paint Horses ihren „Chrom", ihre Farbe. Die Gebäudemerkmale eines Paint Horses sind die eines Quarter Horses des ursprünglichen Typs: kleiner, keilförmiger Kopf mit wachem Auge, breite Stirn, kleine Ohren, kleine, feste Maulpartie und kräftige Ganaschen. Der Hals soll ausreichend lang sein, mit beweglichem Genick und gut ausgeschnittener Kehle. Die schräg angesetzte Schulter und die Brust sind muskulös. Der Widerrist ist gut ausgeprägt und der kurze Rücken hat eine gute Verbindung zur Hinterhand. Eine schräge, lange Hüfte und eine starke Bemuskelung der Hinterhand gehören zu den typischen Merkmalen. Die Beine haben kurze Röhren, die Hufe sind klein und fest.

**Paint Horse Club Germany** – PHCG Germany, deutscher Anschlussverband der →*APHA*. Gegründet am 13. Januar 1983 von 14 Paint-Horse-Enthusiasten

**Tobiano** **Overo**

in Hagen/Westfalen, nachdem man in den Jahren vorher versucht hatte, zusammen mit Pinto-Begeisterten einen gemeinsamen Verband zu führen. Auch hier waren, wie bei der Gründung der →*DQHA,* so bekannte Namen wie Hardy und Rosel Oelke, Uwe Pauls, Kurt Lissner und Kay Wienrich dabei. Eine →*Approved Show* konnte der junge Verband in den ersten zwei Jahren nach seiner Gründung nicht ausrichten, da es mehr Mitglieder als Pferde gab. 1985 war es dann soweit. In Darmstadt-Kranichstein wurde die erste Approved Show mit 33 Paints unter dem Namen Paint Round Up durchgeführt. Seit 2002 ist der PHCG ein staatlich anerkannter Zuchtverband. Das Paint Round Up und Paint Round Up International haben inzwischen andere Namen erhalten. Das Paint Round Up International wird inzwischen als European Paint Horse Championship durchgeführt und fand 2010 zum vierten Mal die in Kreuth statt. Neben den EM-Klassen und dem European Nations Cup wurde auch die PHCG →*Futurity* und →*Maturity* ausgetragen.

**Palate** – Gaumen des Pferdes.

**Palate Pressure** – Gaumendruck. Jedes →*High Port Bit* übt bei Annehmen der Zügel oder veränderter Kopfhaltung Druck auf den Gaumen aus. →*Port.*

**Palomino** – Falbe mit goldgelbem Fell, Mähne und Schweif sind im Idealfall weiß. Der Palomino hat keinen Aalstrich. In den USA gibt es einen eigenen Verband für Palominos. Sie werden dort nicht nach Rasse eingetragen, sondern Palominos aller Rassen und Kreuzungen.

**Panel** – Bezeichnung für ein Zaunelement aus Leichtmetall, das im Westernreitsport zunehmend als Einzäunung für →*Paddocks*, Reitplätze, →*Round Pens* oder als Boxenabteilung Verwendung findet.

**Panic Snap** – Panikhaken. Er lässt sich mit einer Handbewegung öffnen, auch wenn der Strick unter Spannung steht, so dass im Notfall und bei Panik das Pferd schnell losgemacht werden kann. Ein Führstrick mit Panikhaken sollte nicht zum Führen widerspenstiger Pferde benutzt werden, da diese durch unkontrolliertes Rucken den Panikhaken öffnen und sich so befreien könnten. →*Snap.*

**Pants** – Hosen. Im Westernreitsport Bezeichnung für Hosen aus leichtem Stoff, wie sie in den Disziplinen →*Halter* und →*Showmanship at Halter* vom Vorführer getragen werden.

**Parade Saddle** – Handgefertigter Prunksattel für spezielle festliche Veranstaltugen und Paraden.

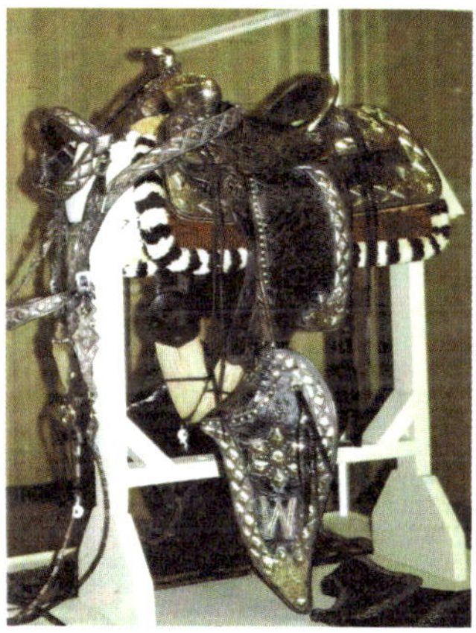

**Park Gait (Trot)** – Ein leicht versammelter Trab, schneller als der →*Jog* der →*Western Pleasure* und langsamer als der →*Trot* im →*Hunter under Saddle.* Diese Gangart wird in der Disziplin →*Pleasure Driving* verlangt.

**Partbre(e)d** – Kein reinrassiges Pferd.

**Partial-Half-Stocking** – Halbgestiefelt. Weißes Abzeichen am Pferdebein. →*Markings.*

**Partition** – Trennwand, z. B. beim Pferdehänger oder Zwischenwand zwischen Pferdeboxen.

**Pastern** – 1. Fessel
2. Als Abzeichen hat Pastern die Bedeutung: weiße Fessel. →*Markings*.

**Pasture** – Weide, Weideland, Koppel. Während in Deutschland damit Weiden überschaubarer Größe gemeint sind, bedeutet in den USA der Begriff durchaus ein Gebiet, in einer Größenordnung von 200 ha und mehr. Auf Weidegründen dieser Größe wachsen dort auch heute noch Rinder und Pferde auf.

**Pasturefeeder** – Heuraufe für die Weide.

**Pattern** – 1. Muster, Aufgabe, Prüfungsaufgabe. Pattern können im Regelbuch vorgeschrieben sein oder erst vor dem Turnier bekannt gegeben werden, z. B. im →*Trail*, →*Western Horsemanship*, →*Showmanship at Halter*.
2. Fellzeichnung. →*Light Pattern*, →*Dark Pattern*.

**Peanut Roller** – Erdnussroller. Ältere abwertende Bezeichnung für Pferde, die in der Prüfung mit so tiefer Kopfhaltung liefen, dass die Nase fast den Boden berührte. Eine solche Kopfhaltung ist nach allen Regelbüchern nicht mehr erwünscht bzw. führt zur Disqualifikation.

**Pedigree** – Abstammung, Stammbaum eines Pferdes. Die Blutlinien von Vater und Mutter bilden zusammen den Familienstammbaum des Pferdes. Bei den Zuchtverbänden gehen die Pedigrees in der Regel soweit zurück, wie die Daten des Verbandes zurückreichen.

**Pedigree Paper** – Abstammungsnachweis. Die Abstammung der drei Westernpferderassen →*Quarter Horse*, →*Paint Horse* und →*Appaloosa* wird mit dem →*Certificate of Registration* nachgewiesen. Für Pferdebesitzer, die an einer weiter zurückreichenden Abstammung ihres Pferdes interessiert sind, besteht die Möglichkeit über die Westernzuchtverbände entsprechende Informationen zu erhalten. Auch die Farben der Vorfahren sowie ihre Showerfolge können z. T. abgefragt werden.

**Pen** – Pferch. →*Paddock*, →*Team Penning*.

**Penalities** – Strafpunkte. Im Regelbuch festgeschriebene Abzüge für bestimmte Fehler in Turnierdisziplinen.

**Penalize Points** – Strafpunkte. →*Penalities*.

**Pencil Bosal** – Sehr dünnes →*Bosal*, das auch als →*Tie Down* benutzt werden kann. Er soll verhindern, dass das Pferd den Kopf hochreißt. Dieser Ausrüstungsgegenstand, insbesondere wenn er aus Draht besteht, ist als nicht pferdegerecht abzulehnen.

**Peppy** – Enkel und Urenkel von →*Old Sorrel*, dem Gründungshengst der King Ranch und Sohn von Little Richard. Peppy lebte von 1934 bis 1964. Als Aushängeschild für die Zucht der King Ranch wurde er seit 1936 auf fast jeder →*Show* der →*Grand Champion*. Diese Shows wurden vor der Gründung der →*AQHA* durchgeführt, so dass diese Siege nicht in seinen offiziellen Showergebnissen aufgeführt sind. Er gewann 1940 die Southwestern Exposition and Fat Stock Show und wurde auch hier Grand Champion. Ein Jahr später nahm die King Ranch →*Wimpy* anstelle von Peppy mit zu diesem Wettkampf, der sich ebenfalls diesen Titel sicherte. Daraufhin erhielt Wimpy von der in diesem Jahr gegründeten AQHA die Registrierungs-Nummer 1. Viele meinten, dass die AQHA-Nummer 1 eigentlich Peppy zugestanden hätte. 1941 wurde Peppy aus dem Showgeschäft zurückgezogen und ausschließlich zur Zucht eingesetzt. Die meisten Nachkommen Peppys waren sehr talentiert für die Rinderarbeit. Sie standen nicht ganz im massiven Stocktyp und zeigten deutlich den Vollbluteinfluss in der Quarter Horse Zucht, allerdings ohne die Hochbeinigkeit der Vollblüter. Peppy zeugte 193 Fohlen und musste am 24. Februar 1964 im Alter von 30 Jahren eingeschläfert werden.

**Performance Class** – Reitklasse im Unterschied zur →*Halter Class*.

**Performance Horse** – Reitpferd im Gegensatz zum →*Halter Horse*.

**Perlino** – Ein fast weißes Pferd mit blauen Augen und fuchsfarbigem Langhaar. Auch die Ohrspitzen, Ohrränder, Gliedmaßen und die Maulpartie sind fuchsfarben.

**Permanent Registry** – Hauptbuch des →*ApHC* zur Registrierung der Pferde.

**Permission to Start** – Starterlaubnis.

**Peter McCue** – Nur wenige Pferde haben ein solchen Einfluss auf die →*Quarter Horse* Zucht gehabt, wie der 1895 geborene Peter McCue. Dabei war er mit seinem langen Rücken alles andere als ein typisches Quarter Horse, abgesehen von seinem rassetypischen Kopf. Ausgehend von seiner →*Conformation* konnte man kaum glauben, dass er als Rennpferd unglaublich schnell war und zudem noch ein hervorragender Vererber für →*All-Around*-Pferde. Zwei Drittel aller registrierten Quarter Horses gehen auf ihn zurück. Er hinterließ bei seinem Tod 1923 im Alter von 28 Jahren Pferde jenes Typs, die als →*Steel Dusts* oder →*Billy Horses* bekannt waren und heute Quarter Horse genannt werden. Bob Denhard, Mitbegründer der AQHA, sagte über ihn: "Manche Hengste zeugen große →*Cutting*- oder →*Roping*-Pferde, andere vererben großen →*Speed*. Aber Peter McCue zeugte Rennpferde, die Gebrauchspferde waren, und Arbeitspferde, die Rennpferde waren." Es war seine Nachzucht, die dieses Pferd berühmt machte.

**Physiological Overstrain** – Physische Überforderung. Ein Pferd wird physisch überfordert, wenn ihm z. B. Übungen abverlangt werden, für die es nicht genügend vorbereitet oder ausgebildet wurde oder die sein Körperbau nicht zulässt. Die Folge können unter anderem Unarten unter dem Sattel wie Bocken oder Steigen sein, mit denen es versucht, sich der Überforderung zu entziehen. Durch Überforderung können auch körperliche, zum Teil irreversible Schäden am Bewegungsapparat entstehen. →*Psychological Overstrain*.

**Piebald** – Rappschecke.

**Pigging String** – Lederriemen, den der

Teilnehmer des →*Calf Ropings* im Gürtel oder zwischen den Zähnen trägt, um dem Kalb die Beine zusammenzubinden.

**Pinto** – Bezeichnung für ein geschecktes Pferd jeder Rasse. Das Wort Pinto kommt aus dem Spanischen und heißt „angemalt". In verschiedenen Registern der Pinto Horse Association of America werden verschiedene Kategorien geführt. So gibt es Pinto-Ponies, Pinto-Araber, Pintos im Stock Type und auch Pinto-Hunter, die im Warmbluttyp stehen. Bei den Pintos handelt es sich um eine reine Farbzucht, Pferde aller Rassen und Kreuzungen können als Pinto eingetragen werden. →*Overo,* →*Tobiano,* →*Tovero.*

**Pivot** – Hinterhanddrehung um den inneren Hinterfuß von mindestens 90°.

**Pivot Foot** – Der Hinterfuß, der am Boden stehen bleibt, während das Pferd einen →*Pivot,* →*Roll Back* oder →*Spin* ausführt. Idealerweise ist es der innere Hinterfuß, der den Drehpunkt bilden sollte. Es ist jedoch auch zu beobachten, dass Pferde auf dem äußeren Hinterfuß drehen.

**Placed** – Platziert.

**Placement** – Platzierung.

**Plain-Colored** – Ohne Abzeichen. Ein Pferd ohne →*Markings.*

**Plait** – Zopf, Geflecht. Ein Rohhautbosal, ein Kopfstück oder auch Zügel können aus 8, 12, 16 oder auch 24 Rohhautsträngen gearbeitet sein. Je mehr Stränge verarbeitet werden, umso feiner sind die einzelnen Rohhautstränge und umso aufwendiger und wertvoller ist das Produkt. →*Bosal,* →*Romal Reins.*

**Plait the Mane** – Mähne einflechten.

**Plate** – 1. Hufbeschlag, Hufeisen. →*Sliding Plate,* →*Keg Shoe,* →*Circle Shoe.*
2. Platte. →*Saddle,* →*Rigging.*

**Plate Rigging** – Gurtungssystem, das aus einer in das Sattelleder eingelassenen Metallplatte besteht, im Gegensatz zur der →*D-Ring-Rigging* und der →*Leather Inskirt Rigging.* →*Rigging.*

**Pleasure** – Vergnügen. →*Western Pleasure,* →*Pleasure Driving.*

**Pleasure Driving** – Disziplin der amerikanischen Westernzuchtverbände, bei der das Pferd angespannt vor einem leichten Wagen vorgestellt wird. Schritt und die beiden Trabvarianten →*Park Gait* und →*Road Gait* werden in dieserPürung gefordert. Das Pferd soll ruhig und aufmerksam gehen. Im Park Gait wird ein flacher vorwärts bringender Trab und im Road Gait deutlicher Raumgriff verlangt. Weiche Übergänge zwischen den Gangarten und eine waagerechte Oberlinie bei aktiver Hinterhand zeichnen das gute Pleasure-

Driving-Pferd aus. Beim →*Line Up* am Ende der Prüfung soll das Pferd ruhig stehen und sich leicht gerade rückwärts richten lassen.

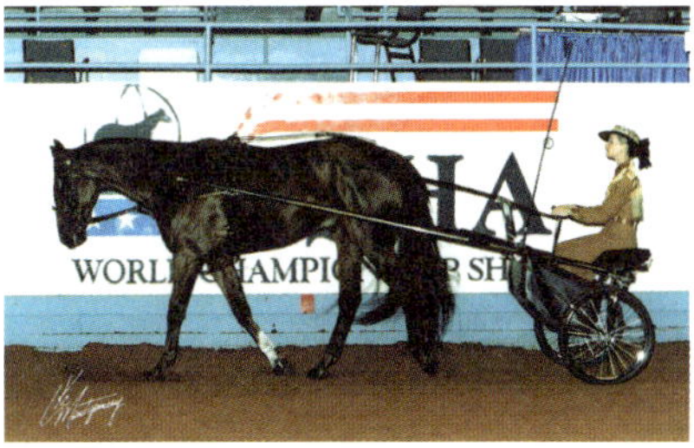

**Plow Rein** – Direkter Zügel. →*Direct Reining,* →*Leading Rein.*

**Plow Reining** – Direkte Zügelführung, bei der zur Richtungsänderung direkt am Maul eingewirkt wird, im Gegensatz zum →*Neck Reining*, bei dem der Zügel an den Hals des Pferdes angelegt wird. →*Direct Reining.*

**Poco Bueno** – Quarter Horse Hengst, Enkel von →*Zantanon* und Sohn von →*King P-234*. Er wurde 1944 in Texas geboren. Obwohl einer der beiden Hankins-Brüder, die den Hengst besaßen, es für einen Fehler hielt, wurde er einjährig zu einem unglaublichen Preis an E. Paul Waggoner verkauft.

Der Hengst holte sich unzählige Male den →*Grand-Champion*-Titel und startete 1948 als Vierjähriger seine Karriere als →*Cutting*-Pferd. Man sagt, mit ihm habe die Cutting-Ära erst richtig begonnen. Sein Reiter Pine Johnson schwärmte davon, dass dieser Hengst nicht nur unschlagbar in der Arena war, sondern intelligent, freundlich und problemlos im Umgang. Den Hengstfohlen vererbte er diese Eigenschaften ausnahmslos. Er zeugte 405 Fohlen, davon wurden 36 →*AQHA-Champions*. Poco Bueno starb 1969 und wurde 200 Meter vom Haupteingang der Waggoner Ranch entfernt begraben, so dass jeder durch den Grabstein an dieses großartige Pferd erinnert wird.

**Poco Tivio** – Einer der besten männlichen Nachkommen von →*Poco Bueno*, geboren 1947. Er überzeugte nicht nur bei Zuchtschauen, sondern auch im →*Cutting*-Ring und avancierte zu einem der bedeutendsten Vererber der →*Quarter Horse* Zucht. Seine Töchter gepaart mit →*Doc Bar* brachten so ausgezeichnete Ergebnisse, dass man behauptet, Doc Bar sei nur deshalb als Vererber so berühmt geworden. Poco Tivios Mutter mit Namen Sheilwin schien nichts besonderes zu sein, doch beim Anreiten auf der Waggoner Ranch zeigte sie so ausgezeichnete Anlagen im psychischen wie auch physischen Bereich, dass sie in die Zuchtstutenherde aufgenommen wurde. Sie wurde ausschließlich von Poco Bueno gedeckt und all ihre Nachkommen überzeugten. Ihr drittes Fohlen Poco Lena wurde zu einer der drei berühmtesten Cutting-Stuten der Welt. Poco Tivio, der 308 Fohlen zeugte, von denen 10 →*AQHA-Champions* wurden, starb 1976.

**Point of Shoulder** – Buggelenk. →*Conformation.*

**Point Rider** – Reiter, die beim Viehtrieb rechts und links neben der Herde an der Spitze reiten. (Abbildung nächste Seite.)

Cattle Drive

**Points** – Punkte, Wertnote. 1. Punkte, die der Reiter in einer Disziplin auf dem Turnier erreitet, aus denen sich der →*Score* errechnet.
2. Vergebene Punkte der Westernzuchtverbände in →*Halter* und →*Performance-Classes*, die zur Ermittlung verschiedener Titel und Ehrungen dienen. Diese Points werden auf anerkannten Turnieren, →*Approved Shows*, nach einem im jeweiligen Regelbuch festgelegten Punktesystem ermittelt, wobei Anzahl der Starter und Platzierungen mit berücksichtigt werden. Nach einem solchen System werden ebenfalls die →*EWU-Champions* und die Träger des Goldenen EWU-Abzeichens ermittelt.
3. Zur Ermittlung des →*All-Around Champions* eines Turniers, bei dem ebenfalls ein Punktesystem angewendet wird.

**Points System** – Wertnotensystem, →*Score* →*Points*.

**Pole** – Stange. →*Pole Bending*.

**Pole Bending** – Pole Bending ist ein Slalomrennen. Auf der Mittellinie der Arena werden sechs Stangen mit einem Abstand von je 6,3 m aufgebaut. Der Teilnehmer reitet nach einem fliegenden Start mit Höchstgeschwindigkeit zum Ende der Stangenreihe, um dann im Slalom einmal hin und wieder zurück durch die Stangen zu reiten. Danach geht es im Endspurt auf gerader Linie zum Ziel zurück. Auch in dieser Renndisziplin ist ein sehr gut gerittenes Pferd gefragt, denn insgesamt sind zehn fliegende Galoppwechsel zu reiten. Das Umwerfen einer Stange gibt fünf Strafsekunden. →*Flying Start*.

**Poll** – Bereich zwischen den Ohren des Pferdes im Genick. Die Stelle, an der das Pferd abkippt, wenn es im Genick nachgibt. →*Conformation*.

**Poly-Mecate** – Eine →*Mecate* aus Polyester-Material. →*Cowboy's Snaffle*.

**Pommel** – Vorderzwiesel, Sattelknauf.

Höchster Teil des Westernsattels unterhalb des Horns. →*Saddle.*

**Pony** – Das Wort Pony wird in den USA nicht unbedingt als Rassebezeichnung im Sinne des europäischen Wortes "Pony" benutzt. Es dient häufig als Bezeichnung für Ranch- oder Indianerpferde. Cowboys bezeichneten ein eingerittenes Pferd als Pony und meinten damit kein besonders kleines Pferd, sondern eines üblicher Größe.

**Ponying** – Führen eines Pferdes als Handpferd vom Sattel eines anderen Pferdes aus.

**Pony Roach** – Stehmähne, wie sie bei manchen Ponyrassen und Wildpferden vorkommt.

**Popper** – Doppelte Lederlaschen am Ende von →*Snaffle Bit*-Zügeln und →*Quirts*. Beim Schlagen auf Pferd, Sattel oder Oberschenkel des Reiters ergeben sie ein klatschendes Geräusch. Sinn ist, das Pferd durch dieses Geräusch und nicht durch den Reiz des Schlages zu beeinflussen.

**Port** – Zungenfreiheit. Nach oben geschwungener Teil in der Mitte einer Gebissstange. Die Erhöhung in der Mitte des Gebisses wird auch als Zungenfreiheit bezeichnet, obwohl ein hoher Port, also eine hohe Zungenfreiheit, der Zunge keineswegs mehr Freiheit gibt. Bei ausgewogener Zungenfreiheit, d. h. einer sanften Wölbung der Gebiss-Stange, die zur Anatomie des Pferdemauls passt, entsteht ein gleichmäßiger Druck auf Zunge und Laden. Bei einer flachen Zungenfreiheit kommt deutlich mehr Druck auf die Zunge. Die Breite des Ports entscheidet mit darüber, wie viel Druck das Bit auf die Zunge ausübt.

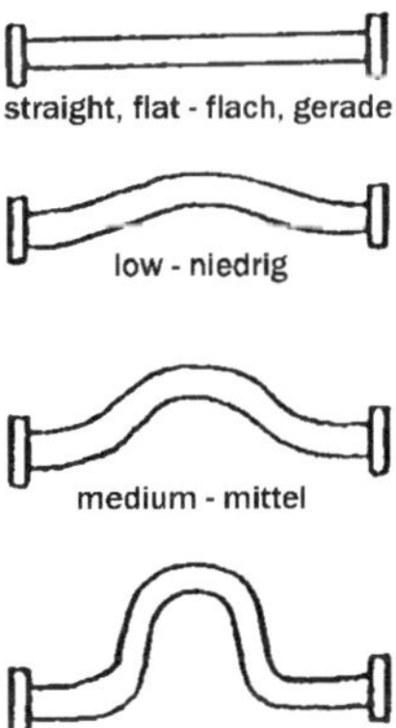


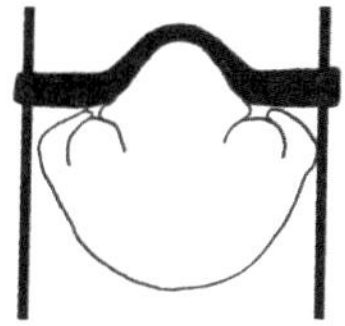

Gleichmäßiger Druck auf Zunge, Laden und Leftzen

Flache Zungenfreiheit mit deutlich mehr Druck auf die Zunge

Die Rolle gräbt sich in die Zunge ein

In einem normalen Pferdemaul muss der Port mindestens zwei →*Inch* hoch sein, um Druck auf den Gaumen ausüben zu können. Ragt ein →*Roller* nach unten über die Gebiss-Stange hinaus, gräbt sich dieser sich in die Zunge ein. Solche Gebisse sind im Turniersport nicht zugelassen. Der Port darf eine bestimmte Höhe nicht überschreiten. Bei der EWU liegt das Höchstmaß bei 7,6 cm, bei den Westernzuchtverbänden bei 9 cm.

**Position** – Stellung, Haltung des Pferdes.

**Pot Belly** – Grasbauch, Heubauch.

**Practice Area** – Abreiteplatz.

**Pre Bit Training** – Vorbereitende Ausbildung mit gebissloser Zäumung,

**Principles** – Richtlinien.

**Private Treaty** – Private Verhandlungssache. Kann z. B. in einer Deckanzeige anstatt einer festen Deckgebühr stehen. Der Hengstbesitzer behält sich damit das Recht vor, z. B. besonders erfolgreichen Stuten oder Stuten mit besonders erfolgreicher Nachzucht Vorzugspreise zu gewähren und bei anderen Stuten eine höhere Decktaxe zu verlangen.

**Prize Giving** – Siegerehrung. →*Ribbon Presentation.*

**Prize Money** – Geldpreis.

**Pro** – Kurzform für →*Professional.* Ein Professioneller und kein Amateur. Die Verbände haben unterschiedliche Regelungen, wann jemand als Professional bezeichnet wird.

**Profile** – Seitenansicht des Pferdes.

**Produce** – Nachzucht einer Stute. →*Progenzy.*

**Produce of Dam** – →*Halter Klasse*, in der zwei Pferde vier Jahre und jünger aus der gleichen Stute vorgestellt werden. Die Stute selbst muss nicht vorgestellt werden.

**Professional** – Berufsreiter, der seinen Lebensunterhalt mit dem Reiten verdient. Ein Amateur kann manchmal aufgrund von Verbandsregeln auch als Professional eingestuft werden. →*Pro.*

**Progency** – Nachzucht, Nachkommen. →Produce.

**Prohibited Equipment** – Verbotene Ausrüstung. →*Illegal.*

**Prospect** – Aussichtsreiches Pferd. Ein Pferd, das aufgrund seines →*Pedigrees*, seiner →*Conformation* und →*Disposition* für eine bestimmte Disziplin besonders geeignet zu sein scheint.

**Protective Boots** – Schutzgamaschen für Pferde. →*Boots.*

**Protest** – Einspruch. Bei einem Protest auf einem Turnier entscheiden Richter, Turnierwart und Turnierleiter, je nachdem was das jeweilige Verbandsregelbuch vorschreibt, darüber, ob ihm stattzugeben ist oder nicht. Kann an Ort und Stelle keine Entscheidung herbeigeführt werden, entscheidet eine Schiedskommission darüber. Bei amerikanischen Verbänden werden Proteste, die nicht beim Turnier entschieden werden konnten, an das →*Appeal Commitee* weitergeleitet.

**Psychological Overstrain** – Psychische Überforderung. Sie entsteht, wenn einem Pferd etwas abverlangt wird, auf das es nur ungenügend vorbereitet wurde, was es noch nicht entsprechend gelernt hat oder aufgrund seiner seelischen Basisstruktur nicht verstehen und leisten kann. Wird es dann dafür gestraft, stellen sich häufig Abwehrreaktionen und daraus resultierende Unarten ein. →*Physiological Overstrain.*

**Psychological Qualities** – Psychologische Qualitäten, Innere Werte. →*Disposition,* →*Interieur.*

**Pull and Slack** – Annehmen und nachgeben. Fundamentales Element in der Zügelführung bei der Westernausbildung eines Pferdes. Zu den wichtigsten Merkmalen der Westernreitweise gehört das Reiten am losen Zügel mit der Pull and Slack Zügelführung, anstatt eines ständig anstehenden Zügels. Der normalerweise lose Zügel wird lediglich dann angenommen, wenn der Reiter seinem Pferd etwas mitteilen möchte, z. B. eine Richtungsänderung oder Gangartenänderung. Sobald das Pferd reagiert, gibt der Reiter wieder nach. →*Take and Give.*

**Purchase** – Oberbaum des →*Bits. D*er Teil, der →*Cheeks*, der sich oberhalb des Mundstücks befindet. Das Seitenteil einer Kandare, →*Cheek,* besteht aus dem Oberbaum und dem Unterbaum, den Anzügen. →*Leverage,* →*Shanks.*

**Purebred** – Reinrassig.

**Pylons** – Pylonen werden als →*Marker* benutzt.

# Q

**Qualifier** – Pferde oder Reiter, die sich für etwas Bestimmtes qualifiziert haben, z. B. für das Finale einer Disziplin, die →*German Open* oder →*World Championship Show*.

**Qualifying Points** – Qualifikationspunkte. Um sich z. B. für die →*World Championship Show* zu qualifizieren, muss man in einem bestimmten Zeitraum eine Mindestpunktzahl erritten haben. →Points.

**Quarter Horse** – Westernpferderasse. Der Name des Quarter Horses leitet sich von →*Quarter of a Mile Race* (Kurzstreckenrennen über ca. 400 m, einer Viertelmeile) ab. Auf dieser Distanz ist das Quarter Horse auch heute noch das schnellste Pferd der Welt. Die Quarter Horses auf der ganzen Welt werden im Headquarter der →*American Quarter Horse Association* registriert und erhalten eine AQHA-Nummer. Die ursprüngliche Größe eines Quarter Horses liegt zwischen ca. 1,45 m bis 1,55 m.

**Zips Chocolate Chip**

Das Quarter Horse verfügt insgesamt über eine ausgeprägte Muskulatur, die besonders an der Hinterhand zur Geltung kommt. Der Kopf ist kurz und keilförmig und hat eine stark vorstehende Kinnbackenbemuskelung mit gut ausgeschnittener Kehle und einer kleinen festen Maulpartie. Kleine, lebhafte Ohren und weit auseinander liegende, freundlich blickende Augen gehören zum Erscheinungsbild.

**Colonel Freckles-Tochter**

Der Schwerpunkt des Quarter Horses liegt durch die kurzen Röhrenknochen sehr tief, was die Beweglichkeit und Wendigkeit dieser Pferde fördert. Die Hufe sind relativ klein, wie es oft bei hochblütigen Pferden zu finden ist. Die Kruppe ist lang und schräg und die Hinterhand steht gut unter, so dass sich ein Quarter Horse mühelos ausbalancieren, stoppen und wenden kann. Eine kurze Oberlinie und lange Unterlinie werden als typisch für diese Rasse angesehen. Was dieses vielseitige, athletische Pferd besonders reizvoll macht, sind seine inneren Werte. Das Quarter Horse hat ein sanftes, nervenstarkes, charakterfestes Wesen, gepaart mit Intelligenz, Lernfähigkeit und Willigkeit. Ein Pferd das eben noch eine rasante Westerndressur oder ein Rennen bestritten hat, verlässt am langen Zügel die Arena, um in der nächsten Turnierprüfung, einem →*Trail* ruhig und gelassen in einem kniffeligen Parcours zu bestehen. Ebenso wie der berühmte →*Cow Sense*, die Fähigkeit mit Rindern zu arbeiten, sind oben genannte Eigenschaften dem Pferd angezüchtet. Nur Pferde, die diesem Standard entsprachen, wurden zur Zucht weiterverwendet. Mit der Spezialisierung begann eine Veränderung des Typs. Heute werden Quarter Horses für bestimmte Turnierklassen bereits wesentlich größer gezüchtet und entsprechen in ihrem Gebäude nicht mehr dem alten Quarter Horse Typ. So sind sie teilweise nur noch an ihren Papieren als Quarter Horse zu erkennen. Eine Typveränderung ist ebenso bei Quarter Horses für die Quarter Horse Rennen zu erkennen, da sehr viel Vollblut eingekreuzt wurde. Zwei Verbände, die FQHR (The Foundation Quarter Horse Registry Ltd.) und die NFQHA (National Foundation Quarter Horse Association) haben es sich zur Aufgabe gemacht, das →*Foundation Quarter Horse*, den ursprünglichen, klar definierten Typ des vielseitigen Quarter Horses zu erhalten und zu fördern. Quarter Horses kommen in allen Farben vor, sind jedoch immer einfarbig. Die überwiegende Zahl der Pferde ist fuchsfarben, jedoch treten recht häufig auch Falben, →*Palominos*, in verschiedenen Farbschattierungen auf, denn die Isabellen, wie die Spanier diese Farbe nannten, war zu Zeiten der Konquistadoren recht verbreitet. →*Foundation Line* →*Foundation Sire*.

**Quarter of a Mile Race** – Kurzstreckenrennen, →*Short Race*, über eine Viertel Meile. Rennen über diese Distanz prägten den Namen der Quarter Horses. In den USA sind diese Rennen auch heute noch sehr populär.

Ca. 7.000 Rennen im Jahr, werden heute im Rennsattel und nicht mehr im Westernsattel geritten. Mehr als 50 Millionen $ werden an die Pferdebesitzer als Rennpreise ausgeschüttet, die Tendenz dabei ist steigend. Die schnellsten Quarter-Horse-Sprinter laufen die Distanz von 400 m in knapp 20 Sekunden. In Deutschland finden seit 1998 Sprintrennen auf ländlichen Behelfsbahnen statt, mit dem Ziel, evtl. solche Rennen zukünftig auch auf festen Rennbahnen etablieren zu können.

**Quarters In** – Travers oder auch Kruppe Herein. Seitwärtsgang zur Gymnastizierung, bei der die Hinterhand des Pferdes in die Bahn gestellt wird.

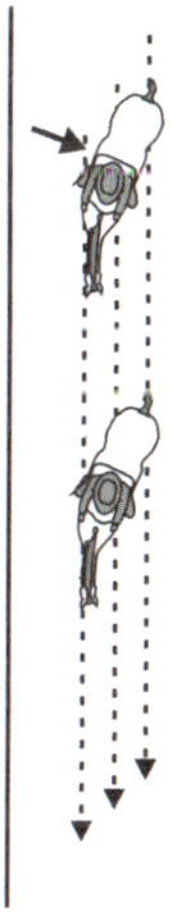

Kopf, Hals und Schulter folgen weiterhin dem Hufschlag, während die Hinterhand deutlich nach innen gestellt wird. So entstehen drei Spuren. Die äußere Vorderhand läuft auf einer eigenen Spur, die äußere Hinterhand spurt auf die innere Vorderhand und die innere Hinterhand läuft auf einer eigenen Spur. Das Pferd ist dabei in Bewegungsrichtung gebogen. Diese Übung kann in allen drei Gangarten geritten werden.

**Quarters Out** – Renvers. Seitwärtsgang zur Gymnastizierung, bei dem die Vorderhand des Pferdes in die Bahn gestellt wird. Das Pferd ist dabei in die Bewegungsrichtung gebogen. →Quarters In.

**Quarter Turn** – Viertel Drehung auf der Hinterhand.

**Quick Release Knot** – Sicherheitsknoten, der mit einem Ruck gelöst werden kann.

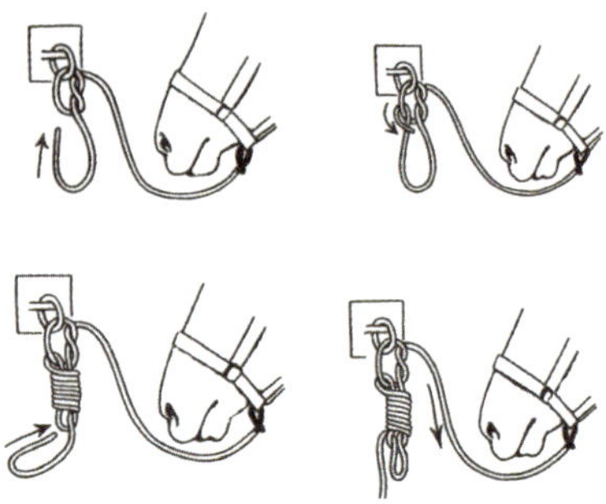

**Quick Release Slip Knot** – →*Quick Release Knot.*

**Quick Stop** – 1. Das plötzliche Anhalten eines →*Roping*-Pferdes direkt nach dem gelungenen Seilwurf. Das Pferd bereitet sich auf den Quick Stop in dem Augenblick vor, in dem es bemerkt, dass die Wurfhand seines Reiters mit der Seilschlinge aktiv wird. Es setzt die Hinterbeine unter und stoppt. Die Schlinge um den Hals oder die Hinterbeine des Rindes zieht sich daraufhin zusammen, so dass der Lauf des Tieres jäh unterbrochen wird.
2. Zäumung, eine →*Cowboy Hackamore*, die mit einer Hebelübersetzung am Pferdeunterkiefer versehen ist. Sie wird bei erfahrenen, aber nachlässig gewordenen Pferden verwendet, um den Stop wieder zu verbessern. Diese Zäumung gibt es mit kürzeren oder auch längeren Anzügen. Der Quick Stop gehört nur in die Hand erfahrener Reiter mit sensibler Zügelführung.

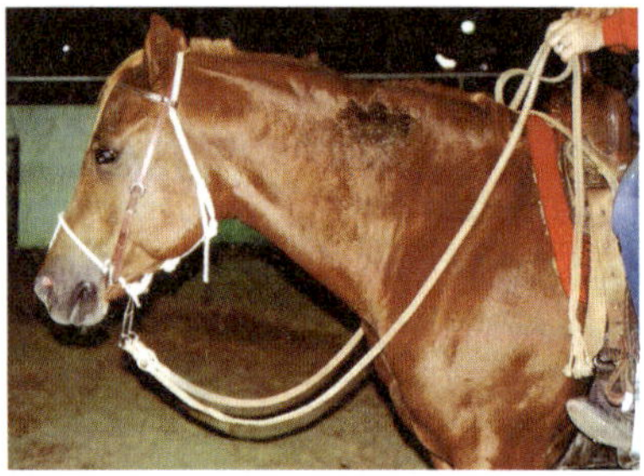

**Quickstop an Cowboy Hackamore**

**Quilted Seat** – Gepolsterte Sitzfläche beim Sattel.

**Quirt** – 1. Kurze Peitsche, häufig aus →*Rawhide* mit einer Schlaufe, um sie ans Handgelenk oder ans Sattelhorn hängen zu können. Sie endet in einer Art →*Popper.*
2. Peitschenähnliches Ende der →*Romal Reins.*

# R

**Rabies** – Tollwut. Viruserkrankung, die durch Speichel, meistens durch den Biss eines infizierten Tieres übertragen wird. Eine Impfung ist empfehlenswert und wichtig, insbesondere für jedes Pferd mit Weidegang. Tollwut führt zum Tod des Tieres und ist meldepflichtig.

**Race** – Rennen. Neben den Rennen auf der Rennbahn, →*Quarter of a Mile Race*, gibt es bei allen Westernverbänden Renndisziplinen, von denen einige auch im Rodeosport zuhause sind. Allerdings hat diese Art Rennen in den USA einen ganz anderen Stellenwert als bei uns. Diese Rennen sind in den USA z. T. hochdotiert und es gibt Pferde, die damit bereits eine Million Dollar "erlaufen" haben. Diese Pferde sind Spezialisten und werden auf nichts anderes trainiert und auch in keiner anderen Disziplin eingesetzt. In den Renndisziplinen dürfen je nach Verband auch Ausrüstungsgegenstände verwendet werden, die in den anderen Westernreitdisziplinen nicht erlaubt sind, wie z. B. der geschlossene Zügel, die zweihändig gerittene Kandare oder eine kurze Peitsche. Bei der EWU wurden →*Pole Bending* und →*Barrel Racing* aus dem offiziellen Disziplinenkatalog gestrichen und werden nur noch als Sonderprüfungen angeboten, um die häufig unschönen Bilder bei diesen Disziplinen zu reduzieren. →*Boot Race*, →*Catalog Race*, →*Ribbon Race*, →*Rope Race*.

**Race Track** – Rennbahn.

**Rail Work** – 1. Reiten an der Bande oder auf dem Hufschlag.

2. Der zweite Teil einer →*Western Horsemanship* wird als Rail Work bezeichnet.

**Rail** – Bande, Zaun. →*Rail Work*.

**Ralide** – Kunststoff zur Herstellung von Sattelbäumen, Polyestermaterial.

**Ranch** – In den USA ist damit ein Viehzucht- oder Viehhaltungsbetrieb mit entsprechenden Flächenausdehnungen gemeint. In Deutschland in der Westernszene werden häufig Zuchtbetriebe oder auch Reitställe als Ranch bezeichnet. Eine der bekanntesten Ranches in Texas ist die King Ranch, die den →*Quarter Horse* Hengst →*Wimpy*, das Quarter Horse mit der →*AQHA*-Registrations-Nr. 1, gezüchtet hat.

King Ranch

**Ranch Boots** – Höhere, robuste Westernstiefel. →*Boots*.

**Ranch Conformation** – →*Halter-Class* der →*Versatility Ranch Horse Competition*. Das Pferd soll dem typischen →*American Quarter Horse* entsprechen, d. h. gutes Gebäude, gute Balance, gute Bemuskelung und gute Bewegung. Dazu soll es gute Manieren zeigen. Diese Klasse wird im Anschluss an die →*Performance-Classes* der Versatility Ranch Horse Competition durchgeführt.

**Ranch Cutting** – Klasse der →*Versatility Ranch Horse Competition*, bei der ein einzelnes Rind mit einer bestimmten Nummer aus einer Herde, die sich in an einem Ende der Arena befindet, ausgesondert und am Zurücklaufen in die Herde gehindert werden soll. Die weiteren Regeln sind ähnlich wie beim →*Cutting*.

**Ranch Hand** – Bezeichnung für einen Rancharbeiter.

**Ranching** – Extensive Viehwirtschaft.

**Ranching Chaps** – →*Chinks*.

**Ranch Riding** – Klasse der →*Versatility Ranch Horse Competition* in der die Fähigkeit des Pferdes geprüft wird, sich in einem bestimmten Arbeitstempo in allen Gangarten zu bewegen inklusive →*Extended Jog* und →*Extended Lope*. Im Pattern müssen Wendungen, Anhalten und Rückwärtsrichten enthalten sein.

**Ranch Sorting** – Prüfung der →*AQHA* und →*APHA*, bei der zwei Reiter zehn Rinder in vorgegebener Reihenfolge von einem Pen in einen anderen "sortieren" müssen. Das Team, welches die zehn Rinder in korrekter Reihenfolge in der kürzesten Zeit sortiert, ist der Gewinner. Der Veranstalter oder Richter legt vor der Prüfung ein Zeitlimit von 60, 75 oder 90 Sekunden fest. Diese Prüfung wird gelegentlich auch als Team Sorting bezeichnet.

**Ranch Trail** – Klasse der →*Versatility Ranch Horse Competition*. Ein →*Trail*-Parcours aus mindestens sechs Hindernissen, muss überwunden werden. Falls möglich, soll es sich um natürliche Hindernisse handeln. In dieser Teilprüfung sollen Fähigkeit und Willigkeit des Pferdes geprüft werden, verschiedene Aufgaben zu erfüllen, die im Ranch-Betrieb vorkommen können. Die Pferde sollen dabei am losen Zügel mit raumgreifendem Schritt, Trab und Galopp zwischen den Hindernissen vorgestellt werden. Pflichthindernisse sind: →*Gate*, →*Mounting* und →*Dismounting*, und →*Drag or Pull*, bei dem ein Stamm mit einem am Sattelhorn zu befestigenden Seil gezogen werden soll. Wahlhindernisse können z. B. sein: Wassergraben, Brücke, →*Ground Tying* mit oder ohne →*Hobbles*, einen Gegenstand transportieren, ein künstliches Rind mit dem →*Rope* fangen, sowie Seiten- und Rückwärtsgänge.

**Ranch Saddle** – Strapazierfähiger Western-Arbeitssattel, der speziell für die Rancharbeit angefertigt wird. →*Roping Saddle*.

**Rating** – "Dosierung" der Geschwindigkeit. Das richtige Einschätzen seiner Geschwindigkeit seitens des Pferdes, insbesondere in der →*Reining*-Prüfung.

**Rawhide** – Rohhaut. Getrocknete und von Haaren befreite Haut eines Tieres, die bei der Herstellung von Sattlerwaren aller Art vielfältige Verwendung fand. Die Herstellung ist relativ einfach. Die Haut eines Tieres wird drei bis vier Tage lang in fließendes Wasser gelegt, danach das Haar abgeschabt. Die Haut wird gespannt und ein paar Tage getrocknet. Sie ist jetzt gebrauchsfertig und kann jederzeit, nachdem man sie kurz in Wasser getränkt hat, verarbeitet werden. Rawhide wurde in den USA seit Jahrhunderten unterschiedlich eingesetzt. So wurden und werden z. B. die Holzbäume von Westernsätteln mit nasser Rohhaut bespannt und eingenäht.

Rawhide Bosal

Diese schrumpft dann beim Trocknen und gibt dem Sattelbaum eine große Festigkeit. →*Bosal,* →*Romal Reins,* →*Stirrups,* →*Headstall.*

**Rawhide Bosal** – →*Bosal*, das traditionell aus Rohhaut geflochten ist.

**Rawhide Covered Stirrups** – Rohhaut-überzogene Steigbügel. →*Stirrups.*

**Rawhide Headstall** – Kopfstück, das ganz aus Rohhaut geflochten ist.

**Rawhide Reins** – Rohhaut-Zügel. Kalifornische Zügel, die in einem →*Romal* enden. Sie sind aus dünnen Rawhide-Streifen kunstvoll geflochten und waren typisch für die →*Vaqueros* Kaliforniens. Sie werden mit kurzen Ketten am →*Bit* befestigt. →*Romal Reins,* →*Rein Chains..*

**Rawhide Strings** – Rohhautschnüre oder -streifen zum Flechten von Lederartikeln, die im Ranchbetrieb benötigt werden.

**Rawhide Tree** – Sattelbaum aus Holz, der in Rohhaut eingenäht wurde. →*Tree.*

**Rawhide Whangs** – →*Rawhide Strings.*

**Rear Boots** – Schutzgamaschen für die Hinterbeine. →*Boots.*

**Rear Housing** – Hintere Schabracke des Westernsattels. →*Back Jockey*, →*Saddle.*

**Rear Rigging** – Hinterer Gurtring oder Gurtöse am Westernsattel. Er wird für den hinteren Bauchgurt, →*Back Cinch,* benötigt. →*Saddle.*

**Reata** – Seil der →*Vaqueros* zum Einfangen von Rindern und Pferden. Es ist ca. 20 Meter lang und aus Rohhautstreifen geflochten. Der Name kommt vom spanischen "la reata", Lederriemen. Die Reata war leicht zu werfen, jedoch sehr teuer und auch empfindlich, so dass die meisten Cowboys lieber Hanfseile verwendeten. Das Hanfseil war auch praktischer, weil man die →*Honda* leicht knoten konnte, während die Honda aus Rohhaut um ein Stück Rinderhorn gespleißt werden musste. →*Rawhide,* →*Lariat.*

**Red Dun** – Rotfalbe. Die Fellfarbe ist bräunlich mit gelblicher Tönung. Mähne, Schweif und Aalstrich sind rötlich gefärbt, flachsfarben, weiß oder gemischt. Rötliche Zebrastreifen an den Beinen und Querstreifen über dem Widerrist sind üblich. →*Dun.*

**Red Roan** – Rotschimmel. Rötliches Fell, das mehr oder weniger mit weißen Haaren durchsetzt ist. Ein Red Roan hat normalerweise einen dunklen Kopf und dunkle untere Beinhälften. Das Langhaar kann schwarz, rot oder flachsfarben sein.

**Refined Steel** – Edelstahl.

**Refund of Transport Expenses** – Transportvergütung. Amateuren der amerikanischen Westernzuchtverbände ist es gestattet, eine Transportvergütung für den Transport eines Pferdes entgegenzunehmen, ohne den Amateurstatus zu verlieren.

**Registered Horse** – Eingetragenes, beim Zuchtverband registriertes Pferd

**Register of Merit** – Ehrenregister der →*AQHA* und →*APHA* für Pferde des jeweiligen Verbandes, die zehn Punkte auf verschiedenen Turnieren erreicht haben. In den Regelbüchern der Verbände werden die genauen Kriterien erläutert. Die Abkürzung für das Register of Merit lautet ROM. Rennpferde der Verbände können ebenfalls im Register of Merit aufgenommen werden.

**Registration Application** – Antragsformular zur Eintragung eines Pferdes bei einem amerikanischen Zuchtverband.

**Registration Certificate** – →*Certificate of Registration.*

**Regular Beat** – Regelmäßige Fußfolge in einer Gangart.

**Regularity of the Paces** – Regelmäßigkeit der Gänge.

**Regular Tree** – Sattelbaum, der von der

Passform her für Pferde mit schmalen Schultern gedacht ist.

**Regulations** – Allgemeine Bestimmungen.

**Rein** – →*Reins.*

**Rein Aids** – Zügelhilfen. Beim Westernreiten unterscheiden wir zwischen der direkten Zügelhilfe, →*Direct Reining*, und der indirekten Zügelhilfe, →*Neck Reining*. Zügelhilfen können temporegulierend oder richtungsweisend wirken. Die Zügel werden nicht mit fest anstehender Verbindung zwischen Hand und Maul eingesetzt, sondern nur als feiner Kontakt aufrecht erhalten. Bei der beidhändigen Zügelführung wird der richtungsweisende Zügel impulsgebend eingesetzt, der andere bleibt passiv. Mit den Zügeln darf nur soviel Druck auf das Maul ausgeübt werden, wie man für eine Reaktion des Pferdes benötigt. Ein stärkerer Druck darf nur ausgeübt werden, wenn sich das Pferd verweigert, doch auch hier ist der Reiter nicht davon entbunden, die Ursachen zu ergründen und sich immer wieder selbst zu überprüfen. Jeder Reiter muss daran arbeiten, seine Hand ruhig zu halten und sein Feingefühl zu schulen. Dabei darf die Reiterhand nicht starr oder unbeweglich sein, damit das Pferd nicht durch unkontrollierte Bewegungen im Maul gestört wird. Die Voraussetzung hierfür ist der ausbalancierte Sitz. →*Seat.*

**Rein Chains** – Kurze Ketten, die in der kalifornischen Zäumung das Gebiss und die →*Romal Reins* verbinden.

**Reined Cow Horse** – 1. Bezeichnung für ein Pferd, das den Anforderungen der gleichnamigen Prüfung gewachsen ist. Ein Pferd für diese Disziplin muss über →*Cow Sense*, Kraft, Ausdauer und Spurtstärke verfügen, um mit dem Rind mithalten zu können. Es muss mutig an seine Arbeit herangehen und darf keine Angst haben. Absoluter Gehorsam gegenüber dem Reiter ist ein Muss. Außerdem ist eine selbständige Arbeit des Pferdes unabdingbar.
2. Prüfung, die ausschließlich bei der →*NRCHA* geritten wird und als Krönung des Westernreitsports bezeichnet werden kann. In keiner anderen Disziplin des Westernreitsports werden gleich drei so anspruchsvolle Prüfungsteile verlangt. Die Reined Cowhorse Prüfung besteht aus der →*Herd Work*, der →*Dry Work* und der →*Fence Work*. Die Herd Work ist die Arbeit in der Herde und entspricht dem →*Cutting*. Die Dry Work kommt einer →*Reining* Aufgabe gleich und bei der Fence Work wird ein Rind im Sinne der →*Working Cowhorse* gearbeitet.

**Reined Horse** – Bezeichnung für ein Pferd mit einem Ausbildungstand, der es für spezielle Aufgaben einsetzbar macht.

**Reiner** – →*Reining*-Spezialist. Damit kann der Reiter oder das Pferd gemeint sein.

**Rein Hand** – Zügelhand.

**Reining** – Westerndressur. Sie gehört zu den Königsdiziplinen des Westernreitens. →*Reins* sind eigentlich die Zügel. Ein Pferd zu "reinen", heißt nicht allein, es zu lenken. Reining heißt, das Pferd ohne jeden Widerstand in jeder seiner Bewegungen zu kontrollieren.

Das optimal ausgebildete Reining-Pferd führt unter einem guten Reiter alle Manöver gehorsam und willig mit großer Geschmeidigkeit und kaum sichtbaren Hilfen des Reiters aus. Im Regelbuch jedes Verbandes sind Reining-→*Pattern* zu finden, aus denen eine ausgewählt wird, die alle Teilnehmer der jeweiligen Prüfung auswendig reiten müssen. Insgesamt fordert die Reining acht Manöver: →*Sliding Stop*, →*Spin*, →*Roll Back*, →*Back Up*, →*Hesitate*, →*Lead Change*, →*Rundown* und →*Speed Control* innerhalb der Zirkel. Jedes Manöver wird gesondert bewertet.

Der Reiter startet mit 70 Punkten, die für eine durchschnittliche Leistung stehen und erhält für Fehler →*Penalities*, Abzugspunkte. Je nachdem wie schwerwiegend der Fehler war, können 0,5 Punkte bis 5 Punkte abgezogen werden. Für die Ausführung der einzelnen Manöver vergibt der Richter →*Score-Punkte*, die von 1,5 Punkten für eine exzellente Leistung über 0 Punkte für den Durchschnitt bis hin zu minus 1,5 bei extrem schwacher Leistung gehen können. Diese Punkte gibt der Richter mündlich an den →*Ringsteward* weiter, der neben ihm steht oder sitzt und die Punkte in die offizielle Bewertungstabelle des jeweiligen Verbandes einträgt. Am Ende des Rittes werden alle Punkte für den Ritt zusammengezählt und ergeben die Endbewertung. Mit einer Gebisskontrolle, →*Bit Control*, am Ende eines jeden Reining-Rittes wird festge-

stellt, ob der Reiter sich bezüglich des →*Equipments* an die Regeln gehalten hat. Wird die Gebisskontrolle vergessen oder kommen andere Regelverstöße vor, erhält der Reiter No →*Score*, gar keine Bewertung, was einer Disqualifikation gleichkommt. Bestimmte Fehler während des Reitens können sofort ein Endergebnis von 0 Punkten nach sich ziehen.

Reining ist seit dem Jahr 2000 als bislang einzige Westerndisziplin von der FEI (Fédération Equestre International) anerkannt. Seither gibt es auch die rasse- und verbandsübergreifende Deutsche Meisterschaft Reining. 2006 in Aachen war Reining erstmals bei den

Welt-Reiterspielen, bei der um Weltmeistertitel geritten wird, als international anerkannte Disziplin dabei. →*WEG.*

**Reining Pattern** – →*Reining*-Aufgabe. Jeder Verband hat seine eigenen Aufgaben, aus denen die zu reitende Pattern auswählt wird, die von den Teilnehmern dann auswendig geritten werden muss. Sie wird den Reitern spätestens eine Stunde vor Turnierbeginn mitgeteilt, damit sie sich darauf einstellen können. Die Pattern einiger Verbände sind identisch

**Reining Saddle** – →*Reining*-Sattel. Er ist so gebaut, dass der Reiter durch einen tiefen Schwerpunkt möglichst dicht am Pferd sitzt. Er hat in der Regel eine →*Inskirt Rigging*, um dem Reiter einerseits den engen Kontakt zum Pferd zu ermöglichen und andererseits die Bewegungsfreiheit der →*Fender* zu gewährleisten, so dass der Reiter Beine und Körper optimal einsetzten kann. Der Sattel soll den Reiter in die Mitte setzen. Die →*Swells* sind nicht sehr hoch, damit der Reiter nicht gegen das →*Cantle* gedrückt wird. Der Reining-Sattel hat eine niedrige →*Fork* und ein kleines Horn, damit dieses den Zügelhänden nicht im Weg ist. Der Sitz hat den tiefsten Punkt im hinteren Bereich der Sitzfläche und ein gutes Cantle. →*Saddle,* →*Cut Away Skirts.*

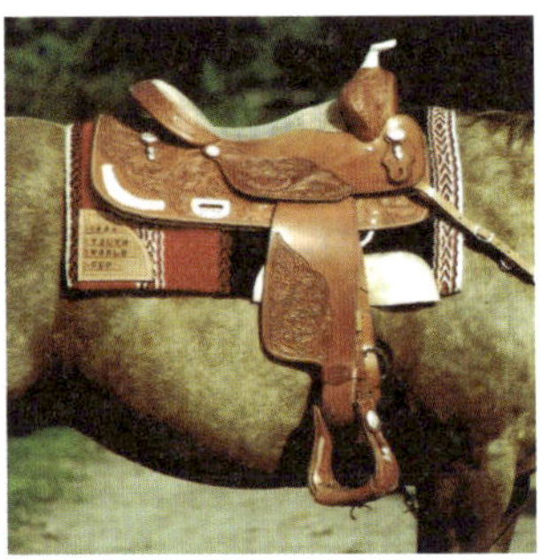

**Rein Rings** – Zusätzliche Ringe direkt am Mundstück des →*Bits* für Zügel zur direkten Zügelführung. Viele Bits haben diese Ringe zum Einschnallen der Zügel nicht, sondern lediglich die Ösen am Ende der →*Shanks*. →*Western Pelham.*

**Reins** – Zügel. Beim Westernreiten werden die Zügel bei einer Zäumung mit Gebiss in →*Split Reins* und →*Romal Reins* unterteilt. Die Zügel der Hackamore heißen →*Mecate*. Zügel werden aus verschiedenen Materialien hergestellt. Neben Leder und →*Rawhide* oder Pferdehaar bei der Mecate können sie auch aus reiner Baumwolle, gewachster Baumwolle oder Kunststoff bestehen. →*Direct Rein,* →*Indirect Rein,* →*Curb Rein,* →*Snaffle Rein,* →*Rope Reins.*

**Snaffle Bit mit Split Reins, Bosal mit Hackamore, Bit mit Romal Reins**

**Reiny Horse** – Ein Pferd, das willig auf leichteste Zügelhilfen reagiert.

**Remuda** – Pferdeherde der Cowboys. Eine Gruppe Sattelpferde, d. h. gerittene Pferde, die von den Cowboys zur Arbeit verwendet werden.

**Remuda der Waggener Ranch in Texas**

**Re-Registration Certificate** – Korrektur einer Registrationsbescheinigung. Unter bestimmten Voraussetzungen kann eine Registrationsbescheinigung korrigiert werden, z. B. wenn ein Hengst kastriert wird oder wenn bei der Registration die Abzeichen nicht korrekt auf den Papieren vermerkt wurden. Auch später entstehende Narben können eine Änderung des →*Registration Certificat*es nötig machen. Der Ablauf ist den →*Rule Books* der jeweiligen Zuchtverbände zu entnehmen.

**Re-Ride** – →*Rerun.*

**Rerun** – Wiederholungsritt. Unter bestimmten Bedingungen kann einem Reiter ein Wiederholungsritt zugesprochen werden, wenn der Ritt durch äußere Umstände, die nicht seinem Einfluss unterlagen, z. B. einem Hund, der durch die Arena läuft, gestört und der Reiter dadurch in unfairer Weise benachteiligt wurde. Die Entscheidung darüber obliegt dem Richter.

**Reserve** – Vize, Ersatz.

**Reserve Champion** – Das zweitbeste Pferd bei der Wahl des →*Grand Champion* in der →*Halter Show.*

**Reserve Horse** – Ersatzpferd.

**Resist the Hand** – Sich gegen die Hand wehren. Ein Pferd kann sich durch Kopfschlagen oder auch Aufsperren des Maules gegen die Hand des Reiters oder gegen beabsichtigte oder unbeabsichtigte Zügeleinwirkung wehren. Eine harte Reiterhand oder ein falsches Gebiss gehören zu den häufigsten Ursachen.

**Retire** – Aufgeben.

**Reverse** – Handwechsel zur Bahnmitte hin, der als Hinterhandwendung oder auch als kleine Volte geritten werden kann. Er kommt bei Gruppenprüfungen wie z. B. der →*Western Pleasure* oder der →*Railwork* der →*Western Horsemanship* vor, bei dem alle Teilnehmer aufgefordert werden, einen Reverse vorzunehmen. Die Reiter sollen nach der Aufforderung so bald wie möglich auf dem Hufschlag den Handwechsel vornehmen,

**Reverse Arc** – Außenstellung des Pferdes. Wenn das Pferd entgegen seiner Bewegungsrichtung gestellt ist.

**Riata** – →*Reata.*

**Ribbon** – Siegerschleife. Farben der Schleifen vom ersten bis zehnten Platz: blau, rot, gelb, weiß, rosa, grün, lila, braun, dunkelbraun, hellblau. →*All-Around Champion*: lila, →*All-Around Champion Runner Up*: lila/weiß.

**Ribbon Presentation** – Siegerehrung. In Europa reihen sich die Reiter in einer Linie nebeneinander in der Bahnmitte auf, um ihre Schleife entgegen zu nehmen. Nachdem alle Plätze aufgerufen wurden, reiten die Teilnehmer in Reihenfolge der Platzierung, angeführt vom Sieger, eine Ehrenrunde. In den USA ist es üblich, dass jeder platzierte Reiter die Bahn verlässt, sobald er aufgerufen wird. Häufig erhält er die Schleife ansatt in der Bahn erst am Ausgang. So steht der Sieger, ob Teilnehmer eines einfachen Turniers oder der Weltmeisterschaft, am Schluss allein in der Bahn und reitet auch allein seine Ehrenrunde. →*Ribbon,* →*Distribution of Prizes.*

**Ribbon Race** –Spiel, bei dem die Reiter paarweise starten. Die Reiter halten ein ca. 50 cm langes Kreppband zwischen sich in der Hand.

Nach einem fliegenden Start müssen die Reiter eine Tonne umrunden, die am anderen Ende der Arena steht. Reißt das Kreppband oder lassen die Reiter es los, wird das Paar disqualifiziert. Das schnellste Reiterpaar gewinnt.

**Ribcage** – Brustkorb.

**Rider Classes** – Klassen, in denen die Pferd/Reiter-Kombination die Punkte erhält und nicht das Pferd. Meist handelt es sich hierbei um Amateur- und Jugendklassen.

**Rigging** – Als Rigging wird das Gurtungssystem des Sattels bezeichnet. Die Art der Rigging entscheidet darüber, wie der Sattelgurt am Sattel befestigt werden kann. Je nach Satteltyp hat ein Sattel neben der vorderen Gurtungsmöglichkeit, →*Front Rigging*, auch eine Befestigungsmöglichkeit für einen hinteren Bauchgurt, →*Rear Rigging*. Die →*Conventional Rigging* ist direkt am Sattelbaum befestigt.

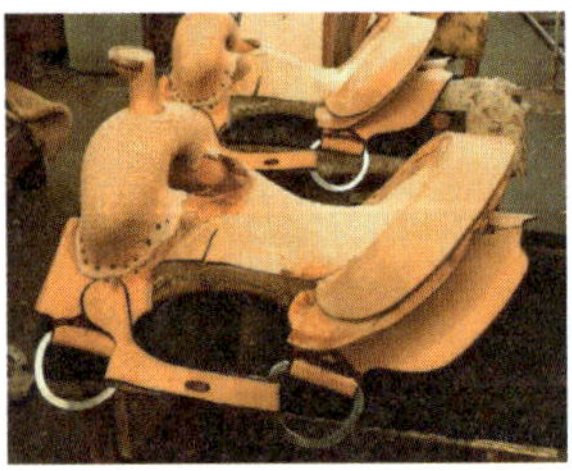

Conventional Rigging

Inskirt Rigging

Arbeitssättel oder Sättel, die für Rinderdisziplinen im Turniersport verwendet werden, sind durchgehend mit einer Conventional Rigging ausgestattet. Bei den modernen Westernsportsätteln findet man vorwiegend eine →*Inskirt Rigging*, da sie die Bewegung des Reiterbeines nicht so behindert. Bei der Inskirt Rigging ist das Gurtungssystem seitlich im Leder der →*Skirts*, eingearbeitet. Eine Rigging kann in verschiedenen Positionen am Sattel eingearbeitet sein. Die →*Oldtimer* in Kalifornien waren traditionell mit nur einem Bauchgurt ausgestattet, der häufig die Position →*Centerfire*, mitten unter dem Sitz, einnahm. Bei der Full Position liegt der Gurtungsring direkt unterhalb der Fork. Die anderen Positionen liegen zwischen Full Position und Centerfire. Eine →*Three-Way-Inskirt-Rigging* erlaubt dem Reiter mehrere Gurtungsmöglichkeiten, d. h. sein Pferd so zu gurten, wie es für ihn und sein Pferd richtig ist. Diese Gurtung lässt dem Reiter meist die Auswahl zwischen den drei Positionen: Full Position, 7/8- oder 3/4-Position.

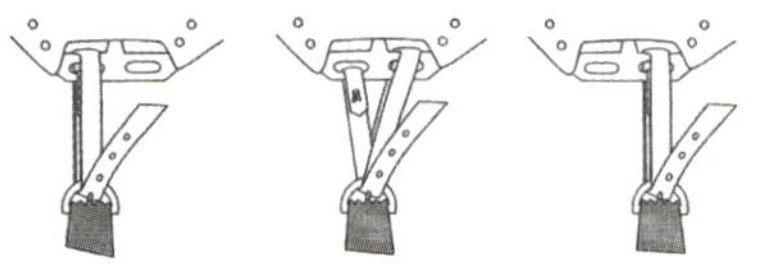

Full Position   7/8 Position   3/4 Position

**Rigging Plate** – Metallplatte, die im Leder des Westernsattels eingelassen ist und durch die die Gurtungsriemen gezogen werden. →*Plate Rigging*, →*Inskirt Rigging*, →*Latigo*, →*Tie Strap*, →*Off Billet*.

**Rigging Ring** – D-Ring am Westernsattel, durch den die Gurtungsriemen gezogen werden. →*Latigo*, →*Tie Strap*, →*Off Billet*, →*Inskirt Rigging*, →*D-Ring-Rigging*.

**Right Lead** – Rechtsgalopp. →*Lope*.

**Ring Steward** – Assistent des Richters ohne Richtkompetenz. Er ist Vermittler zwischen Teilnehmern und Richter und trägt u. a. die Verantwortung für die richtige Aufstellung der Teilnehmer, ihre Verteilung in der Bahn usw. Außerdem obliegt es ihm, die vom Richter angegebenen Punkte in die →*Score* Liste einzutragen.

**Rivet** – Niete an Hosen oder anderen Materialien.

**Road Gait** – Verlängerter Trab mit viel Raumgewinn und Raumgriff des Pferdes. Er wird in der Disziplin →*Pleasure Driving* verlangt.

**Roan** – Stichelhaariges Pferd. Die Grundfarbe Schwarz, Braun oder Fuchsfarben ist durchsetzt mit einer unterschiedlichen Menge weißer Haare. Stichelhaarige Pferde werden meist mit ihrer Grundfarbe geboren und im Lauf der Jahre immer heller. Die meisten →*Appaloosas* sind stichelhaarig.

**Roan Patches** – Stichelhaare oder Flecken mit vereinzelten weißen Haaren.

**Rock-Salt** – Salzleckstein.

**Rodeo** – Bezeichnung der mexikanischen und kalifornischen →*Vaqueros* für ihre →*Round Ups*, das jährliche Zusammentreiben der Rinder. Dieses Ereignis wurde mit einem großen Fest gefeiert, bei dem neben Essen und Trinken auch Reitwettbewerbe eine große Rolle spielten. Auch heute ist ein Rodeo in den USA teilweise noch eine volksfestartige Veranstaltung, bei der athletische Wettkämpfe ausgetragen werden, die ihren Ursprung in der Alltagsarbeit der Cowboys haben. Inzwischen hat das Rodeo allerdings nicht mehr viel mit seinem ursprünglichen Zweck gemein. Die ersten Rodeos im heutigen Sinn wurden ca. 1880 durchgeführt. Der Name ist heute ein Sammelbegriff für diverse Wettkampfsportarten. Das bekannteste Rodeo ist wohl die Calgary Stampede, bei der es in jeder Disziplin um mehr als 50.000 $ geht. Beim Rodeo gibt es einige Disziplinen, die auch zum Westernreitsport gehören, aber beim Rodeo teilweise anders gewertet werden, wie →*Barrel Racing*, →*Pole Bending*, →*Calf Roping*, →*Team Roping* und →*Breakaway Roping*. Zusätzlich gibt es reine Rodeodisziplinen, wie →*Bareback Riding*, →*Saddlebronc Riding*, →*Bull Riding* und →*Steer Wrestling*. In den Renndisziplinen reiten fast ausschließlich Frauen, während Bull Riding, Bronc Riding oder Steer Wrestling reine Männerdomäne sind. Dazu kommt das →*Chuck Waggon Race*, das als Synonym für die Calgary Stampede steht. Ein Rodeoreiter braucht viel Mut und Geschicklichkeit für die Bewältigung seiner Aufgabe. Er muss in guter Kondition, blitzschnell und entschlossen sein und das Tier, mit dem er es zu tun hat, gut einschätzen können.

Roll Back

**Roll Back** – 180°-Wendung auf der Hinterhand. Ein halber →*Turn Around*, der direkt nach einem Stop ausgeführt wird. Der Roll Back gehört zu den →*Reining*-Manövern. Das Pferd stoppt, dreht auf der Hinterhand und galoppiert in die entgegengesetzte Richtung. Es sollte vor dem Roll Back weder Schritte nach vorn noch nach hinten machen. Im Idealfall läuft das Pferd nach dem Manöver auf derselben Spur zurück, auf der es gekommen ist.

**Roller** – Kleine Kupferrolle, die im Mundstück eines →*Bits* eingearbeitet ist. Das Pferd kann die Rolle mit der Zunge bewegen, was u. a. etwaige Nervosität abbaut. Die in billigen und leichten Gebissen eingearbeiteten Rollen entsprechen oft nicht den qualitativen Anforderungen und erfüllen eventuell nicht den ursprünglichen Zweck wie bei den California-Bits. Sie können sogar, wenn sie minderwertig oder schlecht geriffelt sind, die Pferdezunge verletzten. Diese Kupferrolle darf nicht mit der kleinen Rolle im →*Billy Alan Bit* verwechselt werden, die dort eine andere Bedeutung hat. →*Cricket.*

**Roller Bit** – Kandare mit einer beweglichen Rolle, meist aus Kupfer.

**ROM** – →*Register of Merit.*

**Romal** – Peitschenartige Verlängerung der geschlossenen kalifornischen Zügel. →*Romal Reins.*

**Romal Reins** – Geschlossene kalifornische Zügel, die in einem →*Romal* enden, einer eingeknoteten, peitschenartigen Verlängerung. Romal Reins sind meist aus dünnen →*Rawhide*-Streifen kunstvoll geflochten und waren typisch für die →*Vaqueros* Kaliforniens.

Die Zügel werden mit kurzen Ketten, →*Rein Chains,* am →*Bit* befestigt, wodurch nicht nur die Zügellänge variiert werden kann, sondern es reißen im Fall extremer Belastung eher die Ketten und nicht die aufwändig gearbeiteten, wertvollen Romal Reins. Die zügelführende Hand hält den Zügel unterhalb des Knotens in der geschlossenen Faust wie einen Blumenstrauß. Die freie Hand hält das Romal in einer Mindestentfernung von 40 cm zur zügelführenden Hand. Romal Reins erfordern ein ausgebildetes Pferd, da mit diesen Zügeln nur in einhändiger Zügelführung im →*Neck-reining* geritten werden kann. Romal Reins wurden früher hauptsächlich in der Disziplin →*Working Cowhorse* eingesetzt, erfreuen sie sich inzwischen auch zunehmender Beliebtheit bei vielen anderen Disziplinen wie →*Trail,* →*Western Horsemanship,* →*Western Pleasure* und →*Western Riding.*

**Rookie** – Neuling, Einsteiger. Das muss kein Reitanfänger sein, sondern kann auch jemand sein, der z. B. in einer Disziplin unerfahren ist.

**Rookie-Reining** – Einsteiger-Reining. Disziplin der →*NRHA.*

**Rope** – 1. Seil, Strick.
2. Wurfseil der Cowboys. Das ursprüngliche Material für die Wurfseile war Hanf, Sisal oder →Rawhide. Heute sind Nylon und Polyester beliebte Materialien. Am Ende des Ropes befindet sich eine Öse, die →*Honda*, durch die das Seil gleitet und so eine Schlinge bildet. Ein Rope muss stark genug sein, um der enormen Belastung standzuhalten, wenn z. B. ein schwerer Bulle aus vollem Lauf angehalten wird. Um das Rope zu werfen, nimmt der →*Cowboy* den Hauptteil des Seils und die Schlinge in seine Wurfhand, wobei sich die Honda auf halber Höhe des Schlingenbogens befindet. In der anderen Hand hält er die restlichen Seilwindungen und lässt zwischen Daumen und Zeigefinger das nötige Seilstück nachrutschen.

Ringfinger und kleiner Finger halten die Zügel. Die →*Heeling Ropes* haben eine Länge von 35' (10,66 m) und die →*Heading Ropes* von 30' (9,14 m) Das hierzulande gebräuchliche Wort "Lasso" für das Rope kommt aus dem Spanischen von "Lazo" (Wurfseil, Schlinge). Ende des 19. Jahrhunderts übernahmen europäische Publizisten dieses in den Oststaaten der USA gebräuchliche Wort für Wurfseil, das sich besonders im Deutschen etabliert hat. Die Worte →*Rope* und →*Lariat* finden in der deutschen Literatur kaum Verwendung, wogegen man das Wort Lasso in den USA nicht verwendet.

**Rope Bosal** – →*Cowboy's Hackamore.*

**Rope Can** – Behälter, um das Rope zu transportieren.

**Rope Hackamore** – →*Cowboy's Hackamore.*

**Rope Keeper** – Lederschnüre oder Lederstreifen, um →*Rope,* →*Reata* oder →*Lariat* am Sattel zu befestigen. →*Rope Strap*.

**Roper** – 1. Reiter in →*Roping* Disziplinen.

2. Roping Sattel. →*Roping-Saddle.*

3. Kurzbezeichnung für →*Roper Boots.*

**Rope Race** – Rennspiel. In einem Abstand von ca. 30 m zur Startlinie und in mindestens vier Meter Höhe wird ein Seil quer über die Arena gespannt. Daran werden im Abstand von zwei Metern senkrecht herab hängende Seile befestigt und zwar eins weniger als Starter vorhanden sind. Die Teilnehmer stellen sich an der Startlinie nebeneinander auf und müssen bei Startfreigabe zu den Seilen reiten und dort eins der herunterhängenden Seile festhalten. Der Reiter, der kein Seil ergreifen kann, scheidet aus. Nach jedem Ritt wird ein Seil entfernt. Die Teilnehmer starten solange, bis der Sieger ermittelt ist.

**Roper Boots** – kürzere robuste Westernstiefel. →*Boots.*

**Roper Cinch** – Bauchgurt, der zur Mitte hin breiter wird. Der normale →*Cinch* hat eine gleichbleibende Breite.

**Rope Reins** – Zügel aus schwerer Baumwolle, oft rundgeflochten. Sie sind als →*Split Reins,* →*Mecate* oder →*Cowboy's Snaffle* im Handel.

**Roper Girth** – Schnurenbauchgurt, dessen Schnüre durch ein trapezförmiges Lederstück in der Mitte zusammengehalten werden. →*Cinch.*

**Roper Low Down** – →*Roping Saddle* mit sehr niedrigem Cantle. Das niedrige Cantle erleichtert dem Reiter beim →*Calf Roping* das Abspringen vom Pferd, um das Kalb zu fesseln. Dadurch kann der Reiter Zeit sparen.

**Roper's Bar** – Distanzstange. →*Connecting Bar.*

**Roper Stirrups** – schwere, große Steigbügel mit breiter, flacher Trittfläche.

**Rope Strap** – Riemen am Sattel, mit dem das →*Rope* angebunden wird, wenn der Reiter es nicht benötigt. →*Rope Keeper.*

**Roping** – Disziplinen bei Westernturnieren und Rodeos. In diesen Disziplinen muss ein Rind mit einem →*Rope* gefangen werden. Roping gehört zu den Fertigkeiten, die jeder Rancher oder Cowboy beherrschen muss und die bis heute noch auf jeder Ranch der Welt noch unabdingbar ist.

Die Rinder leben in den USA auf zum Teil unendlich großen Weiden, wo sie von ihren Müttern aufgezogen werden. Bei Bedarf werden die Rinder von den Cowboys der Ranches mit Ropes eingefangen, um nötige Impfungen durchführen zu können, sie mit Brandzeichen zu versehen, zu kastrieren oder vom Tierarzt behandeln zu lassen. Daher sind Roping-Disziplinen in den USA sowie überall dort, wo noch traditionelle Rancharbeit betrieben wird, etwas Selbstverständliches aus der Alltagsarbeit der Cowboys. Kleinere Kälber werden von einem Cowboy gefangen und gefesselt, für die größeren Tiere werden zwei Cowboys mit Ropes benötigt.

Der →*Header* fängt den Kopf, der →*Heeler* fängt die Hinterbeine. Die Ropes werden stramm gehalten, so dass ein dritter Cowboy bzw. der Tierarzt seine Arbeit tun kann. Roping Disziplinen gab es bereits vor 1900. Man traf sich an den Wochenenden zu Vergleichswettkämpfen. Als die →*AQHA* 1940 gegründet wurde, gehörte Roping zu den ersten Turnierdisziplinen, da viele ihrer Gründer auch Rancher waren. Vor allem konnten in dieser Prüfung die Qualitäten des →*Quarter Horses* unter Beweis gestellt werden. Die Roping-Disziplinen fordern die Fähigkeit des Pferdes, einem Rind mit hoher Geschwindigkeit zu folgen und sich dabei so zu positionieren, dass der Reiter seine Arbeit optimal verrichten kann. Bei Roping-Disziplinen beim Rodeo ist die Zeit die einzige Bewertungsgrundlage, da dort ausschließlich der Roper bewertet wird. Auf Westernturnieren wird auch die Arbeit des Pferdes bewertet. →*Calf Roping*, →*Dally Team Roping*, →*Breakaway Roping*.

**Roping Box** – Startbox beim →*Roping*.

**Roping Horse** – Kräftiges, muskulöses Cowboypferd, das für die Rancharbeit ausgebildet wurde und über einen ausgeprägten →*Cow Sense* verfügt.

**Roping Reins** – Geschlossene Zügel für die Disziplin →*Roping*.

**Roping Saddle** – Arbeitssattel der Cowboys. Obwohl in Deutschland außer im privaten Bereich kaum Roping betrieben wird, werden relativ viele dieser Arbeitssättel nach Deutschland eingeführt. Einer seiner größten Nachteile für den Freizeitreiter, der diesen Sattel wegen seiner Bequemlichkeit schätzt, ist sein Gewicht, das aus der komplexen Bauweise resultiert. Der Sattelbaum besteht meist aus Holz. In diesen ist die schwere →*Fork* mit einem großen →*Horn* eingearbeitet, da besonders dieser Teil einer hohen Belastung ausgesetzt ist. Das Horn mit einer Höhe von ca. 3,5 →*Inch*. Es ist mit Leder umwickelt, um es so vor dem rauhen Material des →*Ropes* zu schützen. Der Sitz ist tief gemuldet. →*Calf Roper* bevorzugen ein niedriges Cantle, →*Roper Low Down,* um schnell vom Pferd springen zu können, um das Kalb zu fesseln.

→*Dally Team Roper* oder auch →*Cowboys* bevorzugen ein höheres Cantle, das einen besseren Halt gibt, denn das sekundenschnelle Absteigen ist für sie nicht so wichtig. Ein Roping Saddle verfügt über eine →*Conventional Rigging* und einen hinteren Bauchgurt, →*Back Cinch*. An der rechten Seite der Fork befindet sich das →*Rope Strap*, an dem der Reiter das Rope befestigen kann. Die Steigbügel, →*Roper Stirrups,* sind groß, schwer und haben meist eine große flache Auftrittfläche.

**Rosette** – 1. Turnierschleife.
2. Schmuckrosette, die Frauen im Turniersport als Blusenschmuck am Halsausschnitt tragen.

**Roughout** – Wildleder. →*Suede, Leather.*

**Round Corral** – Rundkorral, →*Corral.* Kreisförmiger, umzäunter Platz, der gerne zum Anreiten von jungen Pferden oder auch zum Longieren mit und ohne Longe benutzt wird. Bei der ursprünglichen Bauweise hatte er einen soliden Zaun von manchmal mehr als zwei Meter Höhe, der sich zur oberen Kante hin leicht nach außen neigte. Heute werden auch Round Corrals mit →*Panels* gebaut oder aus Holz bzw. aus Stein als Rundhallen mit Überdachung. Der Durchmesser sollte nicht unter 15 Metern liegen.

Altmeister Richard Shrake bei der Arbeit im Round Pen

**Round Pen** – →*Round Corral.*

**Round Skirt** – Abgerundete hintere Satelauflage. →*Skirt.*

**Round Up** – Alljährlicher Zusammentrieb von freilebenden Viehherden aus verschiedenen Gründen wie z. B. Impfungen, Markierung durch Brandzeichen oder auch zur Vermarktung.

**Rowel** – Sporenrad. →*Spurs.*

**Rubber Necked** – Gummihals. Umgangssprachliche Bezeichnung für einen leicht beweglichen Pferdehals, dem das Pferd aber nicht mit dem Körper folgt.

**Rule** – Regel, Wettkampfregel.

**Rule Book** – Regelbuch. Jeder Verband hat sein eigenes Regelbuch, nach dem Turniere gerichtet werden und in dem die weiteren Verbandsbestimmungen erläutert werden. Diese Regelbücher verändern sich jährlich, so dass sich jeder Turnierreiter über die Änderungen informieren sollte.

**Rump** – Kruppe. →*Conformation.*

**Run** – Lauf, Prüfungsritt. Ein Durchgang während eines Turniers.

**Runaround** – Zum →*Sliding Stop* gehörendes Element der →*Reining.* Kurve zwischen der Geraden nach dem →*Roll Back* und dem →*Rundown.*

**Runaway** – Durchgänger. Ein Pferd das zum Durchgehen neigt.

**Rundown** – Schneller Galopp auf einer geraden Linie in einer → *Reining Pattern* zur Vorbereitung des →*Sliding Stops.* Das Pferd soll beim Rundown kontinuierlich und kontrolliert Tempo aufbauen, um dann in einem langen weichen Stop zu enden. Rundowns werden entweder in der Mitte der Arena oder an den langen Seiten ausgeführt, je nachdem, was das Pattern vorschreibt. Die seitliche Distanz zur Arenawand darf drei Meter nicht unterschreiten. Die Geschwindigkeit sollte etwa die gleiche sein, mit der große, schnelle Zirkel geritten werden.

**Running Martingale** – Hilfszügel, der am Mittelring des Bauchgurtes befestigt wird und durch die Vorderbeine führt. Dieser Hilfszügel, der auch →*Western Martingale* genannt wird, bewirkt, dass das Pferd den Kopf nicht zu hoch nehmen kann, um sich der Zügeleinwirkung zu entziehen. Ein Martingal soll so verschnallt sein, dass die Zügellinie bei normaler Kopfhaltung des Pferdes keinen Knick aufweist. Der Westernreiter bevorzugt die Form des Running Martingales, bei der sich vor der Brust des Pferdes ein Ring befindet, in dem alle Riemen des Martingals enden. In Richtung Pferdemaul führen zwei dünnere Riemen, an deren Ende sich jeweils ein Ring befindet, durch den die Zügel geführt werden. Zusätzlich kann das Martingal durch einen Halsriemen in Position gehalten werden, der ebenfalls im Brustring endet. Es werden jedoch auch Martingals ohne diesen Halsriemen angeboten. Für Pferde, die mit Vorderzeug geritten werden, gibt es spezielle Martingals, die im Ring des Brustgeschirrs befestigt werden, anstatt im Gurtring unter dem Bauch. Das Running Martingale ist der einzige erlaubte Hilfszügel auf dem Abreiteplatz eines EWU-Turniers. Bei den amerikanischen Zuchtverbänden ist das Running Martingale in den Renndisziplinen und im →*Team Penning* erlaubt.

**Run-Off** – Stechen bei Punktegleichheit.

# S

**Sacking** – Aussacken. Trainingsphase, in der das Pferd daran gewöhnt wird, sich am ganzen Körper mit Angst einflößenden Gegenständen jeder Art, wie z. B. einer Plastikplane, berühren zu lassen. Dieses Training soll insbesondere jungen oder schreckhaften Tieren helfen, ihre Angst auf den Menschen vertrauend zu überwinden. Es soll lernen, dass ihnen nichts geschieht und es keinen Grund gibt, panisch zu werden.

**Saddle** – Sattel. Westernsättel gibt es in vielen Variationen. Sie unterscheiden sich sowohl optisch als auch vom Satteltyp. Ausgangsmodell aller Sättel war der spanische Sattel der Konquistadoren. Aus ihm entwickelten sich je nach Region und Verwendung die verschiedensten Satteltypen. So wurde die →*Cheyenne Roll* am →*Cantle* zwar bereits 1875 erstmals gesehen, üblicher Standard wurde sie aber erst in den frühen 30er-Jahren des 20. Jahrhunderts, durch die →*Rodeo*- und →*Roping* Wettbewerbe, bei denen der Reiter ein tieferes →*Cantle* bevorzugte. Auch die →*Swell Fork* kommt erst zu Beginn des 20. Jahrhunderts in Mode. Ausgangsmodell für alle heute benutzten Sättel ist der Ranchgebrauchssattel, ein schlichter Sattel, der so bequem zu sitzen war, dass man ohne Anstrengung Stunden und Tage darin verbringen konnte. Die Satteltypen, die sich aus dem Ranchgebrauchssattel entwickelt haben, unterscheiden sich je nach Disziplin, in der sie eingesetzt werden. Für verschiedene Pferderassen gibt es unterschiedliche Sattelbäume und für die Reiter verschiedene Sitzgrößen. Das Herz eines Sattels ist der Sattelbaum, →*Tree*. Er besteht aus den →*Bars*, der →*Fork*, dem →*Horn* und dem →*Cantle*. Neben der Bequemlichkeit ist einer der Hauptvorteile des Westernsattels die große Auflagefläche und die dadurch bedingte optimale Verteilung des Reitergewichtes auf dem Pferderücken. Manches Pferd, das unter einem klassischen Sattel Rückenprobleme hatte, geht unter einem Westernsattel entspannt, denn dieser liegt nicht auf den Muskelsträngen des Rückens auf, sondern auf den Rippenbögen des Pferdes. Zu den Nachteilen des Westernsattels zählen, neben dem häufig von Damen monierten hohen Gewicht, vor allem, dass er weder von oben zu gurten ist, noch die Bügel von oben verstellt werden können. →*Fitting a Saddle (Horse),* →*Fitting a Saddle (Rider),* →*Cutting Saddle,* →*Reining Saddle,* →*Show Saddle,* →*Barrel Racing Saddle,* →*Equitation Saddle,* →*Western Stock Saddle.*
***Abbildung Seite 158***

**Saddle a Horse** – Satteln eines Pferdes. Vor dem Satteln wird das →*Pad* etwa fünf Zentimeter vor seiner endgültigen Position auf das Pferd gelegt, damit es später mit dem Sattel etwas zurückgeschoben werden kann.

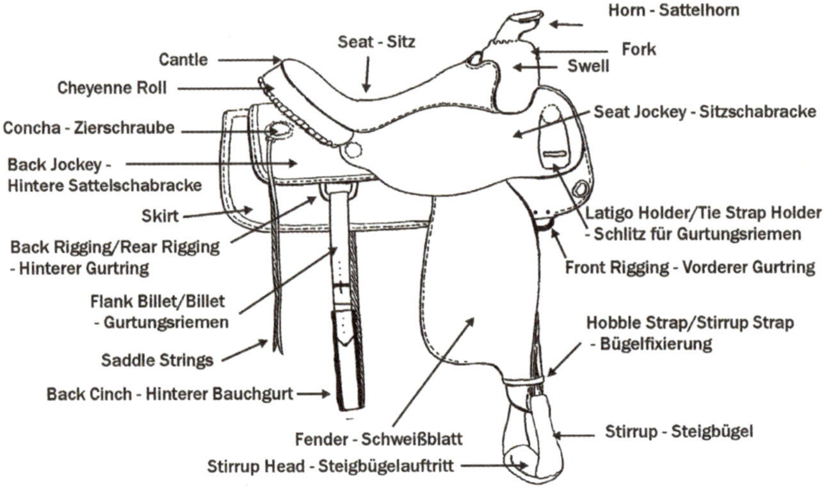


Der Sattel wird dann umsichtig mitten auf das Pad gelegt. Anschließend werden Pad und Sattel zusammen etwas nach hinten in die korrekte Lage geschoben. Das Pad wird am Widerrist ein wenig angehoben (hochgekammert), damit es nicht drückt. Auf der rechten Seite wird der Gurt gelöst, um ihn dann von der linken Seite des Pferdes aus unter dem Pferdebauch hindurch zu ergreifen und herüberzuziehen. Der Westernsattel besitzt ein anderes Gurtungssystem als ein herkömmlicher Sattel. Der am Sattel befestigte →*Latigo* wird durch den Ring des Bauchgurtes gezogen, nach oben durch den Ring der →*Rigging* geführt und wieder nach unten, nochmals durch den Ring des Bauchgurtes, um dann dort festgeschnallt zu werden. Der Dorn des Bauchgurts wird in das entsprechende Gurtungsloch gesteckt.

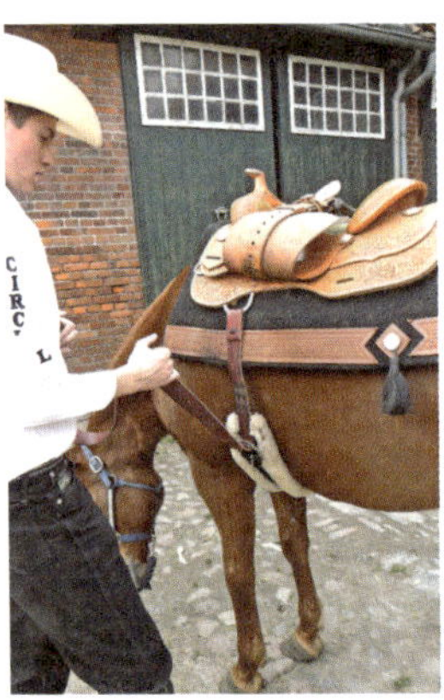

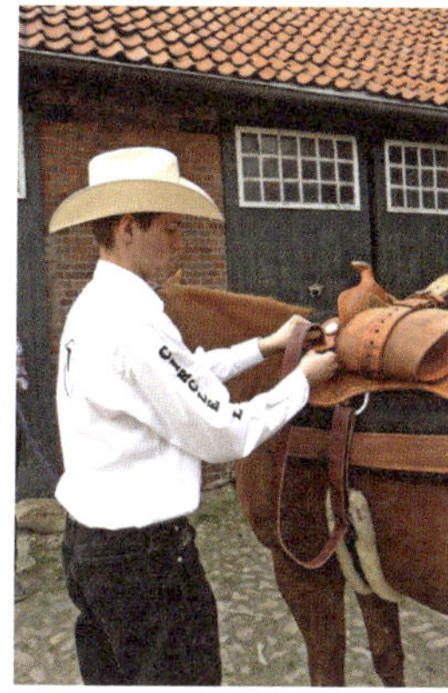

Der Gurt wird mit äußerster Vorsicht leicht angezogen, denn diese Gurtung arbeitet nach dem Flaschenzugprinzip, so dass der Gurt schnell fester wird als beabsichtigt. Zu festes Gurten kann zu Gurtzwang führen. Das lang herunterhängende Ende des Latigos findet seinen Platz oben am Sattel im dafür vorgesehenen Schlitz. Wird das Pferd mit Vorderzeug geritten, wird dieses als letztes angelegt.

**Saddle Bag** – 1. Satteltaschen. Sie sind aus Leder, Segeltuch oder Kunststoff. Zwei Taschen sind mit einem Zwischenstück so zusammengenäht, dass man sie über den →*Back Jockey* des Sattels legen kann, wobei die Taschen beiderseits hinter dem Sitz des Reiters seitlich herunterhängen. Mit dafür vorgesehenen Riemen werden sie an den Sattelösen befestigt.
2. riesige Tasche, meist aus Segeltuch, die groß genug ist, um einen Sattel und sonstige Ausrüstungsgegenstände hineinzupacken und zu transportieren.

**Saddle Blanket** – Satteldecke. →*Navajo Blanket*, →*Pad.*

**Saddle Broke** – An den Sattel gewöhnt. Eingewöhnungsphase, in der meistens schon zweijährigen Pferde an den Sattel gewöhnt werden.

**Saddle Bronc Riding** – Reiten mit Sattel auf einem bockenden Pferd, eine →*Rodeo* Disziplin. Das Ziel ist, sich acht Sekunden im Sattel eines bockenden Pferdes zu halten. Der Reiter sitzt auf einem speziellen Sattel, der eine rauhe Oberfläche und einen tiefen Sitz, jedoch kein →*Horn* hat. Er hält sich mit einer Hand an einem dicken Seil fest, das am Halfter des Pferdes befestigt ist. Kann sich der Reiter die acht Sekunden auf dem Pferd halten, wird er anschlie-

ßend versuchen, auf das Pferd eines anderen Reiters, des Pick Up Man, umzusteigen. →*Bareback Bronc Riding.*

**Saddle Caddy** – Fahrbarer Sattelständer.

**Saddle Claustrophobia** – Sattelzwang. Ein Pferd mit Sattelzwang widersetzt sich dem Satteln, weil es Angst hat und Schmerzen befürchtet. Krankhafte Veränderungen im Rückenbereich, ein schlecht sitzender Sattel, der Druckstellen verursacht, oder unsachgemäßes Satteln können Sattelzwang verursachen. Da das Gurtungssystem des Westernsattels nach dem Flaschenzugprinzip arbeitet, muss man sehr vorsichtig angurten. Eine ungeübte Person kann schnell aus Versehen den Gurt zu fest anziehen. Die Behebung des Sattelzwangs erfordert viel Zeit, Geduld und Verständnis vom Reiter, denn das Pferd muss das verlorene Vertrauen erst wieder gewinnen. →*Saddle.*

**Saddle Dees** – →*D-Ring-Rigging.*

**Saddle Horn** – Sattelhorn. Es variiert je nach Satteltyp und kann mit verschiedenen Materialien überzogen sein, mit Rohhaut, →*Rawhide,* oder Leder, oder ganz aus Metall bestehen. Oft hat es auch ein →*Horn Cap* aus edlem oder unedlem Metall. Der →*Cutting Saddle* verfügt über ein extrem hohes, dünnes Horn, das vom Reiter gut mit der Hand umfasst werden kann. Der →*Roping Saddle* hat ein großes, schweres Horn, das zum Schutz teilweise zusätzlich mit Leder umwickelt wird. Der →*Reining Saddle* oder auch →*Show Saddle* ist mit einem kleinen, niedrigen Horn ausgestattet, um die Reiterhand nicht zu behindern. Auch für den Freizeitreiter ist ein Sattel mit kleinem, niedrigem Horn vorteilhaft, da sich schon bei einem Sprung über einen kleinen Baumstamm im Gelände die Nachteile eines hohen Horns bemerkbar machen. →*Saddle.*

**Saddle Lac** – Sattellack. Sättel, deren Leder stumpf aussieht, werden nach der Reinigung mit Sattellack behandelt, der ihnen wieder ein glänzendes Aussehen gibt.

**Saddle Pad** – →*Pad.*

**Saddle Pannier** – Spezielle Packtaschen für einen Packsattel. →*Pack Saddle.*

**Saddle Rack** – Sattelhalter.

**Saddlery** – Sattlerei.

**Saddle Seat** – Sitzfläche des Sattels. Die Sitzfläche des Sattels kann aus Glattleder, →*Grain*, oder Wildleder, →*Rough-Out*, bestehen. Ein Wildledersitz gibt einen besseren Halt, wird aber nach jahrelangem Gebrauch glatt. Der Glattledersitz hat für den Geländereiter den Vorteil, dass sich die Oberfläche bei Regen kaum mit Wasser vollsaugt. Je nach Satteltyp kann die Sitzfläche gepolstert oder ungepolstert sein. Ein Sattel im →*Oldtimer*-Stil hat in der Regel immer eine ungepolsterte Sattelfläche. →*Saddle.*

**Saddlesoap** – Sattelseife. Eine Spezialseife zur Reinigung von Sattel und Lederzeug.

**Saddle Strings** – Lederriemen am Sattel, an denen man Decken, Regenmäntel oder sonstiges Zubehör befestigen kann.

**Saddle String Tips** – metallene Enden für →*Saddle Strings.*

**Saddle Tree** – Sattelbaum. →*Tree.*

**Saddle Trim Set** – Set aus edlem oder unedlem Metall zur Verzierung des Sattels für den Turniersport.

**Sale on Approval** – Kauf auf Probe.

**Sales Contract** – Kaufvertrag.

**Salinas Bit** – →*Bit* mit besonders hoher Zungenfreiheit, das als ein Mittelding zwischen →*Spade-Bit* und →*Curb Bit* bezeichnet werden kann. Es hat allerdings im Gegensatz zum Curb Bit lose Anzüge, →*Loose Jaws.* Zum Gaumen hin werden →*Roller* und →*Port* durch eine Kupferhaube abgedeckt. Je tiefer die Rolle in der Zungenfreiheit angesetzt ist, umso größer ist bei angenommenem Zügel ihre Wirkung auf die Zunge. Dieses Gebiss darf nur am losen Zügel über leichte Signalwirkung geritten werden. Der berühmte Bit-Macher Garcia hat dieses Gebiss entwickelt, das in wenigen Traditionsbetrieben oder auch in Einzelherstellung angefertigt wird.

**Scarf Pin** – Brosche, die zur Zierde von Reiterinnen auf einem Turnier oben an der Bluse getragen wird. Einige Scarf Pins sind mit einer →*Tassel* verziert.

**Scewbald** – Schecken aller Art außer Schwarzschecken.

**Schooling Method** – Trainingsmethode. Im Westernreitsport gibt es eine Reihe verschiedener Trainingsmethoden, nach denen Trainer Pferd oder Reiter ausbilden können, um ein bestimmtes Trainingsziel zu erreichen.

**Score** – Bewertung, Wertnote oder Punktzahl, die man in einer Turnierprüfung für einen Ritt erhält.

**Score List** – →*Score Sheet.*

**Score Sheet** – Richtprotokoll, Bewertungsbogen. Jeder Verband verfügt über eigene Bewertungsbögen für die einzelnen Disziplinen. Das jeweilige Regelbuch eines Verbandes entscheidet, für welche Disziplinen die Bewertungsbögen nach der Prüfung ausgehängt werden müssen, damit die Reiter ihre Bewertung nachvollziehen können.

**Scoring Method** – Richtverfahren Es gibt verschiedene Richtverfahren für unterschiedliche Prüfungen. In ihnen sind die Strafpunkte für Fehler, aber auch positive Bewertungspunkte für gute Leistungen vorgesehen. Je nach Prüfung kann die Höhe der Punkte z. B. für denselben Fehler differieren. Die Bewertungspunkte werden im →*Score Sheet* eingetragen.

**Scotch Hobble** – Fessel zum Hochbinden eines Hinterbeines des Pferdes, um seine Bewegungsfreiheit einzuschränken. Sie kann die Behandlung problematischer Tiere bei einem Tierarztbesuch oder beim Hufschmied erleichtern.

**Scotching** – Vorwegnahme des Stops seitens des Pferdes bevor der Reiter das Signal dazu gegeben hat. →*Reining.*

**Screw** – Schraube. →*Chicago Screw.*

**Seat** – Ohne einen korrekten Sitz ist gutes Reiten nicht möglich. Beim Westernreiten ist die Rede von einem Sitz entsprechend den Regeln der →*Western Horsemanship.* Gutes Reiten ist harmonisch und erfordert den Einklang des Reiters mit den Bewegungsabläufen des Pferdes. Auch um eine gute Hilfengebung, →*Aids*, zu ermöglichen, muss der Reiter möglichst korrekt sitzen. Die individuelle Anatomie des Menschen gestattet jedoch nicht jedem, den dafür erforderlichen idealen Sitz einzunehmen. Der Reiter sollte "mitten im Pferd" sitzen, d. h. weder zu weit vorn noch zu weit hinten, damit der Sitz mit dem Schwerpunkt des Pferdes übereinstimmt. Fehlerhaft ist ein Stuhlsitz, →*Chair Seat,* und ein Spaltsitz, →*Fork Seat.* Der Sitz soll ruhig sein, um mit ruhigen Händen die Zügel zu führen und mit ruhigen Beinen fein dosierte Schenkelhilfen geben zu können. Dazu muss der Sitz des Reiters symmetrisch und ausbalanciert sein, ansonsten wird das Gleichgewicht des Pferdes gestört und die Reiter-Pferd-Balance gerät ins Wanken. Bei idealer Haltung des Reiters sollten Ohr, Schultern, Oberarm, Hüfte und Absatz auf einer vertikalen Linie liegen. Bei korrekt eingestellten Bügeln sollte der Winkel der Hüfte zum Oberschenkel dem Winkel Oberschenkel zu Unterschenkel entsprechen. Der Absatz soll der tiefste Punkt des Reiters sein, da hochgezogene Absätze einen Großteil der zum Reiten benötigten Muskulatur außer Kraft setzen. Um die Balance auf dem Pferd zu halten, muss der Reiter im Hüftgelenk locker sein. Das erlaubt, dass er mit den Bewegungen des Pferdes mitschwingt und der obere Teil des Körpers sich Tempo- oder Richtungswechseln anzupassen kann. Beim Geradeausreiten sind gleichmäßig beide Gesäßknochen und der Schritt in Kontakt mit dem Sattel.

Beide Schultern sind leicht zurückgenommen und sollten die gleiche Höhe haben und im rechten Winkel zum Pferd stehen. Der Reiter trägt den Kopf erhoben und sieht in die Richtung, in die er reiten will. Bei zweihändiger Zügelführung fallen die Arme beidseitig locker aus dem Schultergelenk herunter, so dass die Ellenbogen dicht am Oberkörper sind, ohne angepresst zu werden. Die Handgelenke des Reiters sollten gerade, aber entspannt sein. Unruhige Hände stören das Pferd ständig im Maul und somit in der gleichmäßigen Bewegung. In einigen Disziplinen des Westernreitens, wie z. B. der →*Cutting,* nimmt der Reiter im Sattel einen anderen Sitz ein, um die Bewegungsabläufe des Pferdes nicht zu stören. Auch der Stil eines Reiters, der eine →*Working Cowhorse* reitet, eine Disziplin, die wohl noch am engsten von allen in Europa gerittenen Disziplinen mit der Arbeit der →*Cowboys* verknüpft ist, entspricht kaum den Vorstellungen eines Horsemanship-Sitzes, ist aber für diese Disziplin als korrekt anzusehen.

**Seat Jockey** – Sitzschabracke. →*Saddle.*

**Seller** – Verkäufer.

**Semi-Quarter-Tree** – Sattelbaum für Pferde mit schmalem nicht so ausgeprägtem Quarter Horse Gebäude. Dieser Sattelbaumtyp passt häufig auf drei- und vierjährige Quarter Horses mit nicht so massivem Gebäude, deren Entwicklung noch nicht voll abgeschlossen ist.

**Senior Class** – Klasse für ältere Pferde. Bei der EWU ab sieben Jahren, bei den Westernzuchtverbänden ab sechs Jahren. Pferde dieser Altersklasse müssen im Turniersport je nach Klasse und Verband in der Regel einhändig vorgestellt werden. Ausnahmen sind die Leistungsklassen 4 und 5 der EWU und die →*Green Classes* der Westernzuchtverbände, in denen auch ältere Pferde einhändig geritten werden müssen bzw. dürfen.

**Separate Judgement** – getrenntes Richten. Bei einer →*Double Pointed Show,* die bei den Westernpferdeverbänden häufig ausgeschrieben wird, richten mehrere Richter getrennt voneinander. Jeder platziert seine Favoriten für sich. Durch diese getrennte Richtweise kann sich ein Reiter mit einem Ritt ggf. zweimal oder je nachdem, wie die Show ausgeschrieben ist, noch öfter platzieren.

**Sequence of Footfalls** – Fußfolge. Jede Gangart hat eine bestimmte Fußfolge. →*Walk,* →*Jog,* →*Lope,* →*Back Up.*

**Serpentine Obstacle** – Hindernis der Disziplin →*Trail.* Dieses Hindernis besteht aus mindestens vier →*Markern,* die das Pferd im Schritt oder Trab im Slalom umrunden muss.

**Serving** – Deckakt.

**Set and Turn** – Anhalten und umdrehen.

Trainingselement in der Grundausbildung eines Westernpferdes. →*Roll Back.*

**Settling** – Vorbereitung vor einer →*Cutting*-Prüfung. Nachdem die Herde fürs Cutting in die Arena gebracht wurde, muss sie erst "gesettled" werden, bevor die Prüfung beginnen kann. Dazu werden mehrere Reiter benötigt, die am Rand der Herde solange entlangreiten, bis sich die Tiere zu einem Herdenverband zusammengefügt haben und zur Ruhe gekommen sind. Die Rinder werden dabei nicht unter Druck gesetzt, auch wenn die Reiter vor der Herde auf und ab galoppieren, sondern lediglich in dem Bereich gehalten, in dem sie sich aufhalten sollen. Dieser Vorgang kann am Anfang der Prüfung durchaus 20 bis 40 Minuten dauern. Erst danach kann der erste Cutter an den Start gehen und in die Herde hineinreiten. →*Deep Cut.*

**Sex** – Geschlecht. →*Stallion,* →*Mare,* →*Gelding.*

**Shanks** – Hebelarm, Anzüge am →*Bit.* Sie verlaufen bei der gebrochenen oder ungebrochenen Kandare auf beiden Seiten unterhalb des Mundstücks. Sie können lose oder starr am Gebissstück angebracht sein. Gelegentlich wird mit Shanks auch die Gesamtlänge der Seitenteile bezeichnet, die eigentlich →*Cheeks* heißen und aus den Shanks und den →Purchases bestehen. Die Wirkungsstärke des Bits hängt vom Längenverhältnis der Shanks oberhalb des Mundstücks und den Purchases unterhalb des Mundstücks ab. →*Leverage.*

**Sheding Blade** – Schweiß- und Wasserabstreifer.

**Sheepskin Lining** – Unterseite eines Sattels, die mit Schaffell ausgepolstert ist.

**Sheet** – Spezielle Pferdedecke. →*Blanket,* aus dünnem, atmungsaktivem Stoff. Sie wird hauptsächlich in den Sommermonaten benutzt. Ein Sheet mit einem Kopfteil →*Hood* eignet sich sehr gut, um lästige Insekten vom Körper des Pferdes fernzuhalten.

**Shin Boots** – →*Splint Boots.*

**Shipping Boots** – Transportgamaschen. Hohe Gamaschen, die dem Pferd während des Transports angelegt werden, um die Beine vor Verletzungen zu schützen.

**Shirt** – Hemd. Im Westernturniersport wird langärmelige Oberkörperbekleidung verlangt. Das bedeutet ein langärmeliges Hemd bzw. eine Bluse für die Damen, wobei Farben und Stil dem Reiter überlassen bleiben.

**Shockpad** – →*Pad* mit einer stoßabsorbierenden Einlage. Diese Pads werden gerne bei rückenempfindlichen Pferden benutzt. Sie kommen auch häufig bei Langstreckenritten zum Einsatz, um es dem Pferd angenehmer zu machen und um Druckstellen vorzubeugen, die manchmal trotz gut sitzendem Sattel entstehen können.

**Shoe** – Schuhe, bei Pferden Hufeisen. Kurzform für →*Horseshoe.* →*Circle Shoe,* →*Keg Shoe,* →*Sliding Plate.*

**Shorten the Reins** – Zügel verkürzen.

**Short Horse** – Pferd, das für Rennen auf kurze Distanzen gezüchtet wurde. Diese Distanzen reichen von einer Achtelmeile bis zu einer Viertelmeile. Das →*Quarter Horse* ist das klassische Short Horse.

**Short Mouth** – Kurze Maulspalte.

**Short Race** – Kurzstreckenrennen von einer Achtelmeile bis Viertelmeile. →*Quarter of a Mile Race.*

**Short Shanks** – Kurze Anzüge, →*Shanks,* an einer Kandare. →*Bit.*

**Short Training Fork** – Martingal ohne Halsriemen, das am Vorderzeug eingehakt wird. →*Training Fork.*

**Shotguns** – →*Chaps* mit enganliegenden Beinen, die im Westernturniersport meistens mit Fransen versehen sind. Sie sind aus Glattleder oder Wildleder. Aber auch Chaps aus einem gut waschbaren Kunststoffmaterial liegen heute im Trend, denn helle Leder-Showchaps nach einem verregneten Turnier zu reinigen, ist nicht ganz einfach. Shotguns werden in fast allen Reitdisziplinen getragen, wobei Reiter der Rinderdisziplinen →*Batwings* bevorzugen.

**Shoulder Fore** – →*Shoulder In.*

**Shoulder In** – Schulterherein. Gymnastizierende Übung zur Lösung der Schulter. Shoulder In verbessert nicht nur die Nachgiebigkeit des Pferdes, sondern förert auch die Balance und die Aktivität der Hinterhand.

Dabei ist das Pferd in seiner Längsachse gegen die Bewegungsrichtung gebogen. Die innere Vorderhand läuft auf einer eigenen Spur, die innere Hinterhand spurt auf die äußere Vorderhand und die äußere Hinterhand läuft auf einer eigenen Spur. Das Pferd geht bei dieser Lektion auf drei Hufspuren. Das innere Vorderbein tritt dabei vorwärts-seitwärts kreuzend über das äußere Vorderbein. Diese Übung kann in allen drei Gangarten geritten werden, je nach Ausbildungstand des Pferdes.

**Show** – Schau. Beim Westernreiten ist damit ein Turnier gemeint.

**Show Approval** – Show Anerkennung. Ein Turnier wird nur dann anerkannt, wenn neben der korrekten Beantragung und der einwandfreien Durchführung des Turniers auch nach dem Turnier die entsprechenden Papiere und Turnierergebnisse in vorgeschriebener Form und innerhalb der vorgegebenen Frist an den jeweiligen Verband weitergeleitet werden.

**Show Arena** – Platz oder Halle wo die Turnierprüfungen stattfinden. →*Show Ground.*

**Show Belt** – Gürtel für die →*Show*. Er kann aufwendig mit Silber oder anderen Materialien verziert sein, ist aber auch zu verschiedenfarbigen →*Jeans* und →*Chaps* passend in Wild- und Glattleder in allen Farben erhältlich. →*Belt,* →*Belt Buckle.*

**Show Blanket** – Satteldecke für die →*Show*. Sie sind meist aus schwerem, mit kunstvollen Mustern verziertem Gewebe. Aufgenähte Leder- und Silberverzierungen sind immer häufiger zu finden. Die Farben der Showblankets sollten mit der restlichen Ausrüstung des Reiters harmonieren, so dass sich ein ansprechendes Bild ergibt. →*Pad.*

**Show Bridle** – Showzaumzeug. Zaumzeug, das mit viel Silber, →*Rawhide,*

→*Tassels* oder auch anderen Elementen verziert ist. →*Conchas,* →*Ferrules,* →*Headstall.*

**Showcase Performer** – Mitwirkende eines Showprogramms oder einer Showvorführung.

**Show Cooler** – Spezielle Pferdedecke, die bis über die Ohren des Pferdes geht. Mit ihr kann das Pferd zwischen den einzelnen Prüfungen eingedeckt werden.

**Showday** – Turniertag.

**Show Gloves** – Handschuhe für den Turniersport, meist aus glänzendem Stoff farblich zur restlichen Ausrüstung passend.

**Show Ground** – Turnierplatz. Gesamtgelände auf dem ein Turnier stattfindet →*Show Arena.*

**Show Halter** – Showhalfter. Ein Pferd, das auf einer →*Show* vorgestellt wird, trägt kein normales Stallhalfter, sondern ein silberverziertes Lederhalfter. Es ist durch mehrere Schnallen verstellbar, damit es dem Pferdekopf optimal angepasst werden kann. Die dazugehörige Lederführleine hat die gleiche Farbe wie das Showhalfter und ist in der Regel mit einer Führkette versehen.

**Show Headstall** – Kopfstück für den Turniersport, das mit Silber oder anderen Elementen verziert ist. →*Show Bridle.* →*Headstall.*

**Show Manager** – Turnierleiter. Er ist für den Gesamtablauf des Turniers verantwortlich. Er hat außerdem das Recht und die Pflicht, auf die Einhaltung aller Regeln des jeweiligen Verbandes zu achten.

**Showmanship at Halter** – Prüfung für Jugendliche und Amateure, in der das Pferd ohne Sattel an der Hand mit einem meist silberverzierten Lederhalfter und dazu passender Führleine, vorgestellt wird. Der Grundgedanke dieser Disziplin liegt darin, dass ein Vorführer bei Zuchtprüfungen genau wissen sollte, wie er ein Pferd optimal präsentiert. Im Gegensatz zur Zuchtprüfung, →*Halter*, wo das Pferd beurteilt wird, wird in der Showmanship at Halter der Vorführer gerichtet. Bewertet wird neben dem Vorstellen des Pferdes u. a. das Gesamtbild.

Der Vorführer soll saubere Westernkleidung tragen, d. h. Westernhut, langärmelige Bluse oder Hemd, und eine Hose, die über den Stiefeln getragen werden soll. Jacken oder Westen sind nicht vorgeschrieben, heben aber den Gesamteindruck, ähnlich wie in anderen Disziplinen. In der Regel wird auch nicht darauf verzichtet, einen passenden Gürtel mit einer →*Buckle* zu tragen. Der Pflegezustand des Pferdes, d. h. des Fells, der Mähne, des Schweifes und der Hufe, fließt mit in die Wertung ein. Die Hufe sind häufig mit Klarlack oder auch schwarzem Huflack, →*Hoof Blackener*, lackiert. Das Halfter soll korrekt am Kopf des Pferdes sitzen, d. h. nicht zu fest und nicht zu locker. Die eigentliche Vorführung sieht sehr einfach aus, vor allem, wenn der Vorführer sein Metier beherrscht. Viele Jugendliche bezeichnen diese Prüfung jedoch als eine der schwierigsten Disziplinen. Ein Pferd vom Boden aus dazu zu bringen, die Füße paarweise genau nebeneinander zu stellen, →*Square*, ein paar Meter gerade rückwärts zu richten, sich korrekt auf der Hinterhand zu drehen, anzuhalten oder anzutraben, ohne dass am Führstrick gezogen oder gezerrt wird oder gar das Pferd berührt werden darf, erfordert viel Training. Während der gesamten Prüfung soll der Vorführer immer eine bestimmte Position zum Richter und zum Pferd einnehmen, insbesondere, wenn der Richter um das Pferd herumgeht. Ein Vorführer, der dem Richter den Blick auf sein Pferd verdeckt, vergibt seine Chancen. Diese Prüfung soll sicherstellen, dass sich sowohl der Vorführer als auch sein Pferd korrekt präsentieren können, wenn sie in eine Zuchtschau gehen. Dort werden Pferde, außer Absatzfohlen, die noch nicht still stehen können, meist gar nicht erst mit in die Bewertung genommen, da der Richter das Exterieur eines zappelnden Pferdes kaum beurteilen kann.

**Show Office** – Meldestelle, das Herz jeder Turnierveranstaltung. Die Meldestelle ist für Starterlisten, Ergebnislisten, Ausgabe der Startnummern usw. verantwortlich. An der Meldestelle laufen die Fäden des Turniers zusammen.

**Show Outfit** – Turnierausrüstung. Sie beinhaltet neben der Turnierbekleidung für den Reiter auch die Ausrüstung für das Pferd.

Perfektes Show Outfit

Im Turniersport sind Hut, →*Hat,* und Westernstiefel, →*Boots,* sowie langärmelige Oberkörperbekleidung zwingend vorgeschrieben. Der Rest der Bekleidung bleibt dem Geschmack des Reiters überlassen, wobei sich jedoch ein gewisser Standard entwickelt hat, an dem sich die Turnierreiter orientieren. Dazu gehören: →*Tuxedo*, →*Chaps*, →*Belt*, →*Buckle*, →*Scarf Pin*, →*Slinky*, →*Show Saddle*, →*Show Pad*, →*Show Headstall,* →*Showbridle.*

**Show Participant** – Turnierteilnehmer.

**Show Reins** – Zügel für den Turniersport, die mit Silber, Rohhaut oder anderen Materialien verziert sind und in der Regel in der Verzierung zum Kopfstück passen. →*Show Headstall.*

**Show Result** – Turnierergebnis. Dieses muss nach dem Turnier zur Punktverwertung an den jeweiligen Verband geschickt werden. Wird das versäumt, verlieren nicht nur die Reiter ihre Punkte, sondern dem Turnier kann im Nachhinein die Anerkennung abgesprochen werden.

**Show Saddle** – Silberverzierter Sattel, der vor allem für die Turnierklassen →*Western Pleasure*, →*Western Horsemanship,* →*Western Riding* und →*Trail* verwendet wird. Diese Sättel haben meistens ein kleines bis mittleres →*Horn* und eine niedrige →*Fork.* Der Sitz ist gut gemuldet und hat ein mittleres bis hohes →*Cantle.* Der Schwerpunkt liegt etwas weiter vorne als beim Westernarbeitssattel. Die Bügelaufhängung befindet sich unterhalb des Reiterschwerpunkts, so dass er keine Probleme hat, seine Beine genau unter sich zu halten und den →*Equitation-Seat* einzunehmen. Da in diesem Sattel vorwiegend auf →*Shows* geritten wird, weist er neben hübschen Punzierungen auch je nach Geschmack oft üppige Silberverzierungen auf. Auch in anderen Disziplinen kann der Show Saddle aufwendig verziert sein, so z. B. der →*Reining*

*Saddle*, der dann als Show Reiner bezeichnet wird. →*Equitation Saddle*.

**Show Secretary** – →*Show Office*.

**Show Tickets** – Eintrittskarten.

**Sickle-Hooked** – Säbelbeinig. Die Hinterbeine eines solchen Pferdes haben die Form einer Sichel und weisen eine starke Winkelung der Sprunggelenke auf.

**Side Button** – Seitenknopf beim →*Bosal*. Zwischen dem Seitenknopf und dem Nasenstück wird das Kopfstück des Bosals eingehängt. →*Hackamore Hanger*, →*Hackamore*.

**Side Reins** – Ausbindezügel. Ausbinder werden immer paarweise verwendet. Sie bestehen aus zwei Riemen, die auf jeder Seite des Pferdes in den jeweiligen Trensenring eingehakt werden. Das jeweils andere Ende wird am Sattelgurt oder am Longiergurt verschnallt. Side Reins werden hauptsächlich beim Longieren verwendet, und helfen, das Pferd in seiner Haltung zu schulen. Side Reins sollen die Pferdenase in die Nähe der Senkrechten bringen, damit das Pferd seinen Rücken hergeben und schwingen kann. Da das Longieren auf einem Zirkel stattfindet, kann der innere Ausbinder etwas kürzer geschnallt werden, als der äußere, damit das Pferd korrekt gestellt auf der Kreisbahn läuft.

**Sidepass** – 1. Seitengang des Pferdes ohne Vorwärts- oder Rückwärtsbewegung, bei dem seine Längsachse fast rechtwinklig zur Bewegungsrichtung bleibt. Mit dem Sidepass ist daher keine traversale Bewegungsrichtung gemeint, sondern tatsächliches Seitwärtsgehen mit Überkreuzen der Beine, bei dem der Schrittrhythmus erhalten bleiben soll. Traversalen, die hauptsächlich der Gymnastizierung des Pferdes dienen, werden im Westernturniersport so gut wie nie verlangt. Der Sidepass wird ausschließlich im Schritt ausgeführt und kann in den Disziplinen →*Trail* und →*Western Horsemanship verlangt werden*. Die Fußfolge beim Sidepass ist die gleiche wie im Schritt.

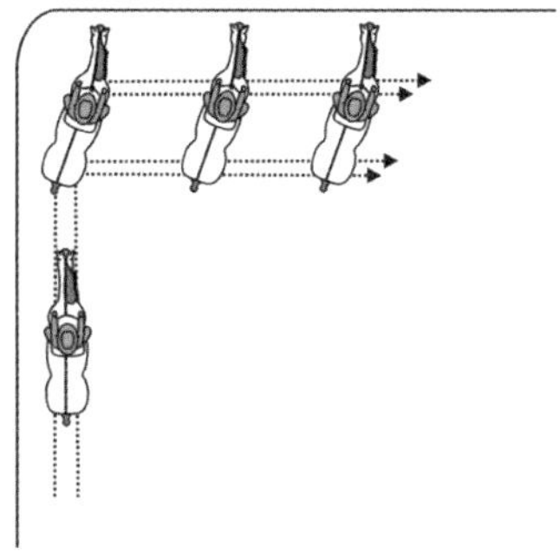

Nach rechts geritten ergibt sich folgende Fußfolge:

1. Der linke Hinterfuß kreuzt vor dem rechten Hinterfuß.
2. Der linke Vorderfuß kreuzt vor dem rechten Vorderfuß.
3. Der rechte Hinterfuß wird wieder rechts neben den linken Hinterfuß gestellt.
4. Der rechte Vorderfuß wird wieder rechts neben den linken Vorderfuß gestellt.

Phase zwei und drei werden wegen der Balance des Pferdes meistens fast gleichzeitig ausgeführt. Der Sidepass hat verschiedene Schwierigkeitsgrade, die von der Kopfstellung des Pferdes abhängen. Die einfachste Variante ist die, in der der Kopf des Pferdes gegen die Bewegungsrichtung gestellt ist.

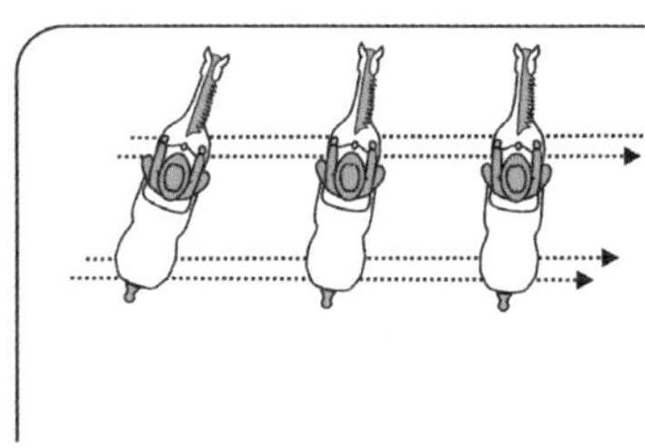

Die gerade Kopfstellung ist bereits ein erhöhter Schwierigkeitsgrad. Die Biegung in die Bewegungsrichtung ist die schwierigste. Die dominante Hilfe ist der Schenkeldruck, dem das Pferd weicht. Die Gewichtshilfe spielt beim Sidepass eine andere Rolle, als in den Wendungen. Durch die Gewichtshilfe außen wird die innere Schulter frei, so dass dem Pferd das seitliche Übertreten erleichtert wird.
2. Hindernis der Disziplin →*Trail* mit vielfältigen Variationsmöglichkeiten. Beim Sidepass im Trail steht der Körper des Pferdes im rechten Winkel zu den richtungsweisenden Stangen. Das Pferd soll dabei seitlich übertreten. Der Sidepass kann zwischen zwei Stangen, aber auch über eine Stange erfolgen. Beim Sidepass zwischen zwei Stangen soll der Abstand zwischen den Stangen 1,50 m bis 1,80 m betragen. Befinden sich nur Vor- oder Hinterhand zwischen zwei Stangen, beträgt der Abstand 40 cm bis 60 cm. Eine weitere Variante des Sidepass stellt das "T" dar, wofür Stangen in der Anordnung eines "T" auf den Boden gelegt werden.

Sidepass ohne Zaumzeug in einer Jackpot-Prüfung

**Sidepull** – "Seitenzieher". Gebissloser Trainingszaum, der auch Lindel genannt wird und der texanischen →*Rope Hackamore* ähnelt. Das Side Pull besteht aus einem steifen Nasenband aus dem Material eines →*Rope* und einem Lederriemen unter dem Kinn. Das Kopfstück ist aus Leder, hat eine V-förmige Spezialaufhängung und kann sowohl einen Stirnriemen, als auch einen Kehlriemen haben. Die Zügel sind seitlich angebracht und wirken über das Nasenband auf die Nase des Pferdes ein. Das harte Material des Nasenbandes kann bei grober Anwendung des Sidepulls die Nase des Pferdes wundscheuern. Die Einwirkung auf das Pferd erfolgt hauptsächlich über seitlichen Zug, deshalb sollte die innere richtungsweisende Zügelhand zum Lenken etwas vom Pferdekopf weggeführt werden. Es sind auch Kombinationen von Side Pulls mit eingearbeiteter Wassertrense erhältlich. Im Turniersport ist ein Side Pull nicht erlaubt.

Sidepull

**Silver** – Silber. Wenn nicht ausdrücklich von →*Sterling Silver* die Rede ist, wird dieser Ausdruck auch häufig für Gegenstände benutzt, die →*Silver Plated* sind oder solche mit →*Silver Overlay*.

**Signal Bit** – Allgemeine Bezeichnung für das kalifornische Bit.→*Spade Bit*.

**Silver Cantle Plate** – Silberne Verzierung für das →*Cantle* eines Westernsattels, in die auch häufig die Initialen des Eigentümers oder der Name des Pferdes eingraviert ist.

**Silver Cheek Plates** – Silberne oder versilberte Metallteile zur Verzierung der Backenstücke von Kopfstücken und Halftern.

**Silver Corner Plates** – Silberne Verzierungen für die Ecken der →*Skirts* eines Westernsattels.

**Silver Ferrules** – Silberhülsen, die verschiedene Formen haben können. Sie dienen zur Verzierung der Westernausrüstung z. B. an Zaumzeugen, Halftern und Vorderzeugen. →*Ball Ferrules*, →*Barrel Ferrules*, →*Show Breast Collar*, →*Showhalter*, →*Show Headstall*.

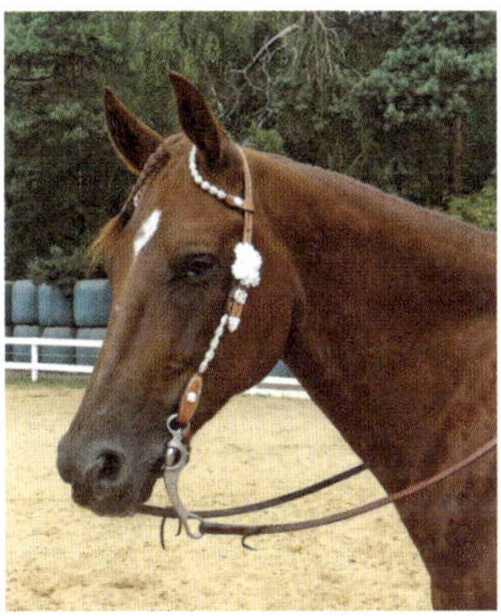

Zaumzeug mit Silver Ferrules

**Silver Latigo Carrier Plate** – Silberne Zierplatte über der Schlitzöffnung des →*Tie Strap Holders*, durch die der überhängende →*Latigo* durchgezogen wird.

**Silver Overlay** – Silberauflage, Silberüberzug.

**Silver Plated** – Reines Silber, das auf die Oberfläche eines anderen Metalles aufgebracht wurde. Ein beliebtes Material, um verschiedene Verzierungen am Sattel anzubringen. Es ist wesentlich preisgünstiger als reines Silber.

**Silver Stirrup Plates** – Silberne Verzierung für die Steigbügel →*Show Saddle*.

**Silver Swell Plates** – Silberne Verzierungen für die →*Swells* am Westernsattel →*Show Saddle*

**Silver Trim** – Silberverzierung z. B. an Sattel, Zaumzeug, Halfter oder Kleidung.

**Silver Trim Package** – Zusammenpassende Silberverzierungen für einen Sattel oder ein Zaumzeug, mit allen benötigten Teilen. →*Show Saddle*.

**Simple Lead Change** – Einfacher Galoppwechsel. Wechsel von einem Galopp in den anderen, wobei das Pferd aus dem Galopp zum Trab, Schritt oder Halten durchpariert wird, um dann im neuen Galopp wieder anzuspringen. Mit welchem Übergang der Wechsel erfolgen soll, wird im Turniersport je nach Aufgabe vorgeschrieben und differiert von Verband zu Verband. →*Lope*.

**Simulated Skin** – Kunstleder.

**Simulated Water** – Hindernis der Disziplin →*Trail*. Durch eine Plastikplane imitierter Wassergraben, der in der Halle oder dort, wo kein Wassergraben zur Verfügung steht, verwendet wird. →*Water Ditch*.

**Single Cinch Rigging** – Gurtungsvorrichtung mit nur einer Befestigungsmöglichkeit für den vorderen Sattelgurt. →*Rigging*.

**Single Foot Hobble** – Einzelfuß→*Hobble*.

**Sire** – Vater, Vererber, Erzeuger.

**Sire and Get** – Gruppe in der →*Halter* Prüfung. Ein Hengst und zwei seiner Nachkommen werden vorgestellt

**Sitting Trot** – →*Jog*.

**Size of Cannon Bone** – Röhrbeinumfang.

**Size of Girth** – Gurtumfang, Gurtlänge.

**Skid Boots** – Fesselkopfschutz für die Hinterbeine. Sie sollen den Fesselkopf vor Verletzungen wie Abschürfungen und Verbrennungen schützen, die durch →Sliding Stops verursacht werden können. →*Boots*.

**Skipper W** – Quarter Horse Hengst Skipper W. Sein Name ist untrennbar mit dem bekannten Züchter Hank Wieskamp (21.05.1906 – 10.08.1997) verbunden. Der Hengst wurde 1945 auf Wieskamps Ranch in Alamosa/Colorado geboren. Obwohl er nicht besonders promotet wurde und ausschließlich für Wieskamps Stuten zur Verfügung stand, machte er sich durch seine Nachzucht einen Namen. 1963 starb er 18-jährig an Herzversagen. Zu diesem Zeitpunkt gehörten sieben seiner Söhne und 57 seiner Töchter zu Wieskamps Zuchtprogramm, der durch konsequent durchgeführte Linienzucht bekannt wurde. →*Line Breeding.*

**Skirts** – Die auf dem Pferdrücken aufliegenden Lederteile am Westernsattel, deren Unterseite mit Schaffell oder Kunststoffmaterial gepolstert sind. →*Saddle*

**Slack** – Schlaff, locker, lose. Bezieht sich beim Westernreiten in der Regel auf die Zügel, die "Slack" haben, wenn sie durchhängen und nicht anstehen. →*Pull and Slack.*

**Sleazy Hood** – Enganliegendes Trikot, das Kopf, Hals und Widerrist des Pferdes bedeckt. Turnierpferde werden damit nachts vor der Show bekleidet, damit das Fell und die Mähne glatt liegt und das Pferd nicht wieder schmutzig wird.

**Sleeper** – →*Sleazy Hood.*

**Slicker** – 1) Reitregenmantel des Cowboys, spezieller Regenmantel zum Reiten, ursprünglich aus hellgelbem, geölten Leinen. →*Duster.*

2) Bezeichnung für eine Hindernis der Disziplin →*Trail.* Das An- und Ausziehen eines Regenmantels oder einer Jacke auf seinem Pferd sollte zu den Fertigkeiten eines jeden Trailreiters gehören.

**Slide Ear Headstall** – Einohrzaum, dessen Ohrteil sich verschieben lässt. →*Headstall,* →*One Ear Headstall.*

**Slide Track** – 1. Spezielle Bahn, auf der →*Reining* Trainer ihre Pferde schulen. Der Slide Track hat einen speziellen Boden und →*Fencing-Gates* zum Training von →*Sliding Stops.* Slide Tracks gehören zur Standardausrüstung von Reining-Trainern in den USA. Die dort bevorzugten Maße dafür: mehr als 200 m lang und ca. 75 Meter breit.

2. Spur, die das Pferd beim →*Sliding Stop* im Boden hinterlässt.

**Sliding Plate** – Spezialbeschlag eines →*Reining*-Pferdes. Die Anpassung ist Präzisionsarbeit, die allerdings auch für Pferde aller anderen Disziplinen die Norm sein sollte, denn auch ein Mensch mit zu großen, zu kleinen Schuhen oder einseitig abgelaufenen Schuhen wird nicht ordentlich laufen können. Nur ein Pferd mit ausbalanciertem Beschlag ist in der Lage, beim →*Sliding Stop* in der Spur zu bleiben oder auch beim →*Spin* sauber zu laufen.

Sliding Plates sind glatter als herkömmliche Hufeisen und haben keine Falz. Die Hufnägel werden bündig mit der Eisenfläche eingeschlagen und stehen nicht hervor. Die Sliding Eisen, wie sie die Reining-Pferde tragen, sind gewöhnlich 1 →*Inch* breit und handgefertigt. Breitere Eisen lassen die Pferde zwar besser "sliden", verringern aber in hohem Maße die Balance eines Pferdes, weil der Halt am Boden geringer wird. Das kann sich manchmal beim Stop dahin auswirken, dass ein Bein zur Seite rutscht, was wiederum zu Abzugspunkten in der Bewertung führt. Die meisten Sliding Plates haben →*Trailer*, verlängerte Schenkel, die aber nicht über den Ballen hinausgehen sollen. Die Trailor helfen den Pferden bei der Stabilisierung der Stops.

**Sliding Shoes** – Sliding Hufeisen. →*Sliding Plates.*

**Sliding Stop** – Gleitender Stop. Eines der geforderten →*Reining* Manöver. Bei einem perfekten Sliding Stop senkt das Pferd die Hinterhand, wobei Hinterbeine und Sprunggelenke arretiert werden, so dass das Pferd auf den Eisen, →*Sliding Plates*, gleitet, während die Vorderbeine mit trabenden Bewegungen weiterlaufen. Ein Reining Pferd muss ebenmäßig in seiner Spur stoppen können, das erfordert einen präzisen Hufbeschlag und vor allem viel Übung und Talent. Ebenso wichtig ist die Beschaffenheit des Bodens. Auf einem tiefen, feuchten Sandboden oder unebenem Grasboden ist es nicht möglich, einen guten Sliding Stop auszuführen. Auf einem →*Slide Track* mit entsprechenden Bodenverhältnissen, werden die Pferde optimal für diesen Stop trainiert. Die Bewertung des Stops in der Reining schließt neben dem Stop selbst auch den →*Runaround* und den →*Rundown* mit ein.

Sliding Stop

**Slinky** – →*Turtleneck Slinky.*

**Slip Ear Headstall** Einohrzaum mit gleitendem Ohrriemen. →*Slide Ear Headstall.*

**Slip Knot** – →*Quik Release Knot.*

**Slip-On-Stirrup** – Steigbügel für Kinder. Sie werden durch ein breites Band aus Leder oder Kunststoff am Sattelhorn fixiert und ermöglichen Kindern so, in einem zu großen Sattel Halt zu finden, denn die Bügel eines Westernsattels sind durch den →*Fender* nur bedingt verkürzbar.

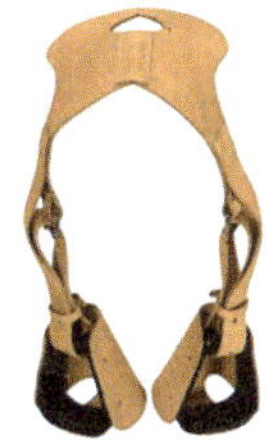

**Slobber Leathers** – Sabberleder. Lederne Zwischenstücke zwischen Trensenringen und Zügeln. Sie sind an den Zügeln rundgeflochtener Polyseile zu finden, die am Bosal anstatt der →*Mecate* im Training verwendet werden, aber auch am →*Cowboy Snaffle Bit.* Im Snaffle Bit verwendet, sollen die Slobber Leathers verhindern, dass der Speichel die Zügel unterhalb der Trensenringe ruiniert.

**Sloping Croup** – Abfallende Kruppe. Eine schräg abfallende Kruppe fördert das Untersetzen des Pferdes mit der Hinterhand und ist deshalb beim Westernpferd erwünscht.

**Slot Ear Headstall** – Einohrzaum, bei dem ein einfacher Schlitz für das Ohr vorgesehen ist. →*Headstall.*

**Slotted Concho** – Eine Concho mit zwei Befestigungschlitzen in der Mitte, durch die Befestigungsbänder gezogen werden können.

**Slow Motion** – Zeitlupe.

**Small Star** – Kleiner Stern. Abzeichen am Pferdkopf. →*Markings.*

**Smoothout** – Glattleder, im Gegensatz zu Wildleder. → *Grain,* →*Leather.*

**Smooth Transition** – Geschmeidiger Übergang. →*Transitions.*

**Snaffle (Bit)** – Wassertrense. Trense mit einfach gebrochenem Mundstück ohne Anzüge. Das Snaffle Bit wird mit direkter Zügelführung beidhändig geritten. Es wirkt direkt auf die Maulwinkel ein. Das Snaffle Bit ist im Turniersport entsprechend den Regelbüchern der Verbände jüngeren Pferden vorbehalten oder in entsprechenden Leistungsklassen auch unerfahrenen Turnierreitern. →*D-Ring-Snaffle*, →*O-Ring-Snaffle*, →*Eggbut-Snaffle*.

D-Ring-Snaffles und O-Ring-Snaffle

**Snaffle Bit Double(broken)** – Doppelt gebrochene Wassertrense.

**Snaffle (Bit) with Shanks** – Alle gebrochenen Gebisse mit Anzügen, →*Shanks*, auch wenn die Anzüge rund sind, wie beim →*Gonzales Bit*. Diese Gebisse haben durch die Anzüge über die Kinnkette oder den Kinnriemen eine Hebelwirkung ähnlich der Kandare. Das →*Western Pelham* und auch einige andere Gebisse dieser Art können mit vier Zügeln geritten werden und wirken bei zweihändiger Zügelführung zusätzlich auf die Maulwinkel ein. Im Turniersport muss ein Snaffle Bit with Shanks einhändig geritten werden.

**Snaffle Bit Reins** – Breite →*Split Reins* aus verschiedenen Materialien wie Leder, geflochtenem Nylon oder geflochtenem Hanf, gelegentlich am Ende mit einem →*Popper* versehen.

**Snaffle Rein** – Oberer Zügel am →*Western Pelham*. Er wirkt ohne Hebelwirkung direkt am Mundstück des Gebisses.

Lead Snap, Bull Snap, Panic Snap

**Snap** – Schnappschloss. →*Bull Snap*, →*Lead Snap*, →*Panic Snap*, →*Snap Hook*.

**Snap Hook** – Karabinerhaken.

**Snip** – Schnippe. Weißes oder rosa Abzeichen am Maul unterhalb des Nüsternansatzes. →*Markings*.

**Snowflake** – Farbzeichnung bei den Appaloosas. Helle Tupfen auf dunklem Fell.

**Snubbing Horse** – Ein erfahrenes Pferd, das ein "grünes" Pferd führt. Um ein Pferd halfterführig zu machen, werden in den USA z. B. häufig Absatzfohlen, →*Weanling*, nach der Entwöhnungsphase an einen Esel gebunden. →*Halter Breaking*.

**Snubbing Post** – Fest eingegrabener oder einbetonierter Pfosten, an dem man ein widerspenstiges Pferd anbinden kann bzw. den man benutzt, um ein widerspenstiges Pferd zu halten, nachdem man den Strick oder die Longe einmal um den Pfahl gewickelt hat.

**Socks** – Socken. Weißes Abzeichen an den Pferdebeinen, das vom Kronenrand bis zur Hälfte des Vorderfußwurzelgelenks geht. Im Deutschen wird es Stiefel genannt. →*Markings.*

**Softly in Hand** – Bezeichnung für ein Pferd, das leicht auf die Zügelsignale des Reiters reagiert.

**Sole** – Hornsohle des Pferdes. →*Hoof.*

**Solid** – Einfarbiges Pferd.

**Solid Bit** – Eine Kandare, die keine beweglichen Teile hat. →*Bit.*

**Solid Paint Bred** – Einfarbiges →*American Paint Horse.*

**Sore Spot** – Druckstelle. Sie kann durch unsachgemäß angelegte oder schlecht passende Ausrüstungsgegenstände wie z. B. einen falsch sitzenden Sattel entstehen.

**Sorrel** – Fuchs. Sein Fell ist rötlich bis kupferrot. Mähne und Schweif haben die gleiche Farbe, können aber auch flachsfarben sein.

**Spade** – Spaten. Spatenförmige Verlängerung des mittleren Teils des →*Spade Bit.*

**Spade Bit** – Kandare der kalifornischen →*Vaqueros*, die mit dem geschlossenen kalifornischem Zügel, →*Romal Rein*, einhändig geritten wird.

Sie hat einen hohen spaten- oder löffelförmigen →*Port*, der auf den Gaumen des Pferdes einwirkt. Ein gutes Spade Bit ist durch die Neigung des Löffels so ausbalanciert, dass das Pferd bei korrekter Kopfhaltung keinerlei Druck verspürt. Im Port ist ein →*Cricket* eingearbeitet. Die Anzüge sind beweglich und im unteren Bereich durch eine Distanzstange oder Distanzkette miteinander verbunden. Ein Spade Bit sollte nur bei sehr gut ausgebildeten Pferden und von sehr guten Reitern verwendet werden. →*Connecting Bar*, →*Stabelizing Bar.*

**Spavin** – Spat. Schmerzhafte, entzündliche Knochenauflagerungen die sich im Verlauf der Verknöcherung von Gelenkspalten innen, am unteren Rand des Sprunggelenkes bilden. Das Sprunggelenk besteht aus einem beweglichen Teil, dem großen Talocruralgelenk und einem unbeweglichen Abschnitt, den kleinen Tarsalgelenken. In diesen kleinen Tarsalgelenken, die straff und wenig beweglich sind, kann sich durch Überbelastung die chronische Gelenkentzündung, Spat, einstellen. Hervorgerufen werden kann diese Krankheit durch übermäßige Belastung der Sprunggelenke, insbesondere bei jungen Pferden oder solchen mit besonders steilen Gelenken an den Hintergliedmaßen. Zur Erstdiagnose dient unter anderem die Beugeprobe. Ist sie positiv, können Röntgenbilder Gewissheit verschaffen. Eine Heilung ist allerdings nicht möglich. Ein orthopädischer Hufbeschlag kann die Schmerzen lindern und geringfügige Spatlahmheit ausgleichen. Eine Operation bringt nicht immer den erwünschten Erfolg. Im Lauf der Zeit wird zumeist der Verknöcherungsprozess abgeschlossen. Die Tarsalgelenksknochen sind dann miteinander verwachsen, und die Krankheit kommt zum Stillstand. Pferde mit einer Spaterkrankung können bedingt zur Arbeit eingesetzt werden, doch es muss mit immer wieder auftretender Lahmheit gerechnet werden.

**Spayed Mare** – Sterilisierte Stute, die dann unfruchtbar ist.

**Special Ability** – Spezielle Eignung.

**Special Rules** – Besondere Bestimmungen.

**Speed** – Tempo.

**Speed Control** – Geschwindigkeitskontrolle. Element der →*Reining*. In einer Reining-Prüfung werden kleine langsame und große schnelle Zirkel verlangt, die aufeinander folgen und einen deutlichen Unterschied in Größe und Schnelligkeit erkennen lassen sollen. Bei der Speed Control zeigt der Reiter sowohl in der Reining, wie auch in anderen Disziplinen, dass er jederzeit in der Lage ist, die Geschwindigkeit seines Pferdes mit leichtesten Hilfen, d. h. nicht allein über das Gebiss, zu kontrollieren.

Speed Control erfordert viel reiterliches Können und verlangt auch von einem Reiter, sein Pferd öfter mal richtig laufen zu lassen, denn das Pferd sollte mit seiner eigenen Geschwindigkeit vertraut sein. Sonst empfindet es die plötzlich geforderte hohe Geschwindigkeit als etwas Bedrohliches, und der den Pferden angeborene Fluchtreflex kann zum Tragen kommen, der dann die Kontrolle über das galoppierende Pferde erschwert. Speed Control stellt zum einen physische Anforderungen an das Pferd, die der körperlichen Leistung, aber in hohem Maße auch Anforderungen an die entsprechende mentale Verarbeitung. Bei der Speed Control wird das Pferd durch Vorlehnen des Reiters ab der Taille und das Vorgehen der Hand dazu veranlasst, schneller zu laufen, →*Chasing*, da sich die Gesäßknochen aus dem Sattel heben und der Reiter damit vor den Schwerpunkt des Pferdes kommt. Das Zurücknehmen der Zügelhand, ohne große Einwirkung auf das Gebiss, und das nun tiefe Einsitzen fordern das Pferd auf, wieder langsamer zu laufen. Speed Control, wie sie bei der Reining praktiziert wird, ist ebenfalls eine gute Übung für die Korrektur von Pferden anderer Trainingsbereiche, die zum Davonlaufen neigen.

**Speed Index** – Klassifizierung eines Rennpferdes nach seiner Höchstgeschwindigkeit.

**Spin** – Flache Hinterhandwendung um 360° in wiederholter Folge mit Hochgeschwindigkeit, wobei die Vorderbeine trabartig mit dabei überkreuzenden Vorderbeinen um die Hinterhand herum laufen. Das →*Pivot-* oder Drehpunktbein soll dabei stehenbleiben. Die Drehung soll in einem gleichmäßigen Rhythmus erfolgen. Der ideale Spin ist flach, weich, rasant und taktrein. Er soll punktgenau beendet werden. Unter- oder Überdrehen zieht Penalties nach sich. Der Spin ist ein Element der →*Reining*-Prüfung. →*Overspinning,* →*Underspinning.*

**Splint** – Überbein. Überbleibsel einer Knochenhautentzündung. Sie entwickeln sich meist bei jungen Pferden an der Innenseite des Vorderbeins zwischen dem Griffelbein und dem Röhrbein und sind knochenharte Wucherungen. Sie können durch Überlastung oder Fremdeinwirkung wie Tritte oder Anschlagen z. B. beim Spin, ohne entsprechenden Schutz, mit nachfolgender Entzündung entstehen. Das seitlich am Röhrbein sitzende Überbein ist meist

**Der Spin**

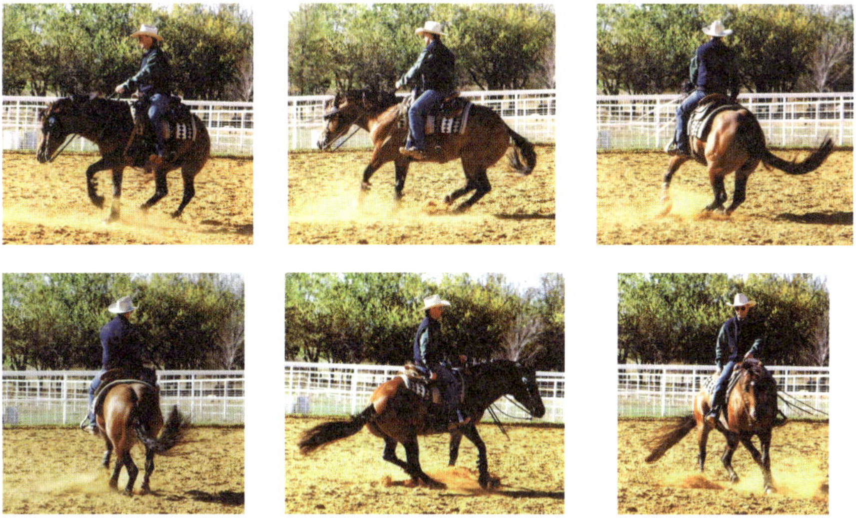

nur ein Schönheitsfehler, während eines am hinteren Rand des Griffelbeins zu chronischer Lahmheit führen kann, weil es die Sehne behindert.

**Splint Boots** – Schutzgamaschen. Splint Boots schützen das Röhrbein, das Sprungbein und das innen gelegene Fesselgelenk vor Stößen und Verletzungen. Es gibt auch kurze Splint Boots, die keinen Schutz für den Fesselkopf bieten. →*Boots*.

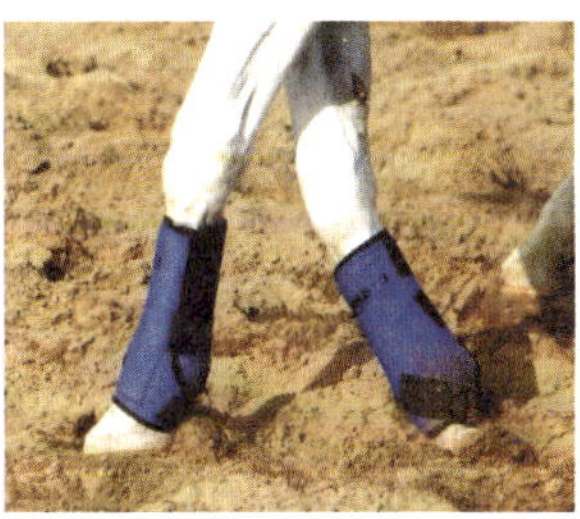

**Split Ear Headstall** – Einohrzaum, bei dem das Genickstück an der Stelle für das Ohr geteilt wurde. Die Öse besteht nur in einem Schlitz im Leder des Kopfstücks. →*Headstall*.

**Split Reins** – Geteilter, offener Zügel des Westernreiters. Er sollte der Größe des Pferdes angepasst sein. Denn durch richtige Länge und Schwere wird ein Herunterfallen auf die Erde verhindert, wenn der Reiter den Zügel auf dem Hals ablegt. Das kann erforderlich sein, weil er beide Hände für etwas anderes benötigt, z. B. um sich eine Jacke anzuziehen. Die Ideallänge hat der Zügel, wenn er bei leicht anstehendem Zügel, bei zweihändiger Zügelführung, rechts und links bis zum Karpalgelenk herunter hängt. Ein kürzerer, dazu vielleicht noch leichterer Zügel, ist gefährlich, da er leicht vom Pferdehals herunterrutscht und der Reiter dann plötzlich keine Zügel mehr hat.

**Sponsor** – Sponsor, Geldgeber.

**Spooky** – Schreckhaft. Ein Pferd wird als Spooky bezeichnet, wenn es vor allem und jedem scheut, erschrickt und sich furchtsam zeigt.

**Spoon** – Löffelförmige Verlängerung des

→*Ports* beim →*Spade Bit*.

**Spoon'n Egg Race** – Ein Spiel, bei dem die Reiter ein Ei auf einem Löffel balancieren. Geritten wird wir bei der nur ein Schönheitsfehler, während eines *Western Pleasure* in allen Gangarten. Sieger ist, wer als letzter sein Ei noch auf dem Löffel hat.

**Spot** – Flocke. Helles Abzeichen am Pferdekopf. →*Markings*.

**Spottet Blanket** – Fellzeichnung des →*Appaloosas*. Ein Pferd mit einer dunklen Grundfarbe, das eine weiß gefleckte "Decke" über Kruppe, Hüfte bis an die Lenden hat.

**Spotted Hip** – Farbbezeichnung bei den →*Appaloosas* für ein Pferd mit dunkler Grundfarbe und weißen Flecken auf der Kruppe.

**Sprained Tendon** – Sehnenentzündung. Ein Sehnenschaden kann durch Überdehnung, Überbelastung, Überanstrengung bei nicht dem Trainingsstand angepassten Anforderungen und durch äußere Verletzungen entstehen. Die Beugesehne des Pferdes besteht aus vielen kleinen Sehnenfasern, die zu dicken Bündeln zusammengefasst sind. Bei Überanstrengung können mehrere Fasern oder auch Bündel reißen. Die Sehne wird fühlbar wärmer und dicker. Das Pferd beginnt zu lahmen. Bei einer Sehnenzerrung lahmt das Pferd sofort, aber äußerlich ist kaum eine Veränderung zu bemerken. Ein Pferd mit Sehnenschaden darf keinesfalls belastet werden. Die Heilung ist sehr langwierig und kann sich über Monate hinziehen.

**Spur Leather** – Sporenriemen.

**Spur Tie Down** – Fixierriemen für Sporen aus elastischem Material oder Leder, der unter dem Hacken durchgeführt und am Sporn befestigt wird.

**Spurs** – Sporen. Sie ergänzen und verfeinern die Schenkelhilfe des Reiters oder verleihen ihr im Bedarfsfall einmal Nachdruck. Westernsporen haben ein Rad, →*Rowel*, mit zahlreichen Zacken, die rundgeschliffen sein müssen. Je mehr Zacken ein Sporn hat, umso milder wirkt er. Durch das Rad, das bei Berührung mit dem Pferdekörper abrollt, wird seine Wirkung weiter entschärft. Sporen gehören seit jeher zum Image des Cowboys. Sie waren nicht nur bei der Arbeit praktisch, sondern man konnte sich durch die Geräusche beim Gehen auf den hölzernen Gehsteigen der Rinderstädte wirkungsvoll in Szene setzen. Die bei der Arbeit verwendeten Sporen waren schmucklos, doch oft besaß ein Cowboy ein silbernes mit Schnörkeln und Blumenmustern sowie →*Jingle Bobs* versehenes Paar, das noch niemals mit der schweißverklebten Flanke eines Pferdes in Berührung gekommen war.

Die amerikanischen Cowboys lehnten jedoch in der Regel den mexikanischen Sporen mit Dornrädern ab und bevorzugten Modelle mit abgefeilten Sporenrädern wie den →*Ok-Spur*.

**Spur Straps** – Sporenriemen.

**Square** –Quadrat, Viereck. 1.Hindernis der Disziplin →*Trail*. Es besteht aus vier im Quadrat gelegten Stangen. Die Stangenlänge beträgt 1,50 m bis 2,00 m, je nach Verband. Innerhalb dieses Quadrats soll eine Wendung ausgeführt werden, meistens 360°, kann aber je nach →*Pattern* auch zwischen 90° und 450° liegen.

Der Teilnehmer muss in das Quadrat einreiten, kurz verharren und seine Wendung ausführen. Im Idealfall eine Mittelhandwendung, auch Flaschendrehung genannt. Das Hindernis wird anschließend in der vorgeschriebenen Richtung wieder verlassen. Ob die Drehung nach rechts oder links erfolgt, regelt das Pattern.

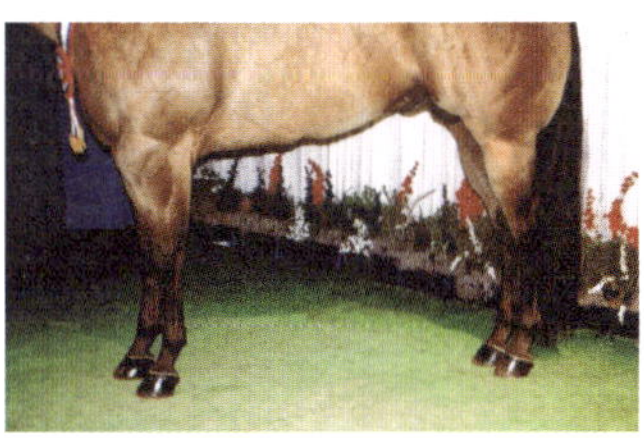

Square Halt

2. In →*Halter*-Klassen und in →*Showmanship at Halter* muss ein Pferd Square, d. h. geschlossen, aufgestellt werden. Dabei müssen die imaginären Achsen durch die beiden Beinpaare parallel sein und alle Beine gleichmäßig belastet werden.

**Square Halt** – Stehen mit gleichmäßiger Belastung der vier Füße. →*Square*.

**Square Horse** – Quadratpferd. Als Quadratpferd wird ein Pferd bezeichnet, dessen Verhältnis der Rumpflänge zur Widerristhöhe 1:1 beträgt. Hengste haben häufig Quadratformat, während Stuten eher im Langrechteckformat und Wallache im Hochrechteckformat stehen.

**Square Skirt** – Eckig geschnittenes hinteres →*Skirt* des Westernsattels. →*Saddle*.

**Squaw Reining** – Einhändige Zügelhaltung, bei der sich mehr als nur ein Finger zwischen den beiden Zügeln befindet. Im Turniersport führt diese Zügelhaltung zur Disqualifikation

**Stabilizing Bar** – Distanzstange. →*Connecting Bar*.

**Stable** – Stall. Pferdestall, Reitstall, Kuhstall.

**Stable Guard** – Stallwache. Stallwachen sind Personen, die z. B. nachts auf Turnieren oder auch bei fohlenden Stuten über das Wohlbefinden der Pferde wachen.

**Stable Rental Fee** – Stallmiete.

**Stabling Charge** – Stallmiete.

**Stage of Training** – Ausbildungsstand. Je nach Alter und Ausbildungstand werden Westernpferde in verschiedenen Zäumungen geritten: →*Snaffle Bit* →*Hackamore* →*Bit*

**Stainless Steel** – Edelstahl, rostfreier Stahl. Herstellungsmaterial für Gebisse. Hochwertiges glattes Material verhindert das Ausschlagen der Gebisse an den Gelenken. Da Edelstahl geschmacksneutral ist, wird in das Gebissstück gerne Kupfer eingearbeitet, um die Speichelbildung zu fördern.

**Stake Race** – Renndisziplin der amerikanischen Zuchtverbände. Bei der

→*AQHA* und dem →*ApHC* wird das Stake Race nur als Jugendklasse, bei →*APHA* als Amateur- und Jugendklasse ausgeschrieben. Nach einem fliegenden Start, →*Flying Start*, müssen zwei Stangen in Form einer Acht umrundet werden.

**Stallion** – Hengst.

**Stallion Breeding Report** – Deckbericht. Die Hengsthalter der Verbände sind verpflichtet, in jedem Jahr zu einem festgelegten Termin einen Deckbericht auf einem vorgeschriebenen Formular abzugeben. In diesem müssen alle gedeckten Stuten mit Namen, Registriernummer, Besitzer und Deckdaten enthalten sein. Zu den Deckdaten gehört auch die Art der Bedeckung: Natursprung an der Hand, Freisprung auf der Weide, künstliche Besamung durch Frischsperma, gekühlt transportiertes oder gefrorenes Sperma. Dieser Breeding Report ist die Voraussetzung für die Registrierfähigkeit der entstehenden Fohlen.

**Stallion Service Auction** – Hengstsprungversteigerung, Decksprungversteigerung. Sie findet aus verschiedenen Gründen statt. Dabei wird der Decksprung eines Hengstes von seinem Besitzer kostenlos zur Verfügung gestellt. Fast alle Westernverbände führen jedes Jahr eine solche Versteigerung durch. Der Erlös kommt in der Regel der →*Futurity* und →*Maturity* des nächsten Jahres zugute. Gelegentlich finden solche Versteigerungen auch zugunsten eines wohltätigen Zweckes statt. Auf einer Decksprungversteigerung hat ein Stutenbesitzer u. U. die Möglichkeit den Decksprung eines guten Hengstes günstig ersteigern zu können.

**Stamina** – Ausdauer.

**Stamp of Quality** – Qualitätsstempel, Qualitätssiegel.

**Stampeder** – Durchgänger. Ein Pferd das zum Durchgehen neigt.

**Stamping** – Lederpunzierung. Mit Hammer und Metallstempeln wird ein Muster in das Leder "eingestempelt". Die häufigsten Muster sind →*Basket Stamping* und →*Floral Stamping.*

**Standing Martingal** – Feststehendes Martingal. Es wirkt wie ein →*Tie Down,* hat aber im Gegensatz zum Tie Down einen Halsriemen, durch den der Riemen vom Bauchgurt bis zum Zaumzeug des Pferdes führt. →*Martingale.*

**Star** – Stern. Weißes Abzeichen auf der Stirn des Pferdes. →*Marking.*

**Starter** – →*Green Broke Horse.*

**Starting Fee** – Startgeld.

**Starting Flag** – Startflagge.

**Starting Line** – Startlinie.

**Starting Number** – Startnummer.

**Steer Dotting** – "Rinder tupfen". Bei dieser Zeitdisziplin wird ein Rind aus der →*Chute* gelassen und der neben der Startbox wartende Reiter, der einen Farbpinsel am Stock mit sich führt, setzt ihm nach. Aufgabe des Reiters ist, das Rind mit einem Farbtupfer zu versehen. →*Breek Away Roping.*

**Steel Dust** – →*Quarter Horse* Hengst, geboren 1843 in Kentucky. Der nur ca. 151 cm große Hengst, der auf der Distanz von einer Viertelmeile als unschlagbar galt, wurde nach einem Rennsieg 1856 zur Legende, bei dem er bereits zwölfjährig in McKinney/Texas das Rennpferd Monmouth schlug. Die Distanz dieses Rennens betrug sogar eine halbe Meile. Seine →*Conformation* wurde Standard der →*Short-Horse*-Zucht. Steel Dust verfügte über eine auffällig ausgeprägte Muskulatur und extrem dicke Ganaschen. Sein Name stand als Synonym für Quarter Running Horses.

**Steer Stopping** – Disziplin der →*APHA* ähnlich dem →*Team Roping*. Beim Steer Roping wird insbesondere das Pferd in seiner Arbeitsweise bewertet.

**Steer Wrestling** –→*Rodeo* Disziplin, bei der ein halbwüchsiger Stier niedergerungen werden muss. Er steht in einer →*Chute*. Rechts davon steht ein Reiter, der „Hazer" genannt wird, links ein Reiter, der „Dogger" genannt wird. Stürmt der Stier aus der Chute heraus, verfolgen ihn die beiden Reiter. Der Hazer muss das Rind daran hindern, dass es nach rechts ausbricht, und der Dogger springt vom Pferd aus seitlich auf den Nacken des Stiers, packt ihn an den Hörnern und versucht ihn durch eine Drehung des Genicks zu Boden zu ringen. Sobald die beiden Hornspitzen den Boden berühren, wird die Zeit genommen.

**Step** – Schritt. Ein Schritt hat bei diagonalen Gangarten zwei Tritte. →*Jog*, →*Trot*, →*Back Up*. →*Stride*.

**Step Back** – Zurücktreten.

**Step-in-Trailer** – Pferdeanhänger ohne Verladerampe. In den USA sind die meisten Pferdanhänger ohne Verladerampe konstruiert. Die Pferde müssen beim Einsteigen dann einen Absatz hochklettern und beim Ausladen vorsichtig rückwärts wieder heruntersteigen.

**Sterling Silver** – Legierung aus 92,5°% reinem Silber. 7,5°% besteht aus anderen Metallen, normalerweise Kupfer. Der Feingehalt beträgt also 925/1000.

**Sterling Silver Overlay** – Sterling Silber Auflage, Überzug aus Sterling Silber.

**Sterling Silver Trim** – Echt-Silber-Verzierung.

**Stetson** – Hutmacher aus Philadelphia. Seit 1865 wurde mit "Stetson" der amerikanische Hut schlechthin bezeichnet. Der Hutmacher Stetson hatte als Erster erkannt, dass vor allem ein breitkrempiger, unverwüstlicher Hut für die Wildnis des Westens geeignet war. Er entwickelte seine Hüte, deren Filz damals noch aus Kaninchenhaaren hergestellt wurde, ständig weiter und hinterließ als er 1906 starb eine weltberühmte Hutfabrik.

**Stick-Measure** – Stockmaß. Eine Messlatte, bestehend aus einem senkrecht auf dem Boden stehenden Zollstock, an dem rechtwinklig eine zweite, kurze verschiebbare Messlatte angebracht ist. In Widerristhöhe angelegt, ergibt sich das Stockmaß des Pferde a8us der Höhe vom Boden bis zum Widerrist. Die früher übliche Bandmaßmessung →*Tape Measure* wird nicht mehr angewandt, da sie zu ungenau ist.

**Stiff Bit** – Eine Kandare, die keine beweglichen Teile hat. →*Bit.*

**Stifle** – Kniebemuskelung. Muskel über dem Knie →*Conformation.*

**Stirrups** – Steigbügel. Sie werden nicht nur aus verschiedenen Materialien wie Holz, mit Leder oder Rohhaut überzogenes Holz, überzogener Kunststoff oder auch aus Aluminium hergestellt, sondern können je nach Disziplin auch verschiedene Formen haben. Die Steigbügel eines →*Show-Saddles* können zusätzlich mit Silber verziert sein. →*Bell Bottom Stirrups,* →*Roper Stirrups,* →*Oxbow Stirrups.*

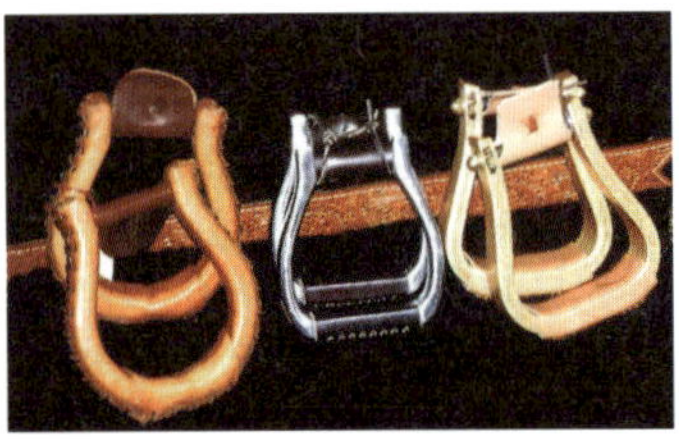

Oxbow Stirrups, Flat Bottom Stirrups, Bell Bottom Stirrups

**Stitcher** – Ahle.

**Stock** – Vieh. →*Lifestock,* →*Cattle.*

**Stock Horse** – Pferd zum Rinderhüten. Pferd des alten Quarter Horse Typs: klein, wendig und stark bemuskelt →*Roping Horse.*

**Stock Horse Bit** →Kandare mit niedrigem Port, beweglichen Backenstücken und einer Distanzstange.

**Stock Horse Contest** – Reitwettbewerb mit typischen Ranch Horse Disziplinen wie z. B. →*Roping.*

**Stockings** – Strümpfe. Weiße Beine bis zum Vorderfußwurzelgelenk, bzw. bis zum Sprunggelenk. →*Markings.*

**Stock Saddle** – →*Western Stock Saddle.*

**Stock Yards** – Viehhöfe, Verladestation für Vieh. Heute in vielen bekannten "Cow Towns" das historische Viertel.

**Stop** – →*Sliding Stop.*

**Stop and Turn** – Anhalten und auf der Hinterhand wenden. →*Roll Back.*

Stockings und Blaze

**Stop on the Forehand** – Auf der Vorhand stoppen. Vermehrte Belastung der Vorderhand beim Anhalten. Anstatt die Hinterhand unterzusetzen, streckt das Pferd die Vorderbeine starr in den Boden, um zum Stehen zu kommen.

**Stop with the Hindlegs** – Stop mit untergeschobener aktiv mitarbeitender Hinterhand.

**Store** – Warenhaus, Laden. →*Westernstore.*

**Straight Bar Bit** – →*Bit* mit geradem Mundstück ohne Zungenfreiheit. →*Port.*

**Straightened Horse** – Gerade gestelltes, nicht gebogenes Pferd.

**Strap Keeper** – Lederlasche mit einem Schlitz vorn am Westernsattel, durch den das überhängende Ende des →*Latigos* gesteckt wird. →*Tie Strap Holder,* →*Saddle.*

**Stride** – Tritt. Beim Trab und Rückwärtsrichten sind zwei Tritte ein Schritt, da das Pferd diagonal gleichzeitig auffußt. →*Step,* →*Back Up.*

**String** – 1. Lederriemen.
2. Gruppe von Pferden, die einem Cowboy auf einer Ranch zur Verfügung stehen. →*Remuda.*

**Strip(e)** – Streifen, schmale Blesse. Ein

vertikales weißes Abzeichen von der Stirn bis zum Nüsternansatz. →*Markings.*

**Striped Hoofes** – Gestreifte Hufe. Vertikal gestreifte Hufe gehören zu den Rassemerkmalen der →*Appaloosas.*

**Stud** – Zuchthengst, Gestüt, Deckstation.

**Stud Book** – Zuchtregister, in dem alle Pferde einer Rasse registriert sind.

**Stud Fee** – Deckgebühr, Decktaxe.

**Stumbling** – Stolpern.

**Submissiveness** – Durchlässigkeit. Ein ausgebildetes Pferd soll durchlässig sein, d. h. es reagiert willig und ohne zu zögern auf alle Hilfen des Reiters. Fehlende Durchlässigkeit bei einem Pferd resultiert meistens aus einer mangelhaften Ausbildung.

**Suckling** – Saugfohlen.

**Suede** – Wildleder. →*Roughout.*

**Summer Coat** – Sommerfell.

**Superhorse** – Prüfung der →*EWU.* Sie wurde jedoch beim →*AQHA Youth World* 1994 in Aachen ebenfalls ausgetragen. Diese Prüfung bestand in früheren Jahren ursprünglich aus vier Disziplinen, die alle nacheinander geritten werden mussten. Das war nicht nur zeitaufwendig, sondern stellte auch eine hohe Belastung für die Pferde dar, vor allem, wenn diese auf dem Turnier noch in weiteren Disziplinen starten sollten.

Die ursprünglichen Disziplinen waren: →*Trail*, →*Reining*, →*Western Riding* und →*Pole Bending.* Heute ist Superhorse zu einer einzigen Disziplin zusammengefasst worden, die sich aus Elementen des Trails, der Western Riding, der Reining und der →*Western Pleasure* zusammensetzt. Der Trail Abschnitt beinhaltet bestimmte Pflichthindernisse wie das Tor, das Rückwärtsrichten durch ein Stangen-L und ein →*Lope Over.* Im Western-Riding-Teil werden fliegende Galoppwechsel durch Pylonen verlangt und im Pleasure-Teil wird unter anderem →*Extended Jog* gefordert, der ausgesessen werden muss. Im Reining-Teil muss der Teilnehmer Spins, Zirkel und einen Stop mit anschließendem Rückwärtsrichten zeigen.

**Superhorse AQHA-World Championship Show** – Titel der AQHA. Zur Ermittlung des Pferdes, das diesen Titel erhält, werden alle Punkte aus den Prüfungen der Weltmeisterschaftsfinales in der →*Open Class* zusammengezählt. Die Punktzahl in der jeweiligen Prüfung richtet sich nach Platz und der Anzahl der Teilnehmer in der Prüfung. Alle Platzierten erhalten Punkte. Die Superhorse Auszeichnung erhält das Pferd, das die meisten Punkte, →*Points*, in mindestens zwei →*Categories* in mindestens drei Prüfungen erritten hat. In den letzten Jahren war der Preis für diesen Titel ein →*Gooseneck-Trailer.*

**Superior Horse** – Auszeichnung für ein Pferd der Westernzuchtverbände, das in einer bestimmten Disziplin eine festgelegte Punktzahl auf →*Approved Shows* sammeln konnte.

**Superior All-Around** – →*AQHA All-*

*Around.*

**Surcingle** – Longiergurt.

**Suspension** – Ausschluss. →*Membership Suspension*, →*Temporary Suspension.*

**Sweat** – 1. Schweiß.
2. Hülle aus Neopren oder ähnlich elastischem Material, die zum Abschwitzen von Körperteilen des Pferdes benutzt wird, um z. B. einen schöneren Hals zu formen. Je nachdem, wofür der Sweat eingesetzt wird, unterscheidet man einen →*Neck Sweat,* →*Jowl Sweat* oder auch →*Throat Latch Sweat.*

**Sweat Scraper** – Schweißmesser. Flexibles Metall- oder Kunststoffblatt, mit dem der Schweiß des Pferdes, meistens aber das überschüssige Wasser nach dem Waschen, aus dem Fell gestreift wird.

**Sweet Iron** – „Süßes" Eisen. Einfacher, rostender Stahl, der in Gebissen verarbeitet wird, um dem Gebiss einen angenehmen Geschmack zu geben und den Speichelfluss beim Pferd anzuregen. Rostfreier Stahl wird von Pferden nicht so gut angenommen, wie das „süße" Eisen.

**Sweetwater Mouthpiece** – Mundstück eines →*Bits*, das aus einer gleichmäßig gebogenen Stange besteht, leicht auf den laden aufliegt und wenig Zungendruck ausübt. →*Port.*

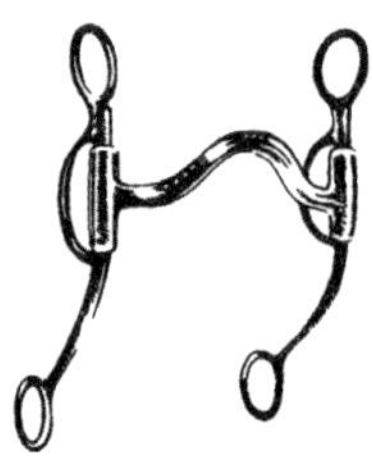

Sweetwater Mouthpiece

**Swell Fork** – →*Fork* mit seitlichen Auswölbungen. Die Swell Fork wurde erfunden, um die Arbeit der Cowboys sicherer zumachen. Die frühere →*A-Fork* bot dem Cowboy durch ihre schmale Form wenig Halt im Sattel, ob nun in schwierigem Gelände oder auf einem bockenden Pferd. Als Notlösung band der Cowboy seinen zusammengerollten Mantel hinter die Fork, so dass er eine Stütze für die Oberschenkel hatte. Anfang des 20. Jahrhunderts begannen Sattelmacher dann eine Fork mit breiteren →*Swells* zu bauen.

**Swells** – Seitliche Auswulstungen an der →*Fork* des Westernsattels unterhalb des →*Horns*. →*Swell Fork*, →*Saddle.*

**Swell Plates** – Silberne oder versilberte Verzierung an den →*Swells* eines Westernsattels.

**Swing Rider** – Flügelreiter beim Viehtrieb. Sie ritten zwischen Spitzenreiter, →*Point Rider,* und Flankenreiter, →*Flank Rider,* rechts und links neben der Herde.

**Swiss Paint Horse Association** – Die SPHA ist der Schweizer Anschlussverband der →*APHA.*

**Swiss Quarter Horse Association** – Die SQHA ist der Schweizer Anschlussverband der →*AQHA.*

**Swiss Western Riding Association** – Die SWRA wurde 1978 in Bern von 87 Personen gegründet. Sie steht Pferden aller rassen offen und vertritt heute rund 800 Mitglieder aus allen vier Sprachregionen. Das monatlich erscheinende Verbands-Magazin nennt sich "Westener".

**Syntetic Felt Pads** – Synthetische Filzpads. →*Pad.*

# T

**Tack** – Ausrüstung.

**Tackaberry Buckle** – Spezieller Schnellverschluss für den →*Latigo*, der heute aber kaum noch Verwendung findet.

**Tack Bag** – Ausrüstungstasche für Reitzubehör.

**Tack Room** – Sattelkammer.

**Tail** – Schweif.

**Tail-Board** – Ladeklappe beim Pferdeanhänger.

**Tail Case** – Spezielles Behältnis zur Aufbewahrung und für den Transport von Schweifhaarteilen.

**Tail Extension** – Schweifhaarteil, um das Schweifhaar eines Pferdes auf Turnieren möglichst voll und schön erscheinen zu lassen. Dazu werden dem Pferd farblich passende Haarteile in den Schweif eingeflochten.

Schweifhaarteile in allen Farben

**Tail Sack** – Schweifsack. Schutz für den Schweif, der bereits für die Show vorbereitet und eingeflochten wurde. Der eingeflochtene Schweif eines Pferdes wird in den Tail Sack gesteckt, damit er sauber und in einem guten Zustand bleibt. →*Tail Saver*.

**Tail Saver** – →*Tail Sack*.

**Tail Wrap** – Schutz für die Schweifrübe und den darunter liegenden Teil beim Transport, damit das Pferd an der hinteren Hängerstange nicht die Haare des Schweifs abscheuert oder abbricht. Gelegentlich werden so auch →*Tail Saver* bezeichnet.

**Take and Give** – →*Pull and Slack*.

**Tandem Trailer** – Zweiachsiger Pferdeanhänger.

**Tapaderos** – Lederverkleidung, die vorne über die Steigbügel reicht, um die Füße vor Gestrüpp zu schützen. Tapaderos verhindern zusätzlich, dass ein ungeübter Reiter mit den Füßen durch die Bügel rutscht und sind daher häufig an Kindersätteln zu finden. Tapaderos sind außer in der →*Working Cowhorse* in Turnierdisziplinen zwar erlaubt, aber unüblich. →*Taps*.

Kindersattel mit Tapaderos

**Tape Measure** – Bandmaß beim Pferd. Das Bandmaß folgt am Widerist angelegt der Rundung der Schulter, bevor es den Boden erreicht, und kann von daher je nach Ernährungszustand eines Pferdes Differenzen bis zu 10 cm bei gleicher Körpergröße aufweisen. Heutzutage werden Pferde im →*Stick Measure* gemessen, da das Bandmaß zu ungenau ist.

**Taps** – Abkürzung von →*Tapaderos*.

**Tassel** – Quaste, meistens aus Pferdehaar gefertigt. Sie ist häufig als Schmuck an Kopfstücken oder an einer →*Mecate* zu finden und soll durch die Bewegung auch Fliegen verscheuchen. Tassels werden ebenfalls zur Verzierung von Kleidungsstücken verwendet.

**Tassel Pin** – Brosche, die mit einer →*Tassel* versehen ist. →*Scarf Pin.*

**TB** – Abkürzung für →*Thoroughbred Horse.*

**Team Member** – Mannschaftsmitglied.

**Team Penning** – Rinderdisziplin bei der in Teams zu je drei Reitern gestartet wird. Dieses Team muss drei bestimmte Rinder aus einer Herde aussondern, auf die andere Seite der Arena treiben und sie dort durch geschickten Reitereinsatz dazu veranlassen, in den →*Pen* hineinzulaufen.

Der Pen oder →*Corral* kann rechts oder links in der Bahn aufgestellt werden. Die Aufgabe hört sich nicht besonders schwierig an, aber die eingebauten Handicaps erschweren sie zusätzlich. Es gibt ein Zeitlimit von 90 Sekunden. An einer Kopfseite der Arena steht die Rinderherde, die möglichst aus mindestens 21 Rindern und nicht mehr als 30 Rindern bestehen sollte. Jeweils drei Rinder tragen die gleiche Nummer oder sind gleichfarbig gekennzeichnet und werden für jedes Team ausgelost. Die drei Reiter starten hinter der Startlinie auf der Seite der Arena, in der der Corral steht. Die Nummer oder Farbe der drei herauszusuchenden Rinder wird den Reitern genannt, sobald der Flagman an der Startlinie anzeigt, dass die Nase des ersten Pferdes über die Startlinie geht. Jetzt läuft auch die Zeit. Die Startlinie muss im Galopp überschritten werden, meist jedoch wird danach das Tempo mit abnehmendem Abstand zur Herde wieder reduziert, um die Rinder nicht zu sehr zu beunruhigen. Entweder reitet ein Reiter in die Herde hinein, um die entsprechenden Rinder auszusortieren, die dann von den anderen beiden Reitern von der Herde ferngehalten werden, bzw. bereits auf die andere Arenaseite getrieben werden. Oder es reiten alle Reiter in die Herde, um die entsprechenden Rinder herauszuholen. Welche Methode angewandt wird, ist letztlich egal und von Team zu Team verschieden. Sobald die drei richtigen Rinder aus der Herde ausgesondert wurden, treibt das Team sie zum anderen Ende der Arena. Dabei gilt es aufzupassen, dass nicht mehr als vier Rinder die Startlinie überschreiten, da dann das Team aus der Wertung fällt. Ein Reiter schirmt mit seinem Pferd den kleineren Zwischenraum zwischen Pen und Arenaseite, →*Hole,* ab, die anderen beiden treiben die Rinder in Richtung des Corral-Tores. Ein Reiter flankiert das Tor, der andere blockiert die Toröffnung, sobald die Rinder im Corral sind. Das Treiben der Rinder mit Hüten, Ropes oder sonstigen Hilfsmitteln ist nicht erlaubt, es dürfen lediglich die Zügel geschwungen oder auf die →*Chaps* geklatscht werden. Es kann natürlich auch passieren, dass die drei oder eines Rinder des Teams versuchen, wieder in Richtung Herde zu entwischen. Die Zeit wird gestoppt, wenn das Zeitlimit erreicht ist oder ein Reiter im Tor des Corrals steht und seinen Arm hebt. Dazu müssen nicht alle drei Rinder im Corral sein, es können auch zwei oder nur eins sein. Sollte sich beim Zeitstop ein falsches Rind im Corral befinden, erhält das Team "No Time". Das Gleiche gilt, wenn sich zu diesem Zeitpunkt ein anderes Rind auf der Corral-Seite hinter der Startlinie befindet. Sieger dieser Prüfung ist das Team, das in der kürzesten Zeit die meisten Rinder in den Corral getrieben hat. Diese Prüfung ist aufgrund ihrer Eigendynamik beim Publikum sehr beliebt. Sie ist bei der →*EWU* keine anerkannte Turnierdisziplin. Bei den amerikanischen Zuchtverbänden wird diese Disziplin anerkannt und sogar als Weltmeisterschaftsdisziplin ausgetragen.

**Team Result** – Mannschaftswertung, Mannschaftsergebnis.

**Team Roping** – →*Dally Team Roping.*

**Team Sorting** – →*Ranch Sorting.*

**Tendon** – Sehne.

**Teeter-Totter** – Wippe. Trailhindernis, das jedoch nicht bei allen Verbänden zugelassen ist.

**Temporary Suspension** – Befristete, zeitlich begrenzte Sperre oder Ausschluss. Regelbuchverstöße können z. B. zu einer zeitlich befristeten Turniersperre führen.

**Texas Style** – Stilrichtung des Westernreitens. Er bezeichnet die Reit- und Arbeitsweise der texanischen Cowboys im Gegensatz zum kalifornischen Stil der →*Vaqueros*. Die sogenannte texanische Reitweise hat eigenständige Ausrüstungsgegenstände, auch die Reitweise hat sich abweichend vom kalifornischen Stil entwickelt. Insbesondere Sättel und Zügel unterscheiden sich. →*California Style.*

**Thermal Blanket** – Thermodecke.

**Thoroughbred Horse** – Vollblüter. Sie haben einen nicht unbedeutenden Einfluss auf die →*Quarter Horse* Zucht gehabt, insbesondere später bei den →*Race Quarter Horses*. →*Three Bars* war einer der bedeutendsten Vollblüter für die Quarter Horse Zucht. Die Abkürzung laut "TB". →*Appendix*.

**Three Bars** – Vollbluthengst mit einem großem Einfluss auf die →*Quarter Horse* Zucht. Three Bars war unglaublich schnell, doch jedes Mal, wenn er ins Rennen sollte, lahmte der Fuchshengst, ohne dass die Ursache gefunden wurde. Später gab sich dieses Problem von selbst und Three Bars galt auf der Distanz von fünf Furlongs (ca. 1.000 Meter) als das schnellste Pferd der USA. Er beendete seine Rennkarriere 1948. Sein Besitzer sagte, er habe noch nie ein Pferd gesehen, dass in Farbe, →*Conformation* und →*Disposition* so perfekt sei. Three Bars zeugte insgesamt 558 Nachkommen, obwohl man die Anzahl der Stuten schon begrenzt hatte und seine Decktaxe 1963 bei 10.000.- $ lag. Auf der Rennbahn gewannen seine Nachkommen mehr als 3 Millionen Dollar und hielten 16 Weltrekorde. Sie brillierten in allen Bereichen der Quarter Horse Zucht, denn obwohl er Vollblüter war, hatte Three Bars ein ruhiges, sanftes Temperament. Er starb am 6. April 1968 im Alter von 28 Jahren an einer Herzattacke.

**Three-Beat** – Dreitakt. →*Lope.*

**Three Piece Bit** – Dreifach gebrochenes Gebiss.

**Three-Way-Inskirt-Rigging** – Drei-Wege-Gurtung. Sie ist im →*Skirt* des Sattels eingelassen und erfordert entweder zwei direkt hintereinander angebrachte D-Ringe, eine →*Rigging Plate* mit zwei hintereinander liegenden Gurtschlitzen oder zwei Gurtschlitze direkt im Leder des Skirts. Der Sattelgurt kann doppelt im vorderen oder hinteren Bereich gegurtet werden oder auch durch beide Gurtösen gezogen werden. So kann die Sattelgurtlage variiert werden. →*Rigging.*

**Three-Year-Old** – Dreijährig.

**Throatlatch** – 1. Kehle des Pferdes.
2. Bezeichnung für den Kehlriemen.

**Throatlatch Sweat** – Abschwitzhülle für den Bereich um die Kehle. →*Sweat.*

**Tie** – 1. Anbinden, festbinden. Die optimale Anbindehöhe ist die in Augenhöhe des Pferdes oder höher. Generell darf ein Pferd nicht zu lang angebunden sein, da es sonst in den Strick treten kann. Der Abstand zwischen Knoten und Halfter sollte zwischen 45 und 60 cm liegen. Hat der Anbindestrick keinen Panikhaken, sollte in jedem Fall ein Sicherheitsknoten, →*Quick Release Knot*, gemacht werden, damit das Pferd im Notfall mit einem Handgriff befreit werden kann. Das gut erzogene Westernpferd bleibt, falls erforderlich, stundenlang angebunden stehen, ohne Unruhe zu zeigen. Gezäumte Pferde sollten nicht mit dem Zügel angebunden werden, insbesondere niemals auf →*Bit* gezäumte Pferde, da dies zu schweren Verletzungen im Maulbereich führen kann.
2. Punktegleichstand im Turniersport. →*Tie Breaker.*
3. Siegerschleife. →*Ribbon.*
4. Schmuckschleife am Kragen einer Bluse oder eines Hemdes. →*Bolo Tie.*

**Tie Breaker** – Richter oder Disziplin, die bei Punktegleichstand den Ausschlag geben. Falls das Reglement bei einem Punktegleichstand keine Doppelplatzierung zulässt, wird ein Tie Breaker benötigt. Bei einer von mehreren Richtern gerichteten Show wird jeweils ein Richter als Tie Breaker bestimmt. Es wird dann derjenige zum Sieger erklärt, der bei diesem Richter die höhere Bewertung hatte. Bei einer Kombination von mehreren Prüfungen, wird eine Disziplin im Vorfeld zum Tie Breaker erklärt.

**Tie Down** – Ausbindenasenband. Eine Hilfszäumung, die verhindern soll, dass das Pferd den Kopf hochreißt. Dazu wird ein Seil oder Lederriemen vom unteren Teil des Nasenriemens zwischen den Vorderbeinen hindurch zum Mittelring des Sattelgurtes geführt und dort eingeschnallt. Der Tie Down soll so verschnallt werden, dass er nur wirkt, wenn das Pferd den Kopf über eine entspannte Kopfhöhe hinaus hochnimmt Die häufigste Verwendung findet das Tie Down dort, wo mit einem →*Rope* gearbeitet wird. Mit dem Tie Down wird verhindert, dass das Pferd mit dem Kopf in den Bereich des Ropes gerät. Ein Tie Down ist im Turniersport bei der EWU nicht erlaubt, bei den amerikanischen Verbänden in Renndisziplinen und in den → *Roping*-Disziplinen.

**Tie Knot** – Krawattenknoten. →*Cinch Knot.*

**Tie on Points** – Punktgleichheit. →*Tie Breaker.*

**Tie Strap** – Gurtungsriemen an der linken Seite des Sattels. Er sollte immer aus haltbarem Material sein. Es gibt Tie Straps aus Leder, meistens →*Latigo* und solche aus Kunststoff. Billige, dünne

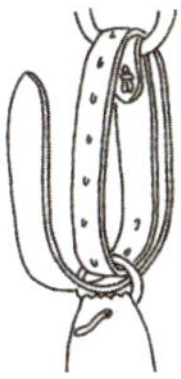

Kunststoffgurte können eine Gefahr darstellen, da die Dornlöcher oft ausleiern und der Dorn im unpassenden Moment herausrutschen könnte, so dass der Sattelgurt sich lockert. →*Saddle a Horse*.

**Tie Strap Holder** – Gurtöse für den Tie Strap, meist ein Schlitz im Leder. →*Cinch Hook*.

**Tie Strings** – Lederschnüre zum Befestigen von Gegenständen am Sattel, wie Jacken, Decken usw.

**Timed Event** – Wettbewerb, in dem es ausschließlich um Zeit geht.

**Time Keeper** – Zeitnehmer.

**Time Measurement** – Zeitmessung.

**Tobiano** – Fellzeichnungsmuster eines →*Paint Horses* oder →*Pintos* mit typischen Merkmalen.

Der Kopf eines Tobianos kann völlig ohne Abzeichen sein, dagegen sind die Beine meistens bis zum Karpalgelenk weiß. Die weißen Flecken kreuzen die Rückenlinie, sind regelmäßig, groß und haben ruhige Konturen. Die Tobiano-Zeichnung wird dominant vererbt. Bei einer Anpaarung von Tobiano und →*Quarter Horse* kann ein geschecktes Fohlen fallen. Ein einfarbiges Fohlen hat jedoch keine Tobiano-Erbanlage, auch wenn beide Elterntiere Tobianos waren.

**Todder the Tail** – Verlesen des Schweifs. Jedes einzelne Haar des Schweifes wird von Hand von den anderen getrennt.

**Toe-In** – Zeheneng. Bezeichnung für eine Beinstellung des Pferdes, bei der die Hufspitzen nach innen zeigen anstatt gerade nach vorne. Pferde mit dieser Beinstellung neigen zum Stolpern.

**Toe-Out** – Zehenweit. Bezeichnung für eine Bein- und Hufstellung des Pferdes, bei der die Hufspitzen nach außen zeigen, anstatt gerade nach vorne.

**Tom Thumb Bit** – →*Snaffle with Shanks* mit kurzen Anzügen und ohne zusätzliche Ringe für einen Zügel direkt am Mundstück.

**Tongue Over Bit** – Zunge über dem Gebiss. Wenn das Pferd seine Zunge über das Gebiss nimmt, kann ein →*Half Breed Bit* u. U. Abhilfe schaffen.

**Tongue Pressure** – Zungendruck. Der Druck, den das Gebiss auf die Zunge ausübt. →*Port*.

**Tooling** – →*Stamping*.

**Tooling Pattern** – Muster einer Punzierung. →*Stamping*.

**Top Line** – Oberlinie. Verlaufslinie vom Genick des Pferdes bis zur Schweifrübe.

**Top Reins** – Obere Zügel am →*Western Pelham*. →*Snaffle Rein*, →*Direct Rein*.

**Total Score** – Gesamtnote.

**Tovero** – →*Paint Horse* mit Charakteristika des →*Tobianos* und des →*Overos*, bzw. Kreuzung aus Tobiano und Overo.

**Track** – Bahn. →*Race Track,* →*Slide Track.*

**Tracks** – Spuren. →*Sliding Tracks* sind die Spuren, die das Pferd beim →*Sliding Stop* auf dem Boden hinterlässt.

**Trade Show** – Messe, Ausstellung.

**Traffic Proof** – Verkehrssicher.

**Trail** –1. Pfad, Route. Ursprünglich ein Wanderweg, auf dem die Rinderherden zu den Verladestationen getrieben wurden, so wie der Chisholm Trail oder der Goodnight-Loving Trail.

2. Geländeritt, der nur Stunden oder auch Tage dauern kann.

3. Turnierdisziplin. Hindernisparcours der Westernreiter. Diese Prüfung ist in ihrer ursprünglichen Form dem Ritt des Cowboys im rauhen Gelände, in der Open Range, dem freien Weideland, nachempfunden.

Kaum eine andere Disziplin ist bei Freizeitreitern so beliebt. Die Hindernisse des Trailparcours sind Gegebenheiten im Gelände nachempfunden, z. B. das Weidetor, das vom Pferd aus geöffnet und geschlossen werden muss. Kein Cowboy würde dafür vom Pferd steigen, was zudem gefährlich sein könnte, wenn sich auf einer Seite des Tores eine Rinderherde befindet.

Am Boden liegende Hindernisse müssen in allen Gangarten überwunden werden können. Gefährliche Situationen, wie z. B. ein durch einen Erdrutsch versperrter schmaler Pfad, können erfordern, das Pferd auf engstem Raum zu wenden oder auch rückwärts zu richten, bis sich eine Wendemöglichkeit ergibt. Ein Fehltritt des Pferdes, z. B. auf einem Bergpfad hätte den Tod von Pferd und Reiter zur Folge. Auch das →*Ground Tying*, bei dem das Pferd unangebunden notfalls stundenlang dort stehen bleibt, wo man es abstellt, war lebenswichtig. Würde einem Cowboy, der abgestiegen war, um ein krankes Kalb zu versorgen, das Pferd davonlaufen, müsste er u. U. Tage zu Fuß zur Ranch gehen, denn Anbindemöglichkeiten gab es nicht überall. Das Pferd des Cowboys muss mutig über jede noch so wackelige Brücke gehen und sich auch unbekannten Gegenständen nähern, ohne davonzulaufen. Der Trail besteht aus solchen Hindernissen, die die Geschicklichkeit, aber auch die Intelligenz des Pferdes fordern. Das ideale Trailpferd bewältigt den Trailparcours mit eigener Intelligenz und doch den Hilfen seines Reiters gehorchend, denn die hochklassigen Trails verlangen manchmal zentimetergenaue Tritte des Pferdes. Diese modernen Trails haben allerdings nicht mehr viel mit dem ursprünglichen Trail zu tun, sondern muten eher als eine Mischung aus Western Riding und Western Horsemanship über Stangen an. Das Tempo der jeweils vorgeschriebenen Gangart in und zwischen den Hindernissen sollte angemessen sein. Es wird nicht nach Zeit geritten!

Die Maße der einzelnen Hindernisse sind in den jeweiligen Regelbüchern festgelegt, sie können durchaus variieren. Bewertet wird die Gesamtmanier, in der das Pferd den Parcours bewältigt, die Gänge zwischen den Hindernissen und das Bewältigen jedes einzelnen Hindernisses. Bereits Anstoßen an eine Stange bedeutet Punktabzug. Neben den vorgeschriebenen Pflichthindernissen werden in den Regelbüchern weitere Hindernisvorschläge gemacht, die vom jeweiligen Parcoursbauer individuell erweitert werden können, allerdings innerhalb der Grenzen der jeweiligen →*Rule Books*. Ein Trailparcours hat drei Pflichthindernisse: →*Gate*, →*Back Through* und →*Logs*. Weitere Hindernisse können sein: →*Side Pass*, →*Lime Circle*, →*Square*, →*Bridge*, →*Jump*, →*Serpentine Obstacle*, → *Keyhole*, →*Mailbox*, →*Slicker*, →*Drag or Pull*, →*Ground Tying*, →*Carry Object*, →*Water Ditch*, →*Simulated Water*, →*Teeter Totter*. Die Mindestanzahl der Hindernisse beträgt bei allen Verbänden sechs, bei einigen Verbänden sind mehr als sechs Hindernisse zugelassen. Hindernisse können auch kombiniert werden, zählen dann allerdings als ein Hindernis. →*Ranch Trail*.

**Trail Boss** – Treckführer. Er reitet direkt vor der Herde beim Cattle-Trail, im Gegensatz zum →*Drag Rider*, →*Flank Rider*, →*Swing Rider* und →*Point Rider*.

**Trailer** – 1. Anhänger, Pferdeanhänger jeder Größe. →*Step-in-Trailer*, →*Two Horse Trailer*, →*Two Wheel Trailer*, →*Four Wheel Trailer*, →*Gooseneck Trailer*.
2. Ausdruck für die verlängerten Schenkel am Sliding Hufeisen. →*Sliding Plate* der →*Reining*-Pferde. *Trailer* haben eine stabilisierende Wirkung beim Stop.

**Trailer-Haul** – Transport im Pferdeanhänger.

**Trailer Ramp** – Rampe eines Pferdehängers.

**Trailer Tie** – Spezieller verstellbarer Anbindestrick für den Pferdanhänger mit Haken an beiden Enden. An einer Seite meist ein Panikhaken, um das Pferd notfalls schnell befreien zu können.

**Trainer** – Person, die Pferde oder Reiter ausbildet.

**Training Fork** – Martingal ohne Halsriemen, das es als →*Long Training Fork* zum Einhaken in den Mittelring des Sattelgurtes gibt und als →*Short Training Fork* zum Einhaken in das Vorderzeug.

**Training Schedule** – Trainingsplan.

**Training Stable** – Trainingsstall.

**Tranquelizer** – Beruhigungsmittel. Sie gehören für Pferde zu den Substanzen, die im Turniersport unter Doping fallen.

**Transfer** – Bedeutet hier Papiere, die neben den Originalpapieren zur Eintragung eines Besitzwechsels bei den amerikanischen Verbänden nötig ist.

**Transfer of Ownership** – Besitzwechsel. Erforderlich ist für ein Pferd der Westernpferderassen neben dem →*Certificate of Registration* ein →*Transfer,* den der letzte Besitzer, der auf dem Certificate of Registration eingetragen ist, unterschrieben hat.

**Transitions** – Übergänge in eine andere Gangart. Elegant ausgeführt eine Freude für Pferd, Reiter oder auf einem Turnier auch für Zuschauer, ob vom Trab zum Schritt, vom Galopp zum Trab, vom Galopp zum Schritt oder auch Tempowechsel innerhalb einer Gangart. Eine kaum sichtbare Zügelhilfe und ein unverändert guter Sitz des Reiters sowie taktreine Gänge vorher und nachher zeichnen einen guten Übergang aus. An den Übergängen kann ein Richter erkennen, wer ein guter Reiter ist. Natürlich sehen Übergänge bei einem bequem zu sitzenden Pferd immer harmonischer aus als bei einem, das seinen Reiter extrem wirft. Bei vielen Pferden kann durch entsprechende Übungen zur Versammlung und Temporegulierung die Bequemlichkeit der Gänge verbessert werden. Wer sein Pferd nicht aus dem Schritt heraus über Gewichtshilfen sauber anhalten kann, wird entsprechend große Probleme beim Übergang vom Trab in den Schritt und insbesondere vom Galopp in den Jog/Trab haben. Von den meisten Reitern wird der Übergang vom Galopp in den Trab bzw. Jog als der schwierigste bezeichnet. Die Ursache ist darin zu suchen, dass die eine Gangart ein Dreitakt und die andere ein Zweitakt ist, in den sich der Reiter dann schnell neu hineinfinden muss. Es ist wichtig, das Pferd auf einen Übergang vorzubereiten und es nicht durch plötzliche Hilfen zu überfallen. Das würde unweigerlich zu Taktunreinheiten führen, die dazu noch schlecht zu sitzen sind. Zum Wechsel in eine langsamere Gangart soll neben der leichten Zügelhilfe, →*Rein Aid,* hauptsächlich die Gewichtshilfe, →*Weight Aid,* eingesetzt werden. In welchem Maß diese Hilfen gegeben werden müssen, differiert von Pferd zu Pferd und hängt von der jeweiligen Gangart und Situation ab.

**Trapezoid** – Trapez. Beim Gebäude eines Pferdes die Winkelung von Schulter und Hüfte in Relation zur Länge des Rückens und der Unterlinie.

**Travel Refund** – Transportvergütung. Die Erstattung von Transportkosten für einen Pferdetransport gehört nicht zu den Einnahmen, die den →*Amateur*-Status eines Reiters gefährden.

**Tree** – Sattelbaum. Das Herzstück eines Westersattels. Die Form des Baumes muss nicht nur dem Pferderücken angepasst werden, sondern auch für den Menschen und seine Verwendung des Sattels geeignet sein. Holzbäume sind die traditionellen Bäume für Westernsättel. Sie bestehen aus mehrfach verleimten Holzschichten, die mit nasser Rohhaut, →*Rawhide,* oder Bullenhaut überzogen und mit Rohhautfäden eingenäht wurden. Einmal getrocknet geben sie dem Sattelbaum eine unglaubliche Stabilität. Heute werden häufig auch Kunststoffbäume, die aus einem Stück gegossen werden, verwendet. Kunststoffbäume sind etwas leichter als Holzbäume, jedoch sollte man auf einen guten Kunststoffbaum, wie einen →*Rawlide-Baum*, Wert legen, der einem Holzbaum sicher kaum nachsteht. Lediglich die →*Roper*, die wir ja hier in Europa kaum kennen, bevorzugen nach wie vor den Holzbaum, der häufig doppelt mit Bullenhaut überzogen ist. Und das nicht allein aus Tradition, sondern aufgrund der hohen Belastung, der die

Sättel der Roper ausgesetzt sind. Es werden verschiedene Bezeichnungen für die einzelnen Sattelbäume benutzt, die Hinweis darauf geben, auf welche Art Pferd der Sattel passen könnte. →*Regular Tree*, →*Semi-Quarter Tree*, →*Full Quarter Tree*, →*Arabian Tree*. Die Passform des Sattels auf dem Pferderücken wird von den →*Bars* bestimmt. →*Saddle*.

Sattelbäume verschiedener Größe

**Triple** – Dreifach.

**Trophy** – Ehrenpreis, Trophäe. Ein Pokal, eine →*Buckle* oder ähnliches.

**Trophy Buckle** – Gürtelschnalle mit Gravur, die als Preis verliehen wird. Eingraviert sind meist Anlass, Ort und Jahr. →*Buckle*, →*Belt Buckle*.

**Trophy Saddle** – Ein Sattel als Ehrenpreis, in den meist der Anlass der Preisvergabe einpunziert ist.

**Trot** – Trab. Ein Zweitakt mit diagonaler Fußfolge, der zwischen dem paarweisen Aufsetzen eine Schwebephase hat. Die Hinterhufe sollen in die Spuren der Vorderhufe treten. In der Regel wird Trot nur in den Englisch-Klassen der amerikanischen Westernverbände verlangt. →*Hunter under Saddle*, →*Jog*.

**Trot Over** – Hindernis der Disziplin →*Trail*. Es wird im Trab, überwunden. Der Reiter reitet über vier oder mehr →*Logs*, deren Abstand je nach Verband zwischen 90 bis 115 cm beträgt, wenn sie gerade gelegt sind. Logs können auch fächerförmig gelegt sein. Erhöhungen von bis zu 30 cm sind bei manchen Verbänden zulässig.

**Trunk** – Rumpf.

**Tucking** – Nachgeben, durchs Genick gehen, d. h. abkippen im Genick. Wenn das Pferd den Kopf mehr oder weniger mit der Nasenlinie in der Senkrechten trägt.

**Tunnel Cinch** – Sattelgurt mit Schlaufen, in die die überstehenden Enden des →*Off Billet* gesteckt werden.

**Turn** – Drehung, Wendung.

**Turn Around** – Hinterhandwendung. Dabei bewegt sich die Vorhand des Pferdes um die Hinterhand herum. Drehpunkt sollte möglichst der innere Hinterfuß sein, um den der äußere Hinterfuß herumläuft, wobei die Vorderbeine kreuzen. Der Westernreiter kennt mehrere Arten, um auf der Hinterhand zu drehen: die einfache Hinterhandwendung, →*Hindquarter Pivot*, den →*Roll Back* und den →*Spin*. Der →*Roll Back* wird nach einem Stop durchgeführt und hat 180°. Der Spin wird aus dem Stand geritten, kann aber in direkter Folge mehrere 360° Drehungen haben. Eine Hinterhandwendung kann eine Drehung ab 90° haben.

**Turnback Horse** – Das Pferd das der →*Turnback Man* beim →*Cutting* reitet. Häufig bringen die →*Cutter* neben ihren Cutting-Pferden für den Wettbewerb auch Turnback Horses mit, da Cutting und Turnback zwei verschiedene Arbeiten sind und die eigentlichen Cutting-Pferde frisch für den Wettbewerb bleiben sollen. Als Turnback Horse wird meist ein älteres Cutting-Pferd verwendet oder ein All-Round-Pferd, das zuhause für diverse Rancharbeiten eingesetzt wird.

**Turnback Men** – Helfer des →*Cutters*. Die beiden Turnback Men stehen rechts und links vor der Startlinie auf der Seite, auf der sich die Herde befindet. Ihre Aufgabe ist es, dem Cutter das Rind wieder in Richtung Herde zuzutreiben, wenn es sich zu weit in Richtung Startlinie bewegt oder aber auch in Bewegung zu halten, wenn es nicht laufen will.

**Turn on Centre** – Mittelhandwendung. Das Pferd dreht um seine Mittelhand, wie bei einer Flaschendrehung. Eine Wendung die im →*Trail* im →*Square* verlangt wird.

**Turtleneck Slinky** – Pullover für den Westernturniersport mit hohem Kragen, der nicht umgeschlagen wird, aus sehr dünnem Stoff, meist mit glitzernder Verzierung an Kragen und Bündchen. →*Slinky*.

**Tuxedo Shirt** – Eine Bluse ähnlich einem Smokinghemd, mit Biesen an der Front und hohem Kragen mit umgeschlagenen Ecken. →*Show Outfit*.

**Twisted Wire Snaffle** – Wassertrense mit korkenzieherähnlich gedrehtem Mundstück. Sie führt nicht selten zu schweren Verletzungen an der Zunge und ist im Turniersport verboten.

**Twitch** – Nasenbremse oder Ohrenbremse, ein Zwangsmittel, das gelegentlich bei widerspenstigen Pferden bei der Behandlung durch den Tierarzt oder auch beim Besuch des Hufschmiedes angewendet wird.

**Two-Beat** – Zweitakt. →*Jog*, →*Trot*, →*Back Up*.

**Two Hands Reining** – Zweihändige Zügelführung. Sie ist bei Westernturnieren nur mit dem →*Snaffle Bit* und der →*Hackmore* erlaubt. Im Training wird jedoch zur Korrektur auch das →*Bit* mit zweihändiger Zügelführung geritten. Die Zügelenden der →*Split Reins* fallen jeweils auf der gegenüberliegenden Seite am Hals des Pferdes herunter. Die Zügel werden aufeinander gelegt mit beiden Händen aufgenommen und die Hände dann geschlossen. Zwischen den beiden Händen befindet sich jetzt die sogenannte Zügelbrücke.

**Beidhändige Zügelführung mit geschlossener Faust**

Die Brückenbreite liegt zwischen 20 und 40 cm. Eine feste Regel dafür gibt es nicht, da verschiedene Faktoren für die Zügelbrückenbreite ausschlaggebend sind. Der Reiter muss sich darin üben, die Zügel möglichst schnell und geschickt ohne eine Veränderung der Brückenbreite zu verlängern und zu verkürzen.

Der kleine Finger zwischen den Zügeln kann beim Ablängen hilfreich sein.

Bei den Zügeln der Hackmore, der →*Mecate*, ist der Zügel geschlossen. Der Zügel wird rechts und links mit der jeweiligen Hand aufgenommen.

**Two-Horse-Trailer** – Zweipferdeanhänger. →*Trailer.*

**Two-Rein Class** – Spezielle Klasse der →*NRCHA* bei der die Pferde mit →*Hackamore* plus dem →*Bit* gleichzeitig vorgestellt werden.

**Two Reins** – Doppelzäumung aus →*Hackamore* plus →*Bit*, erlaubte Zäumung im Turniersport bei der →*NRCHA*.

**Two Step** – →*Two Tracking.*

**Two Tracking** – Seitengang des Pferdes, bei dem es sich mit Vorder- und Hinterhand auf zwei Hufschlägen bewegt. Das Pferd bewegt sich dabei vorwärts-seitwärts und soll in sich gerade bleiben. Lediglich am Anfang ist eine leichte Stellung gegen die Bewegungsrichtung akzeptabel. Two Tracking kann sowohl am Zaun als auch in der Mitte der Bahn ausgeführt werden. →*Sidepass.*

**Two-Wheel-Trailer** – Einachsiger Pferdeanhänger im Gegensatz zum →*Four-Wheel-Trailer.*

**Two-Year-Old** – Zweijährig. Bei den amerikanischen Westernzuchtverbänden dürfen Pferde in dem Jahr, in dem sie zweijährig sind, ab 1. Juli in →*Performance Classes* gestartet werden. →*Junior Class.*

**Two-Year-Old Western Pleasure** – Western Pleasure für zweijährige Pferde. Klasse der amerikanischen Zuchtverbände, bei der bereits zweijährige Pferde vorgestellt werden und sogar schon um die hochdotierte Weltmeisterschaft ihres Zuchtverbandes reiten. Ein Pferd, das z. B. 2011 auf der →*World Championship Show* in der Zweijährigen-Pleasure gestartet wird, wurde 2009 geboren. Wurde es Ende März geboren, ist es am 1. Januar 2010 ein Jährling und am 1. Januar 2011 zweijährig, tatsächlich jedoch erst eindreiviertel Jahre alt. Spätestens im Frühjahr 2011, gerade wirklich zweijährig, müsste dieses Pferd allerspätestens ins Training genommen werden, um z. B. auf der World Championship Show eine Chance auf einen Finalplatz zu haben. Als pferdegerecht ist die Prüfung dieser Pferdebabys nicht zu bezeichnen.

Pferdebaby bei der Two-Year-Old-Pleasure

# U

**Underspinning** – Ein nicht ganz zu Ende geführter →*Spin* in der Disziplin →*Reining*. Underspinning zieht Punktabzug nach sich. →*Overspinning*.

**Unregistered Horse** – Beim Zuchtverband nicht eingetragenes Pferd.

**Using Horse** – Gebrauchspferd. Arbeitspferde wie z. B. Ranchpferde im Gegensatz zu Pferden, die rein im Freizeitbereich eingesetzt werden.

**Utility Driving** – Fahrprüfung der →*APHA*, bei der ein Pferd mit leichtem Wagen ähnlich dem Trail durch Hindernisse gefahren werden muss und auch ähnlich bewertet wird. Darunter diffizile Hindernisse wie: →*Back Through*, eine auf drei Seiten begrenzte Box, in die das Pferd hinein gehen muss, um sie dann durch Seitwärtsrichten wieder zu verlassen, ein U-Turn in einer begrenzten Box oder auch eine Art →*Ground Tying*, bei der das Pferd ruhig steht, während der Fahrer um den Wagen herum geht. Die Ausrüstung und Wagen entsprechen der Prüfung →*Pleasure Driving*. Die Gangarten zwischen den Hindernissen sind: →*Walk,* →*Park Gait* und →*Road Gait*.

Using Horses

# V

**Vaquero** – Berittener Rinderhirte, mit spanisch-kalifornischer Tradition, auch Californio genannt. Die Bezeichnung selbst leitet sich von dem spanischen Wort "vaca", die Kuh, ab. Mexikanische und kalifornische Indianer waren die ersten, die von den Spaniern in die Kunst der Rinderarbeit eingeweiht wurden. Die Vaqueros lernten nicht nur im klassischen spanischen Stil zu reiten, sondern auch ihre gesamte Ausrüstung selbst herzustellen. Insbesondere →*Lariats*, →*Bosals*, →*Mecates* und →*Romal Reins* sowie die dazugehörigen Kopfstücke.

*"Vaquero de la Sierra" von Kevin Kibsey*

In Streifen geschnittene Rohhaut wurde mit großer Kunstfertigkeit geflochten und geknüpft. Die Schulung eines Vaquero-Pferdes vom jungen Pferd bis hin zum einwandfrei arbeitenden Pferd dauerte drei bis sechs Jahre, je nach Gelehrigkeit. Auch heute gibt es noch Ranches auf denen die Traditionen der Vaqueros gepflegt werden. →*National Reined Cowhorse Association.*

**Varnish Roan** – Fellzeichnung bei den →Appaloosas.

**Verbal Commands** – Stimmliche Kommandos. →*Vocal Aids.*

**Versatility** – Vielseitigkeit.

**Versatility Horse** – Vielseitigkeitstitel, mit dem amerikanischen Westernzuchtverbände Pferde auszeichnen, die in verschiedenen Disziplinen gute Leistung erbringen, im Gegensatz zu den Spezialisten, d. h. Pferde, die auf eine bestimmte Disziplin spezialisiert sind. Jeder Verband hat eigene Regeln, wie viele Punkte in welcher Anzahl von Disziplinen erreicht werden müssen.

**Versatility Ranch Horse Competition** – Prüfung der →*AQHA*, die Leistung, Vielseitigkeit und Erscheinungsbild eines Arbeits-Ranch-Pferdes zeigen soll. Sie enthält fünf Klassen: →*Ranch Riding,* →*Ranch Trail,* →*Ranch Cutting,* →*Working Ranch Horse* und →*Ranch Conformation.*

**Vertical Flexion** – Nachgeben im Genick.

**Vet** – Kurzform für Veterinarian, Tierarzt.

**Veterinary Examination** – Ankaufsuntersuchung. Jeder der ein Pferd kauft, sollte zu seiner eigenen Sicherheit eine Ankaufsuntersuchung machen lassen, denn auch ein Pferd, das nur wenig Geld kostet, ist dieses Geld nicht wert, wenn es aufgrund irgendwelcher Mängel unreitbar ist. Bei der sogenannten kleinen Ankaufsuntersuchung werden in der Regel folgende Bereiche von einem Tierarzt untersucht: Maul, Nasen- und Nüsternbereich und die Augen. Herz- und Lungentätigkeit in der Ruhe und nach einer Belastung. Des Weiteren wird eine Beugeprobe zur Überprüfung von Gliedmaßenschäden gemacht. Bei der Beugeprobe wird jedes Pferdebein hochgehoben und mindestens eine Minuten lang mit bestimmtem Druck angewinkelt gehalten. Wenn das Pferd direkt anschließend im Trab auf hartem Boden bestimmte Auffälligkeiten im Bewegungsablauf zeigt, besteht der Verdacht auf eine Erkrankung. In einem solchen Fall, bei teureren Pferden und insbesondere bei Sportpferden, wird häufig eine zusätzliche Röntgenuntersuchung durchgeführt.

**Vices under Saddle** – Untugenden unter dem Sattel wie Steigen, Bocken und Treten nach anderen Pferden.

**Violation** – Regelverstoß. Regelverstöße gegen Satzungen oder Regelbuch der jeweiligen Verbände können, je nach Schwere des Vergehens, mit Turniersperre oder Ausschluss aus dem Verband geahndet werden.

**Visalia Stirrups** – Bezeichnung für glockenförmige Steigbügel mit schmalerer, flacher Trittfläche. →*Stirrups.*

**V-Muscle** – V-förmige Brustmuskulatur.

**Vocal Aids** – Stimmhilfen. Sie sind ein wichtiges Element der Hilfengebung. Schon lange bevor junge Pferde unter den Sattel kommen, können sie bereits an der Hand lernen, darauf zu reagieren. Mit der Stimme kann ein Pferd zu etwas aufgefordert, gelobt, beruhigt oder auch zurechtgewiesen werden. Das Pferd erkennt an der Stimmlage sehr genau, ob der Reiter verärgert, konzentriert, unentschlossen oder auch ängstlich ist. Das wohl verbreitetste Stimmkommando der Westernreiterei ist das "Whoa", das Kommando zum Anhalten. Es kann als leise Aufforderung ausgesprochen werden, der das Pferd willig folgt oder aber auch lauter und drohend, wenn das Pferd das Kommando ignoriert. Ein kurzes scharf gesprochenes "lass das" kann, prägnant eingesetzt, das Pferd durchaus davon abhalten, ein bestimmtes unerwünschtes Verhalten fortzusetzen oder zu beginnen. Für Trab und Galopp kann ein Schnalzen im Rhythmus des Zweitakts bzw. Dreitakts unterstützend wirken, ein einmaliges Schnalzen signalisiert dem Pferd anzutreten oder das Tempo zu beschleunigen.

**Voice Aid** – Stimmhilfe. →*Vocal Aids.*

**VWB** – Vereinigung der Westernreiter in Bayern. Die VWB wurde am 20. Juni 1982 gegründet. Seit Jahren bewegt sich die Mitgliederzahl bei knapp 1.200 Mitgliedern, die sich in den vierteljährlich erscheinenden VWB-News u. a. über verschiedene Themen, Kurstermine und die für alle Rassen offenen VWB-Turniere informieren können.

# W

**Walk** – Schritt. Der Schritt ist eine flach auffußende Gangart im Viertakt, bei der jedes der vier Beine nacheinander auf den Boden gesetzt wird.

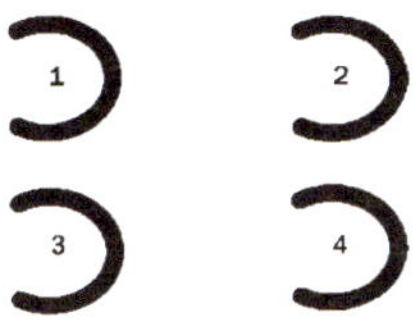


Fußfolge im Schritt

Beginnend mit einem Hinterbein folgt das gleichseitige Vorderbein, dann das andere Hinterbein und anschließend das zweite Vorderbein. Die Schrittlänge soll zur Größe und zum Exterieur des Pferdes passen.

**Walk Over** – Hindernis der Disziplin →*Trail*. Es wird im Schritt überwunden. Der Reiter reitet über vier oder mehr →*Logs*, deren Abstand 40 bis 60 cm beträgt. Ein Walk Over darf erhöhte Stangen haben, die jedoch höchstens 30 cm hoch sind. Der vorgeschriebene Mindestabstand beträgt dann 55 Zentimeter. Die Logs könne auch fächerförmig gelegt werden.

**Walk the Course** – Den Parcours abgehen. Im Trail findet häufig eine Parcoursbegehung vor der Prüfung statt, bei der die Reiter die Abstände in und zwischen den einzelnen Hindernissen abschreiten, um sie während des Rittes besser einschätzen können.

**Walk Trot Class** – Die Walk Trot Class war ehemals eine Prüfung ausschließlich für den jüngeren Reiternachwuchs, der der →*Lead Line Class* entwachsen war und bereits ohne Hilfe Erwachsener reiten kann. Viele dieser jungen Reiter möchten gerne in Jugendklassen starten, sind aber noch nicht in der Lage, ihr Pferd in allen Gangarten problemlos zu kontrollieren. Die Durchführung dieser Gruppenprüfung erfolgt ähnlich wie bei der →*Western Pleasure.* Die Reiter reiten nach Anweisung ein. Sie müssen ihr Pferd im Schritt und Trab auf beiden Händen vorstellen. Nach dem Aufstellen in der Bahnmitte lässt der Richter die Reiter rückwärtsrichten, um seinen Eindruck zu vervollständigen. Der Reiter wird nach seinem Grundsitz im Sattel, d. h. Handhaltung, Beinhaltung und

Rückenhaltung beurteilt. Aber nicht nur der Sitz spielt eine Rolle. Bewertet wird auch die Fähigkeit des Reiters, das Pferd kontrolliert vorzustellen. Macht ein Pferd in dieser Prüfung mehr als drei Galoppsprünge, wird das Paar disqualifiziert. Die Reiter der Walk-Trot-Class dürfen auf dem gleichen Turnier nicht in der →*Lead-Line-Class* starten und in der Regel auch nicht in anderen offiziellen Jugendklassen außer in →*Showmanship at Halter*. Auch dafür hat jeder Verband seine eigenen Regeln, sofern diese Klasse als offizielle Klasse zu gelassen ist. Bei einigen Verbänden wird diese Klasse inzwischen auch für Erwachsene angeboten.

**Wall** – Hornwand des Hufes. →*Hoof.*

**Walnut Finish** – Mittelbraun. Farbbezeichnung beim Lederzeug.

**Walking Order** – Startreihenfolge. Bei der EWU muss die Startreihenfolge genau eingehalten werden, ansonsten droht dem Starter die Disqualifikation. →*Working Order*.

**War Bridle** – Eine Art Halfter. Ursprüngliche Zäumung der Indianer. Ein Seil wird so um den Pferdekopf geknüpft, dass es sich bei einem Ruck zusammenzieht und auf die Nerven hinter den Ohren und um die Maulpartie drückt, sich nach dem Ruck aber wieder lockert. Es wird zur Ausbildung und Disziplinierung von Pferden verwendet.

**Warm Up** – Abreiten. Bevor der Reiter von seinem Pferd schwierige Übungen und hohe Leistung fordert, reitet er sein Pferd ab und lässt es einführende gymnastizierende Übungen ausführen, um es Pferd aufzuwärmen. Ähnlich dem Aufwärmen bei Sportlern.

**Warning** – Verwarnung. Bei Regelverstößen kann eine Verwarnung ausgesprochen werden, die im Wiederholungsfall zu einer Turniersperre oder, je nach Art des Verstoßes, zum Verbandsausschluss führen kann. →*Violation*.

**Warranty Period** – Anzeigefrist für Gewährsmängel. → *Guarantee Period*.

**Wash-Rack** – Waschstand. Ein spezieller Platz, an dem man ein Pferd abspitzen und waschen kann.

**Water Ditch** – Hindernis der Disziplin →*Trail*. Natürlicher oder künstlich angelegter Wassergraben, der nicht zu überspringen, sondern zu durchreiten ist. Für Hallen gibt es transportable Wassergräben aus Plastik, die man mit Wasser auffüllen kann.

**Waterproof Blanket** – Wasserdichte Pferdedecke, die selbst bei starkem Regen keine Feuchtigkeit nach innen dringen lässt.

**Water-Repellent Blanket** – Wasserabweisende Pferdedecke, die den Regen zwar abperlen lässt, aber bei heftigem Regen oder wenn das Pferd im Nassen liegt, durchnässen kann.

**Water-Resistent Blanket** – Wasserbeständige Pferdedecke, die den Regen abhält, jedoch keine absolute Trockenheit der Unterfaser garantiert.

**Weanling** – Saugfohlen, Absatzfohlen. Bezeichnung für ein Fohlen während des Jahres in dem es geboren wurde, bis zum 1. Januar des folgenden Jahres. **Weanling Mare** – Weibliches Absatzfohlen.

**Weanling Stallion** – Männliches Absatzfohlen.

**Weaving** – Weben. Das Pferd tritt von einem Vorderbein auf das andere, so wie es auch bei anderen Tieren in Käfigen häufig zu beobachten ist. Weaving resultiert meistens aus Fehlern in der Pferdehaltung, wie ständige Boxenhaltung. Folgen sind Langeweile, angestaute Aggressionen und genereller Triebstau, die sich in Weben ein Ventil suchen.

**WEG** – →*World Equestrian Games.*

**Weight Aids** – Gewichtshilfen. Das Pferd besitzt ebenso wie der Mensch einen Schwerpunkt, dessen Lage durch unterschiedliche Haltungen verändert werden kann. Störungen seines Gleichgewichts versucht das Pferd durch Verlagerung seines eigenen Schwerpunktes auszugleichen. In Balance befinden sich Pferd und Reiter, wenn sich der Reiterschwerpunkt genau über dem Schwerpunkt des Pferdes befindet. Mit jeder Gewichtsverlagerung des Reiters animiert er das Pferd, seinen Schwerpunkt zu verändern, da es bestrebt ist, wieder unter den Schwerpunkt des Reiters zu gelangen und so das ausbalancierte Gleichgewicht wieder herzustellen. Das Pferd wird immer versuchen, einen verlagerten Schwerpunkt auszugleichen, indem es unter den neuen Schwerpunkt des Reiters tritt. Die korrekten Gewichtshilfen des Reiters, gehören sicherlich mit zu den am schwersten zu erlernenden Hilfen, da es um feine Bewegungsnuancen geht. Nur ein Reiter mit einem ausbalancierten Sitz kann korrekte Gewichtshilfen geben. Gewichtshilfen können beidseitig belastend nach vorne oder hinten oder auch einseitig belastend zur Seite wirken. Das Verlangsamen oder Anhalten des Pferdes wird z. B. durch ein Kippen des Beckens bewirkt, das den Schwerpunkt des Reiters nach hinten verlagert. Beschleunigung kann durch Gewichtsverlagerung nach vorne erreicht werden. Durch Gewichtsverlagerungen nach rechts oder links kann das Pferd zu einer Richtungsänderung veranlasst werden. Einknicken in der Hüfte gehört zu den schlimmsten Fehlern bei der Gewichtshilfe, weil sie dadurch wirkungslos wird. →*Aids.*

**Well Bred Horse** – Pferd mit guter Abstammung.

**Well Developed Buttock** – Gut bemuskelte Hinterhand.

**Western Boots** – →*Cowboy Boots,* →*Boots.*

**West Coast Style** – →*California Style.*

**Western Equitation** – Bezeichnung der →*Western Horsemanship* beim →*ApHC.*

**Western Horsemanship** – Reiterprüfung, bei der Sitz, Hilfengebung und die Fähigkeit des Reiters, sein Pferd kontrolliert vorzustellen, bewertet werden. Erwünscht ist ein Reiter in sauberer, geschmackvoller Kleidung gemäß den Regelbüchern. Die Prüfung besteht aus zwei Teilen, der Einzelaufgabe, die

80% der Gesamtbewertung ausmacht, und der →*Railwork*, einer Gruppenprüfung ähnlich der →*Western Pleasure*. Im →*Pattern* der Einzelaufgabe, die nicht länger als 30 Sekunden dauern soll, sollen möglichst alle drei Gangarten vorkommen. Beim Angaloppieren kann Rechts- oder Linksgalopp verlangt werden. Stops aus allen Gangarten, Rückwärtsrichten, Hinter- und Vorhandwendungen, Galoppvolten, Galoppwechsel oder auch Außengalopp auf einer gebogenen Linie können in der Pattern enthalten sein.

Der Schwierigkeitsgrad des Pattern soll dem zu erwartenden Niveau der Klasse angepasst sein. So wird in einer →*Novice Class* oder einer EWU-Leistungsklasse 5 der Schwierigkeitsgrad anders sein als bei einer Amateurklasse eines hochklassigen Turniers der Westernzuchtverbände oder in der Leistungsklasse 1 bei einem EWU-A-Turnier. Geritten wird die Einzelaufgabe in der Regel in der Mitte der Bahn, Pylonen markieren die Stellen, an denen ein bestimmtes Manöver ausgeführt werden soll. Bereits kleine Ungenauigkeiten bei der Ausführung des Pattern führen zu Punktabzug, z. B. wenn der Reiter nicht genau am vorgeschriebenen Punkt durchpariert, die vorgeschriebene Gangart aufnimmt oder nur vier von sechs vorgeschriebenen Schritten rückwärts richtet. Wer z. B mehrere Trabschritte benötigt, um anzugaloppieren, wenn das Angaloppieren aus dem Stand oder Schritt gefordert wird, kann sich kaum Hoffnungen auf eine gute Platzierung machen. Hat man nicht gelernt, ein Pattern korrekt zu lesen, um es dann reiten zu können, hat man schlechte Karten, denn weicht man von der Aufgabe ab, ist man →*Out of Pattern*. Präzision hat in der Western Horsemanship einen hohen Stellenwert. Berücksichtigung findet bei der Durchführung der Aufgabe das Alter des Pferdes. So wird der Richter die deutlichere Stellung zum Angaloppieren bei einem jungen Pferd nicht übelnehmen, bei einem älteren Pferd, das bereits mit Kandare geritten wird, sollte das nicht mehr erforderlich sein. Um die Einzelaufgabe zu absolvieren, stellen sich in der Regel die Teilnehmer am Kopfende der Bahn nebeneinander auf, um von dort zu starten. Es liegt im Ermessen des Richters, die Reiter auch einzeln in die Bahn kommen zu lassen. Nach der Einzelaufgabe folgt die Gruppenprüfung, →*Railwork*. Alle Reiter oder die, die für eine Platzierung in Frage kommen, verteilen sich auf dem Hufschlag und stellen ihre Pferde auf jeder Hand in allen drei Gangarten vor. Neben dem →*Trail* gehört auch die Western Horsemanship zu den Disziplinen, in der ein gut ausgebildetes Pferd jeder Rasse den Siegerpokal mit nach Hause nehmen kann, wenn der Reiter es korrekt vorstellt.

**Western Martingale** →*Running Martingale*.

**Western Pelham** – Gebrochene Kandare, die im Westernreitsport →*Snaffle with Shanks* genannt wird und sowohl am Mundstück, als auch an den →*Shanks* Ringe für die Zügel hat. Dieses Gebiss kann als gebrochene Kandare, aber auch, wenn der Zügel direkt am Gebissstück eingeschnallt wird, mit der Wirkung einer Wassertrense, →*Snaffle Bit,* geritten werden. Ebenfalls ist es möglich vierzügelig zu reiten, um je nach Bedarf beide Wirkungsmöglichkeiten variieren zu können.

**Western Pleasure** – Disziplin des Westernreitens. Sie ist in ihrer Bewertung sehr umstritten. Doch um die Bewertungskriterien zu verstehen, sollte man ihre Ursprünge sehen. Wie alle Turnierdisziplinen des Westernreitens hat sich auch die Western Pleasure aus der Arbeit der Cowboys entwickelt und wer z. T. täglich mehr als zwölf Stunden im Sattel sein musste, und das wochenlang, brauchte bequeme Gangarten.

Western Pleasure

Der äußerst bequeme Jog ist schneller als der Schritt, aber nicht schneller als eine ziehende Rinderherde. Auch der Lope ist äußerst bequem zu reiten und strapaziert weder den Rücken noch sonst einen Körperteil des Reiters. Die Western Pleasure ist eine Gruppenprüfung, vielleicht vergleichbar mit der Reitpferdeprüfung des klassischen Reitsports. Die Pferde werden beurteilt, nicht der Reiter. In der Prüfung stellt der Reiter sein Pferd in allen drei Gangarten auf jeder Hand vor. Das →*Line Up* mit anschließendem →*Back Up* bildet den Schluss der Prüfung. Das Pferd soll in dieser Prüfung am angemessen losen Zügel präsentiert werden. Der Reiter sollte jedoch im Falle einer Gefahr den Zügel durch leichtes Anheben der Hand sofort aufnehmen können. Das Pferd soll ohne deutlich sichtbare Hilfengebung vorgestellt werden und nicht mit dem Zügel festgehalten werden. Die Kopfposition des Pferdes soll natürlich sein und in allen Gangarten zum Körperbau des Pferdes passen. Die Nase des Pferdes soll nicht hinter die Senkrechte kommen und der Kopf darf nicht tiefer getragen werden als der Widerrist ist. Auch ein Pleasure-Pferd sollte in der Hinterhand genügend Schwung zeigen. Die Schrittlänge eines Pferdes sollte seinem Exterieur angepasst sein, d. h. ein kurzes, kleines Pferd wird eine kürzere Schrittlänge haben als ein größeres, längeres Pferd. Daher ist es auch zulässig, andere Pferde zu überholen, wenn dies aufgrund der größeren Schritt- oder Sprunglänge geschieht und nicht aufgrund einer schnelleren Schritt- oder Sprungfolge.

Die Bewertungskriterien sind: Weichheit der Gänge (Bequemlichkeit, Korrektheit und Qualität), Weichheit der Übergänge, →*Transitions*, zwischen den Gangarten, Ausgeglichenheit und Willigkeit des Pferdes (negativ bewertet werden: Schweifschlagen, Ohrenanlegen, Schlagen beim Aufstellen oder Überholen) und die technisch fehlerfreie Vorführung. Den →*Walk* möchte der Richter als natürlich flach auffußenden

Viertakt sehen. Das Pferd soll nicht vorwärtsstürmen und auch nicht hinter den anderen "herlatschen". Der →*Jog* soll ein weicher Zweitakt sein, bei dem sich die Beinpaare diagonal bewegen. Beim →*Extended Jog* soll sich das Pferd mit der gleichen Weichheit der Gänge bewegen. Der Extended Jog wird von den Richtern gern als Entscheidungshilfe genommen, wenn die Pferde in der Spitze sehr eng beieinander liegen. Dabei möchte der Richter Pferde sehen, die sich langmachen, d. h. wirklich ausgreifen. Der Trab wird immer ausgesessen. Der →*Lope* soll ein leichter rhythmischer Dreitakt sein. Pferde mit einem Viertaktgang erfüllen die Anforderung nicht. Auch hier soll das Pferd entspannt und weich mit einer natürlichen Schrittlänge gehen. Der →*Reverse* verlangt keine Hinterhandwendung, wird allerdings von manchen Reitern ausgeführt, eine einfache sauber gerittene Kehrtvolte genügt. Das gerade, flüssige →*Back Up* ohne großen Zügeleinsatz ist ein weiterer Teil der Gesamtprüfung. In der Regel steht die Platzierung bereits vor dem Back Up fest, aber es hilft, zwei fast gleich gute Pferde richtig zu platzieren. Pferde die beim →*Line-Up* nicht das entsprechende Nervenkostüm haben, um ruhig und gelassen am langen Zügel auf ihren vier Beinen stehen können, sind unerwünscht. Die Bewertung einer Western Pleasure Prüfung stellt an Reiterverbände, bei denen Pferde aller Rassen starten dürfen, höchste Anforderungen, da hier manchmal vom Haflinger über Araber und dem großen Warmblüter bis zum Quarter Horse alles vertreten ist.

**Western Riding** – Prüfung, in der das Pferd so vorgestellt wird, dass es sich mühelos am losen Zügel bewegt. Es wird nach den Qualitäten seiner Gangarten und Galoppwechsel beurteilt, die es bei minimaler Hilfengebung ausführen soll. In den Pattern ist eine am Boden liegende Stange enthalten, die einmal im Schritt und einmal im Galopp zu überwinden ist, wobei sich beide Male die Schrittlänge des Pferdes nicht verändern soll. Bei einigen Verbänden ist noch ein Tor enthalten. Der Rest der Prüfung besteht hauptsächlich aus einer Reihe punktgenau zu reitender fliegender Galoppwechsel, →*Flying Lead Changes*, zwischen Pylonen. Kreuzgalopp oder auch nur das Nachspringen der Hinterhand wird als Fehler gewertet. Mit einem Stop und anschließendem Rückwärtsrichten wird die Aufgabe beendet. Das Pferd soll während der Prüfung eine gleichbleibende Galoppgeschwindigkeit zeigen, eine entspannte Kopfhaltung haben und weich und taktrein gehen.

**Western Riding Certificate** – Das FWRC ist eine in Österreich vom Bundesfachverband Reiten und Fahren vorgeschriebene Lizenzprüfung zur Teilnahme an Westernreitturnieren.

**Western Stock Saddle** – Amerikanische Bezeichnung für den Westernsattel, den Arbeitssattel der Cowboys. Der Westernsattel wird in vielen verschiedenen Variationen gebaut, je nachdem wofür er verwendet werden soll. →*Saddle.*

**Westernstore** – *Geschäft für Western-*

*sportartikel.*

**Whang Leather** – Sehr weiches Leder, das gewöhnlich für →*Strings* verwendet wird.

**Whip** – Peitsche. Bei den amerikanischen Westernzuchtverbänden in bestimmten Renndisziplinen zugelassen, ansonsten sind im Westernturniersport keine Peitschen erlaubt.

**White** – Weiß. Ein wirklich weißes Pferd ist weiß geboren und bleibt es auch. Es hat nicht nur schneeweiße Haare, sondern auch rosa Haut und in der Regel braune Augen.

**White Ancle** – Weißes Fesselgelenk. →*Marking* am Pferdebein.

**White Blanket** – Fellzeichnung des Appaloosas. Ein Pferd mit einer dunklen Grundfarbe, das eine reinweiße „Decke“ über Kruppe, Hüfte bis an die Lenden hat. →*Blanket.*

**White Coronet** – Weiße Krone. →*Marking* am Pferdebein.

**White Half Pastern** – Halb gefesselt. →*Marking* am Pferdebein.

**White Heel** – Weißer Ballen. →*Marking* am Pferdebein.

**White Line** – Weiße Linie am Huf. →*Hoof.*

**White Pastern** – Weiß gefesselt. →*Marking* am Pferdebein.

**White Socks** – Halbgestiefelt. →*Marking* am Pferdebein.

**White Stocking** – Hochgestiefelt. →*Marking* am Pferdebein.

**Whoa** – Stimmkommando zum Anhalten. →*Vocal Aids*, →*Voice Aid.*

**Wide of Mouthpiece** – Breite des Mundstücks.

**Wide-Bell Stirrups** – Breite →*Bell-Stirrups*, die gerne von →*Ropern* benutzt werden. → *Stirrups.*

**Wimpy** – Das Pferd mit der →*AQHA*-Registrationsnummer 1. Das Geburtsjahr des doppelten Old-Sorrel-Enkels wird mit 1935 – 1937 angegeben. Die AQHA trug als Geburtsdatum 1935 geboren ein. Er verbrachte sein ganzes Leben auf der King Ranch im Südwesten von Texas und wurde einer der wichtigsten Deckhengste der Ranch, wobei er zusätzlich auch regelmäßig zur Rancharbeit herangezogen wurde. Er zeugte 174 Fohlen, die bei der AQHA registriert waren. Am 14. August 1959 starb Wimpy. Eine Bronze-Statue dieses Pferdes ziert den Eingang des →*AQHA-Headquarters* in Amarillo/Texas.

**Windproof Blanket** – Winddichte Pferdedecke. Wasserdichte Decken sind auch immer winddicht. →*Blanket.*

**Winner** – Sieger.

**Winter Coat** – Winterfell.

**Withers** – Widerrist. →*Conformation.*

**Wolf Teeth** – Wolfszähne. Kleine Zähne ohne Funktion im Pferdemaul. Sie wachsen vor den Backenzähnen des Pferdes und sollten dem Pferd gezogen werden, was relativ einfach ist, da sie nicht tief verwurzelt sind. Nicht ausgezogene Wolfszähne können zu Verletzungen im Pferdemaul führen.

**Woolies** – Warme →*Chaps* aus Schaffell, Angorafell oder früher sogar aus Bärenfell.

**Woolskin Lining** – Schaffellfutter an der Unterlinie des Sattels.

Woolies

**Working Cowhorse** – Rinderdisziplin, die aus zwei Teilen besteht, der →*Reining*, →*Dry Work*, und der Arbeit mit einem Rind, der →*Fence Work*. Die Reining, die der Arbeit am Rind vorangeht, ist etwas kürzer als eine normale Reining. Entweder absolvieren alle Reiter hintereinander zunächst die Reining oder jeder Reiter erhält direkt nach seiner Dry Work sein Rind für die Fence Work.

Das Rind wird an einer Stirnseite der Arena in die Bahn gelassen. Hier soll der Reiter es mit →*Cutting*-ähnlichen Aktionen solange halten, bis deutlich geworden ist, dass das Pferd →*Cow Sense* besitzt und das Rind unter Kontrolle hat. Dieser Vorgang wird →*Boxing* genannt. Nach dieser Phase lässt der Reiter das Rind heraus, so dass es an der langen Seite entlang laufen kann. Der Reiter muss jetzt das Rind überholen und es in die entgegengesetzte Richtung gegen die Bande wenden. Dieser Vorgang muss mindestens noch einmal wiederholt werden. Bei diesem Teil der Prüfung werden rasante Geschwindigkeiten entwickelt, da Rinder auf kurze Strecken sehr schnell laufen können. Häufig bleiben die Rinder auch nicht an der Bande, sondern laufen mitten durch die Arena, was die Arbeit des Reiters und des Pferdes erheblich erschwert.

Den Abschluss der Prüfung bildet das anschließende Zirkeln des Rindes, wobei das Rind vom Reiter umkreist wird. Dabei soll das Rind zur Bahnmitte getrieben werden und dort einmal nach rechts und einmal nach links gezirkelt werden. Dem Reiter stehen für die Durchführung der Fencework zwei Minuten zur Verfügung, die beginnen, wenn das Rind sich in der Arena befindet und das Tor wieder geschlossen wurde. Zeigt das Pferd gute Eigenschaften des Working-Cowhorse-Pferdes, wird dies mit Pluspunkten belohnt. Dazu gehört, dass es wendig und weich in der Bewegung ist, immer gut ausbalanciert und seine Hinterbeine beim Stop deutlich unter den Schwerpunkt schiebt. Das Pferd sollte auf leichteste Zügelhilfen in den Wendungen und Drehungen reagieren, eine gut angepasste Geschwindigkeit haben, wobei es sich immer unter Kontrolle des Reiters befinden soll. Minuspunkte erhält der Starter, wenn das Pferd nach dem Rind beißt oder tritt oder gar das Rind überrennt.

Schießt das Pferd z. B. bei den Wendungen über das Rind hinaus, und sei es auch nur eine Pferdlänge, gibt es ebenfalls Abzug. Das Festreiten an der Bande, Erschöpfen des Rindes vor dem Zirkeln oder auch mangelnde Kontrolle über das Rind beim Zirkeln bedeuten Punktabzug. Wie auch in anderen Disziplinen führt der Sturz von Pferd oder Reiter zur Disqualifikation. Diese Disziplin kann nur in einer Arena mit entsprechend hohem Zaun durchgeführt werden, denn Rinder sind nicht nur sehr schnell, sondern können auch hoch springen. Die Ecken der Arena müssen zusätzlich abgerundet sein, damit sich kein Rind in der Ecke festlaufen kann.

**Working Headstall** – Arbeitskopfstück im Gegensatz zum →*Show Headstall*. Das Arbeitskopfstück ist derber gearbeitet und weist kaum Schmuckelemente oder gar Silberverzierungen auf. →*Headstall*.

**Working Horse** – Arbeitspferd im Sinne eines Cowboy- oder Ranchpferdes. →*Working Ranch Horse*, →*Versatility Ranch Horse Competition*.

**Working Order** – Startreihenfolge. →*Walking Order*.

**Working Hunter** – Disziplin der →*APHA*.

**Working Ranch** – Eine Ranch mit normalem Ranchbetrieb. Working Ranches bieten gelegentlich zahlenden Gästen die Möglichkeit, an der Rancharbeit teilzunehmen, d. h. sie werden in den Ranchbetrieb integriert. →*Dude Ranch*.

**Working Ranch Horse** – Klasse der →*Versatility Ranch Horse Competition*, bei der Rittigkeit, →*Cow Sense* und →*Roping*- Eignung des Pferdes in drei Prüfungsteilen abgeprüft werden. Nach einer →*Reining*-Aufgabe, wird ein Rind in die Arena gelassen, das ähnlich einer →*Working Cowhorse*-Prüfung gearbeitet werden soll. Anschließend muss der Reiter das Rind →*Ropen* und anhalten. In Europa kann das Roping auch durch zirkeln des Rindes nach beiden Seiten oder →*Breakaway Roping* ersetzt werden.

**Work-Off** – Stechen. →*Run-Off*.

**World Champion** – Weltmeister. Bei den Zuchtverbänden →*AQHA*, →*APHA*, →*ApHC* geht der Titel an den ersten Platz der einzelnen Disziplinen in den jeweiligen Klassen. Bei der →*NCHA* und der →*NRHA* wird das Pferd World Champion, das im jeweiligen Jahr auf anerkannten Turnieren insgesamt die höchste Preissumme erreicht.

**World Championship Show** – Weltmeisterschaft. →*AQHA*, →*APHA*, →*AphC*.

**World Equestrian Games** – Weltmeisterschaft der FEI im Reitsport, die alle vier Jahre genau zwischen den olympischen Spielen ausgetragen wird. Die Idee dieses Events wurde in den achtziger Jahren in Schweden geboren und vom damaligen Weltreiterpräsidenten Prinz Philipp aufgegriffen. Bei den Weltmeisterschaften 2002 in Jerez de la Frontera/Andalusien war erstmals die Reining als siebte Disziplin dabei, allerdings nur mit einer Gastvorstellung. Seit der WEG in Aachen 2006 ist die Reining eine offizielle inernational anerkannte Disziplin für die Weltmeisterschaft. 2010 fand sie mit dem Austragungsort Lexington/Kentucky zum ersten Mal außerhalb Europas statt.

**Woven Leather** – Geflochtenes Leder.

**Wrap** – Schutz. →Tail Wrap, →Leg Wrap, →Horn Wrap.

**WRC** – →Western Riding Certificate.

**WRR** – Western Reiter Rheinland e. V.. Der Verein wurde 1991 gegründet und hat ca. 500 Mitglieder, die mit Pferden aller Rassen auf vereinseigenen Turnieren starten können.

# XYZ

**X-Ray** – Röntgenaufnahme.

**Year-End High Point Horse** – →*High Point Horse.*

**Year-End High Point Exhibitor** – Titel in der →*Open Class* der Westernzuchtverbände. Den Titel erhält der Teilnehmer, der in der Open Class im jeweiligen Jahr die meisten Punkte erreicht hat. →*High Point Horse.*

**Yearling** – Jährling. Pferde beiden Geschlechts gelten jeweils als Jährling ab dem 1. Januar des Jahres, das dem Geburtsjahr folgt, bis zum 1. Januar des folgenden Jahres. Ab dann gilt das Pferd als zweijährig. →*Longe Line Class,* →*Yearling In-Hand-Trail.*

**Yearling In-Hand-Trail** – →*Trail*-Prüfung der →*APHA* für Jährlinge bei der diese geführt werden. Der Parcours entspricht im Wesentlichen einem normalen Trailparcours mit Tor, Drehungen, Seitwärts- und Rückwärtsrichten.

**Youth Class** – Jugendklasse. Die Alterseinteilung variiert je nach Verband, nachzulesen im entsprechenden Regelbuch.

**Youth World Cup** – →*AQHA* Youth World Cup, →*APHA* Youth World Cup.

**Zantanon** – Ein 1917 in Nuevo Laredo/Mexico geborener Vollblut-Hengst unbekannter Eltern. Bis zum Alter von 13 Jahren gewann er fast alle seine in den USA und Mexiko gelaufenen Rennen. Er ist der Vater von →*King P-234.*

**Zero Score** – Score mit 0 Punkten

| Stockmaße von Pferden | |
|---|---|
| Amerikanische Maße | Deutsche Maße |
| 14 hands | 142,24 cm |
| 14 hands ½ inch | 143,51 cm |
| 14 hands 1 inch | 144,78 cm |
| 14 hands 1½ inch | 146,05 cm |
| 14 hands 2 inch | 147,32 cm |
| 14 hands 2½ inch | 148,59 cm |
| 14 hands 3 inch | 149,86 cm |
| 14 hands 3½ inch | 151,13 cm |
| 15 hands | 152,40 cm |
| 15 hands ½ inch | 153,67 cm |
| 15 hands 1 inch | 154,94 cm |
| 15 hands 1½ inch | 156,21 cm |
| 15 hands 2 inch | 157,48 cm |
| 15 hands 2½ inch | 158,75 cm |
| 15 hands 3 inch | 160,02 cm |
| 15 hands 3½ inch | 161,29 cm |
| 16 hands | 162,56 cm |
| 16 hands ½ inch | 163,83 cm |
| 16 hands 1 inch | 165,10 cm |
| 16 hands 1½ inch | 166,37 cm |
| 16 hands 2 inch | 167,64 cm |
| 16 hands 2½ inch | 168,91 cm |
| 16 hands 3 inch | 170,18 cm |
| 16 hands 3½ inch | 171,45 cm |

| Deckenmaße | |
|---|---|
| Deutsches Deckenmaß in cm | Amerikanisches Deckenmaß in inch |
| 105 | 68 |
| | 70 |
| 115 | 72 |
| | 74 |
| 125 | 76 |
| | 78 |
| 135 | 80 |
| | 82 |
| 145 | 84 |

| Längenmaße - Linear Measures | | |
|---|---|---|
| 1 line | | 2,12 mm |
| 1 inch | 12 lines | 2,54 cm |
| 1 hand | 4 inches | 10,16 cm |
| 1 foot | 12 inches | 30,48 cm |
| 1 yard | 3 feet | 91,44 cm |
| 1 rod | 5½ yards | 5,03 m |
| 1 chain | 4 rods | 20,12 m |
| 1 furlong | 10 chains | 201,17 m |
| 1 mile | 1760 yards | 1,61 km |

| Flächenmaße - Square Measures | | |
|---|---|---|
| 1 square inch | | 6,45 $cm^2$ |
| 1 square foot | 144 sq. inches | 929,03 $cm^2$ |
| 1 square yard | 3 sq. feet | 0,836 $m^2$ |
| 1 square rod | 30,25 sq. yards | 25,29 $m^2$ |
| 1 rood | 40 sq. rods | 1012 $m^2$ |
| 1 acre | 4 roods | 4047 $m^2$ |
| 1 square mile | 640 acres | 2,59 $km^2$ |

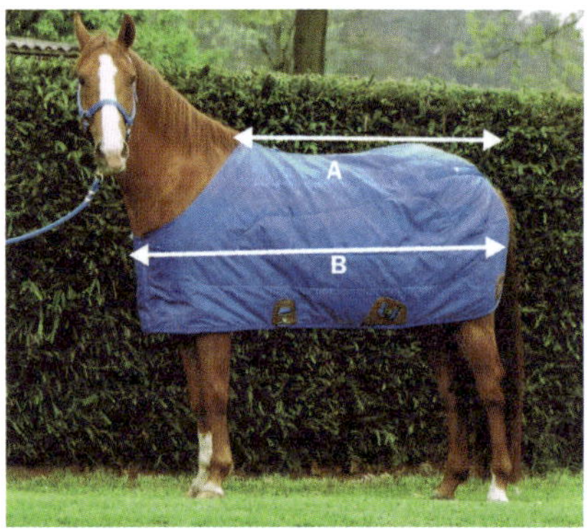


Pfeil A bezieht sich auf die deutschen Maße.
Pfeil B bezieht sich auf die amerikanischen Maße. Gemessen wird von Mitte der Brust bis zur Mitte des Schweifs.

| Jeansgrössen Herren | |
|---|---|
| USA | Deutschland |
| 30 | 44 |
| 31 | 46 |
| 32 | 46/48 |
| 32 | 48 |
| 34 | 50 |
| 35 | 50/52 |
| 36 | 52 |
| 38 | 54 |
| 40 | 56 |
| 42 | 58 |

| Jeansgrössen Damen | |
|---|---|
| USA | Deutschland |
| 5 oder 27 | 32 |
| 7 oder 28 | 34 |
| 9 oder 29 | 36 |
| 11 oder 30 | 38 |
| 11 oder 31 | 40 |
| 13 oder 32 | 40+ |
| 15 oder 33 | 42 |
| 15 oder 34 | 44 |
| 17 oder 35 | 44+ |
| 19 oder 36 | 46 |

| Hutgrößen | |
|---|---|
| USA | Deutschland |
| 6 1/2 | 52 |
| 6 5/8 | 53 |
| 6 3/4 | 54 |
| 6 7/8 | 55 |
| 7 0 | 56 |
| 7 1/8 | 57 |
| 7 1/4 | 58 |
| 7 3/8 | 59 |
| 7 1/2 | 60 |
| 7 5/8 | 61 |

În den USA werden die Stiefel und Schuhe in folgenden Fuß- bzw. Ballenbreiten angeboten, A ist die schmalste Fußbreite:

A, B, C, D, E , EE, EEE, EEEE, F, G

| Stiefelgrößen Herren | |
|---|---|
| USA | Deutschland |
| 5,5 | 38 |
| 6 | 38,5 |
| 6,5 | 39 |
| 7 | 40 |
| 34 | 50 |
| 7,5 | 40,5 |
| 8 | 41 |
| 8,5 | 42 |
| 9 | 42,5 |
| 9,5 | 43 |
| 10 | 44 |
| 10,5 | 44,5 |
| 11 | 45 |
| 11,5 | 45,5 |
| 12 | 46 |
| 13 | 47,5 |

| Stiefelgrößen Damen | |
|---|---|
| USA | Deutschland |
| 5 | 35 |
| 5,5 | 35,5 |
| 6 | 36 |
| 6,5 | 37 |
| 7 | 37,5 |
| 7,5 | 38 |
| 8 | 38,5 |
| 8,5 | 39 |
| 9 | 40 |
| 9,5 | 41 |
| 10 | 42 |
| 10,5 | 42,5 |

Bei den Größentabellen sollten herstellerspezifische Abweichungen beim Kauf mit bedacht werden.

# Zucht- und Westernreitverbände

## Quarter Horse Verbände

**AQHA – American Quarter Horse Association**
Amerikanischer Mutterzuchtverband der Quarter Horses
1600 Quarter Horse Drive
Amarillo, Texas 79104
P.O. Box 200, Amarillo, Texas 79168
Tel. 001-806-376-4811
**www.aqha.com**

**AJQHA – American Quarter Horse Youth Association**

**DQHA – Deutsche Quarter Horse Association**
Daimler Straße 22
D-63741 Aschaffenburg
Tel. (0)6021-58459-0
info@dqha.de
**www.dqha.de**

**DQHYA – Deutsche Quarter Horse Youth Association**

**SQHA – Swiss Quarter Horse Association**
**info@sqha.ch**

**AustrianQHA – Austrian Quarter Horse Association**
**www.aqha.at**

## Paint Horse Verbände

**APHA – American Paint Horse Association**
Amerikanischer Mutterzuchtverband der Paint Horses
2800 Meacham Boulevard
Fort Worth, Texas 76137
Tel. 001-817-834-2742
**www.apha.com**

**AJPHA – American Junior Paint Horse Association**

**PHCG – Paint Horse Club Germany**
**www.phcg.de**

**SPHA – Swiss Paint Horse Association**
**www.spha.ch**

**PHA – Paint Horse Austria**
**www.pha.at**

## Appaloosa Horse Verbände

**ApHC – Appaloosa Horse Club**
Amerikanischer Mutterzuchtverband der Appaloosas
2720 West Pullmann Road
Moscow, Idaho 83843
Tel. 001-208-882-5578
**www.appaloosa.com**

**AYA – Appaloosa Youth Association**

**ApHCG – Appaloosa Horse Club Germany**
**www.aphcg.com**

**ApHCS – Appaloosa Horse Club Switzerland**
**www.appaloosa.ch**

**AAA – Austrian Appaloosa Association**
**ww.aapa.at**

## Rassegebundene Reitverbände

**NRHA – National Reining Horse Association**
Amerikanischer Reining-Mutterverband
3000 NW 10th Street
Oklahoma City, Oklahoma 73107
Tel. 001-405-946-7400
**www.nrha.com**

**NRHA Germany – National Reining Horse Association Germany**
**www.nrha.de**

**NRHA Switzerland – National Reinung Horse Association Switzerland**
**www.nrha.ch**

**ARHA – Austrian Reining Horse Association**
**www.nrha.at**

**NCHA – National Cutting Horse Association**
Amerikanischer Cutting-Mutterverband
260 Bailey Avenue
Fort Worth, Texas 76107
Tel. 001-817-244-6188
**www.nchacutting.com**

**NCHA of Germany – National Cutting Horse Association of Germany**
**www.ncha.de**

**SCHA – Swiss Cutting Horse Association**
**www.schacutting.ch**

**NRCHA – National Reined Cow Horse Association**
Amerikanischer Reined Cow Horse Mutterverband
13181 US Highway 177
Byars, Oklahoma 74831
Tel. 001-580-759-4949
**www.nrcha.com**

**NSBA – National Snaffle Bit Association**
**www.nsba.com**

**NSBA – National Snaffle Bit Association Germany**
**www.nsba-germany.de**

## Für alle Rassen offene Reitverbände

**EWU – Erste Westernreiter Union Deutschland e.V.**
Freiherr von Langen Str. 8a
48231 Warendorf
Tel. 02581-928460
**www.westernreiter.com**

**VWB – Vereinigung der Westernreiter in Bayern e.V.**
**www.westerneiten-online.de**

**WRR – Western Reiter Rheinland e.V.**
**www.western-reiter-rheinland.de**

**SWRA – Schweizer Western Riding Association**
**www.swra.ch**

**AWA – Austrian Western Riding & Breeding Association**
Raitlstr. 154
2393 Sulz
**www.awa.at**

**Da sich die Adressen einiger Anschlussverbände ändern können, wird empfohlen, notfalls bei den entsprechenden Dachverbänden nachzufragen.**

**Alle Angaben ohne Gewähr und Anspruch auf Vollständigkeit.**

# Wörterbuch Deutsch-Englisch

**Aalstrich** – Dorsal Stripe
**Abreiten** – Warm Up
**Abreiteplatz** – Practice Area
**Abstammungsnachweis** – Pedigree Paper
**Abzeichen** – Markings
**Abschwitzdecke** – Cooler
**Absitzen** – Dismount
**Allgemeine Bestimmungen** – General Rules
**Amateur** – Non Pro, Non Professional
**Amateurklasse** – Amateur Class, Non Pro Class
**Anbinden, Festbinden** – Tie
**Anerkannt** – Approved
**Anfänger** – Novice, Novice Horse, Novice Rider
**Anhalten und Umdrehen** – Set and Turn, Roll Back
**Ankaufsuntersuchung** – Veterinary Examination
**Annehmen und Nachgeben** – Give and Take, Pull and Slack
**Anreiten aus dem Halten** – Move-Off
**Anzüge, Hebelarm** – Shanks
**Assistent des Richters** – Ring Steward
**Auf der Vorhand gehen** – Move on the Forehand
**Auf der Vorhand Stoppen** – Stop in the Forehand
**Aufgeben** – Retire
**Aufgabe (Turnier)** – Pattern
**Aufsitzen** – Mounting
**Aufzäumen eines Pferdes** – Bridling a Horse
**Aufziehtrense** – Gag Bit
**Auktion** – Auction
**Ausbalanciertes Gebiss** – Balanced Bit
**Ausbalanciertes Pferd** – Balanced Horse
**Ausbilder (für Pferd und Reiter)** – Trainer
**Ausbildungsgrad** – Degree of Training
**Ausbinden auf beiden Seiten** – Cross Tying
**Ausbinder** – Tie Down
**Ausbindezügel** – Side Reins
**Ausrüstung** – Tack
**Ausrüstungstasche** – Tack Bag
**Aussacken** – Sacking
**Ausschluss** – Suspension, Elimination
**Außengalopp** – Counter-Canter
**Außenreitplatz** – Outdoor Arena
**Außenstellung des Pferdekopfes** – Counter Bend
**Außenstellung des Pferdes** – Reverse Arc
**Äußerer Zügel** – Outside Rein
**Aussteller, Vorführer, Reiter** – Exihibitor
**Auszeichnung** – Award

**Backenstück der Zäumung** – Cheek Piece
**Bahnregeln** – Arena Rules
**Bande** – Arena Wall, Kicking Board
**Bandmaß** – Tape Measure
**Baumwollführstrick** – Cotton Lead
**Begrenzt** – Limited
**Beinfesseln** – Hobbles, Breeding Hobbles
**Bekleidung, Ausrüstung** – Outfit
**Berufsreiter** – Professional
**Besitzer** – Owner
**Besitzwechsel** – Change of Ownership
**Bewegliche Rolle im Gebissstück**– Cricket, Roller
**Bewegungsloses Halten** – Motionless Standstill
**Bewertung, Wertnote** – Score
**Biegen, Nachgeben** – Flexing
**Blesse** – Blaze
**Bodeneng** – Narrow at the Hocks
**Brandzeichen** – Brand
**Brustkorb** – Ribcage
**Buggelenk** – Point of Shoulder
**Bürste für einen Westernhut** – Brim Brush

**Decke** – Blanket
**Deckgebühr, Decktaxe** – Breeding Fee, Stud Fee

**Deckschein** – Breeders Certificate
**Direkter Zügel** – Plow Rein, Direct Rein
**Desinfektionsmittel** – Disinfectant
**Direkte Zügelführung** – Direct Reining
**Disqualifikation** – Disqualification
**Distanzstange** – Connecting Bar, Stabilizing Bar
**Doppelte Gurtung** – Double Rigging
**Drahtseilkern** – Cable Core
**Drehung, Wendung** – Turn
**Dreitakt** – Three Beat
**Druck in der Kinngrube** – Curb Pressure

**Ehrenhalle** – Hall of Fame
**Ehrenpreis** – Trophy
**Einachsiger Pferdeanhänger** – Two-Wheel-Trailer
**Einfacher Galoppwechsel** – Simple Lead Change
**Einfrieren der Bewegung** – Freeze-Up
**Eingetragenes Pferd** – Registered Horse
**Einohrkopfstück** – One Ear Headstall
**Einreiten eines Pferdes** – Breaking
**Eintragungsurkunde, Registrationsurkunde** – Certificate of Registration
**Elastische Bandage** – Elastic Bandage
**Elefantenhaken** – Bull Snap
**Ellenbogen** – Elbow
**Endbewertung** – Composite Score
**Erfolgreichster Vererber** – Leading Sire
**Ergebnisliste** – List of Results
**Erlaubt, zugelassen** – Legal
**Ersatzpapiere** – Replacement Certificate
**Ersatzpferd** – Reserve Horse
**Exterieur** – Conformation

**Fahren vom Boden aus** – Ground Driving
**Falbe** – Palomino, Buckskin
**Falbe mit Aalstrich** – Dun
**Farbe** – Color
**Fehler** – Fault
**Fellmuster** – Coat Pattern
**Fessel** – Pastern
**Fesselgelenk** – Fetlock Joint
**Fesselkopf** – Fetlock
**Feststehendes Martingal** – Standing Martingale
**Finale, Endausscheidung, Endrunde** – Final
**Fischauge, Birkenauge** – Fisheye
**Flacher Spin** – Flat Spin
**Flachsfarben** – Flaxen
**Flaggenrennen** – Flag Race
**Flanke** – Flank
**Flatternder Schenkel** – Flapping Leg
**Fliegender Galoppwechsel** – Flying Lead Change
**Fliegender Start** – Flying Start
**Fliegenmaske** – Fly Mask
**Flüssige Übergänge** – Fluent Transitions
**Fohlenhaft** – Coltish
**Fuchs** – Sorrel
**Führanlage** – Horsewalker
**Führstrick** – Lead Rope, Lead
**Führzügelklasse** – Lead Line Class
**Fußfesseln** – Hobbles
**Fußfolge** – Sequence of Footfalls
**Futtersack** – Nose Bag

**Galopp** – Lope
**Galoppwechsel** – Lead Change
**Gamaschen für Pferde** – Boots, Protective Boots, Leg Boots
**Ganasche** – Jaw
**Gangart** – Gait
**Gangartenunterbrechung** – Break of Gait
**Gaumen des Pferdes** – Palate
**Gaumendruck** – Palate Pressure
**Gebäude des Pferdes** – Conformation
**Gebiss** – Bit (Oberbegriff)
**Gebiss mit gebrochenem Mundstück** – Broken Bit
**Gebisskontrolle** – Bit Control
**Gebissschutz** – Bit Guard
**Gebrochenes Gebiss, das doppelte Zügelführung zuläßt** – Snaffle Bit with Shanks, Western Pelham

**Gebrochenes Gebiss mit Anzügen** – Double Rein Bit
**Gebühr beim Start einer Rinderdisziplin** – Cattle Charge
**Genickbereich** – Poll
**Genickstück der Zäumung** – Crown Piece
**Gerade angerittenes Pferd** – Green Broke Horse
**Gesamtnote** – Total Score
**Geschlossener Zügel** – Closed Reins
**Geschmeidiger Übergang** – Smooth Transition
**Geschulter Reiter** – Advanced Rider
**Geschultes Pferd** – Advanced Horse
**Geschwindigkeitskontrolle** – Speed Control
**Gesundheitszeugnis** – Health Certificate
**Geteilte Klasse** – Divided Class
**Geteilte Zügel** – Split Reins
**Getrenntes Richten** – Separate Judgement
**Gewährsmängelfrist** – Warranty Period, Guarantee Period
**Gewöhnung an die Fußfesseln** – Hobble Breaking
**Gewichtshilfen** – Weight Aids
**Glattleder** – Grain, Smoothout
**Gliedmaßen** – Limbs
**Graufalbe** – Grullo
**Graviert** – Engraved
**Grundgangarten** – Basic Paces
**Grundtempo** – Basic Speed
**Gründungshengst, Stammvater** – Foundation Sire
**Gürtelschnalle** – Belt Buckle
**Gurtöse** – Cinch Hook
**Gurtungssystem des Westernsattels** – Rigging
**Gurtzwang** – Girth Claustrophobia

**Haken an Stricken** –Snap
**Halbweiße Fessel** – Half Pastern
**Halbblüter** – Half Bre(e)d
**Halbe Hinterhandwendung** – Half Turn
**Halb gestiefelt** – Half Stocking, White Socks
**Halbweiße Fessel** – Half Pastern
**Halfter, gebissloser Kopfzaum** – Halter
**Halfterführig** – Halter Broke
**Hals des Sattelhorns** – Horn Neck
**Haltung (Pferd/Reiter)** – Position
**Handgearbeitet** – Handcrafted
**Handbuch** – Handbook
**Handpferdereiten** – Ponying
**Handwechsel beim Westernreiten** – Reverse
**Handgraviert** – Hand Engraved
**Handschuhe** – Gloves
**Haube, Kapuze** – Hood
**Hauptzuchtschau –** Major Lifestock Show
**Hebelwirkung, Hebelkraft** – Leverage
**Hebelarme am Gebiss** – Shanks
**Hebelwirkung beim Bit** – Curb Action
**Hengst** – Stallion
**Herde** – Band of Horses, Broodmare Band
**Heunetz** – Hay-Net
**Heuraufe** – Hay-Rack
**Hilfen** – Aids
**Hilfsreitlehrer** – Assistant Instructor
**Hilfszügel** – Auxiliary Reins
**Hindernisdienst** – Arena Party
**Hinterbeine** – Hind-Legs
**Hinterer Bauchgurt** – Back-Cinch
**Hintere Sattelschabracke** – Back Housing, Back Jockey, Rear Housing
**Hintere Sitzkante des Sattels** – Cantle
**Hinterfüße** – Hind Feet
**Hinter dem Gebiss** – Behind the Bridle
**Hinterhand** – Hindquarters
**Hinterhandwendung** – Hindquarter Pivot
**Hinterhandwendung um 180°** – Roll Back
**Hirschleder** – Deerskin
**Hochangesetzter Hals** – High Set Neck
**Hochangesetzter Schweif** – High Set Tail
**Hochgestiefelt** – White Stocking
**Hornschutz für den Westernsattel** – Horn Protector
**Huf** – Hoof
**Hufballen** – Back of Coronet

**Hufeisen** – Horseshoe, Sliding Plates, Circle Shoes, Keg Shoe
**Huffett** – Hoof Grease
**Hufglocke** – Bell Boots
**Hufkrone** – Coronet
**Hufkratzer** – Hoof-Pick
**Huföl** – Hoof Oil
**Hufpflege** – Hoof-Care
**Hufrollenentzündung** – Navicular Disease
**Hufschmied** – Farrier
**Hufschneidezange** – Clinch Cutter, Hoof Nipper, Cutting Nipper
**Hufschneider** – Hoof Parer
**Hufstrahl** – Frog
**Hüfte, Kruppe** – Hip
**Hufwand** – Horny Wall
**Hülse z. B. am Zaumzeug** – Ferrule
**Hut** – Hat
**Hutband** – Hatband
**Hutschachtel für einen Westernhut** – Hat Can
**Hutschutz** – Hat Cover, Hat Saver

**Indirekter Zügel** – Indirect Rein
**Innerer Zügel** – Inside Rein
**Interieur, Wesensart, Charakter des Pferdes** – Disposition
**Inzucht** – Inbreeding
**Isabelle** – Palomino
**Isabelle (hell) –** Cremello

**Jagen (in der Reining)** – Chasing
**Jahreshauptversammlung** – Convention
**Jugendklasse** – Youth Class
**Junges, unerfahrenes Pferd** – Green Horse

**Kadenz, Taktreinheit** – Cadence
**Kalifornische Zügel** – Romal Reins
**Kaltblut** – Draught Horse
**Kammer des Westernsattels** – Gullet
**Kandare** – Bit
**Kastriert** – Altered
**Kategorie** – Category
**Käufer** – Buyer
**Kaufvertrag** – Sales Contract
**Kehle, Kehlriemen** – Throatlatch
**Kein Abzeichen** – No Marking
**Kein reinrassiges Pferd** – Partbre(e)d
**Kinnbacken, Maul** – Chap
**Kinngrube** – Curb Groove, Chin Groove
**Kinnkette** – Curb Chain
**Kinnriemen** – Chin Strap, Curb Strap
**Kniebemuseklung** – Stifle
**Knoten** – Knot
**Kohlfuchs oder Dunkelfuchs** – Chestnut
**Kombinierte Gamaschen** – Combination Boots
**Kombinierter Zügel** – Combination Rein
**Komitee, Ausschuss** – Commitee
**Kopf** – Head
**Kopfhochreißen** – Head Raising
**Kopfscheu** – Headshy
**Kopfstück** – Headstall
**Kopfstück an Pferdedecken** – Hood
**Korbmuster auf Lederartikeln** – Basket Stamping, Basket Weave
**Körperausrichtung** – Body Aligment
**Körperhaltung** – Body Position
**Kötenbehang** – Feathering
**Krawattenknoten** – Cinch Knot
**Kreuzgalopp** – Crossfiring, Disunited Canter
**Krone (Huf)** – Coronet
**Kruppe** – Croup, Rump
**Kuhhessig** – Cow Hocked
**Künstliche Besamung** – Artificial Insemination
**Kupfer** – Copper
**Kurze Anzüge am Bit** – Short Shanks
**Kurze Peitsche** – Quirt
**Kurzstreckenrennen** – Short Race

**Laden des Pferdes** – Bars of the Mouth
**Lange Anzüge am Bit** – Long Shanks
**Lasso** – Rope, Reata
**Laterne** – Bald Face
**Lauf** – Run
**Lebenslang** – Lifetime

**Lederne Beinkleider** – Chaps
**Lederpunzierung** – Stamping
**Lederriemen am Sattel** – Saddle Strings
**Lederriemen für den Bauchgurt** – Latigo
**Lederschnüre** – Tie Strings
**Lehrgang, Praktikum, Seminar** – Clinic
**Leichtbewegliche Rolle beim Bit** – Cricket
**Linienzucht** – Line Breeding
**Linksgalopp** – Left Lead
**Longieren des Pferdes ohne Longe** – Free Longeing
**Looser Zügel** – Loose Rein

**Mannschaftswertung** – Team Result
**Mähnenhaar** – Mane Hair
**Mähnenkamm** – Crest
**Manöver** – Maneuver
**Männliches Jungpferd** – Colt
**Markierungspunkt in der Bahn** – Marker, Pylon
**Martingal ohne Halsriemen** – Training Fork
**Maßanfertigung** – Custom Made
**Maul** – Muzzle
**Maultätigkeit** – Activity of the Mouth
**Meister, Sieger** – Champion
**Meldestelle** – Show Office
**Mitgliedschaft** – Membership
**Mittelhandwendung** – Turn on Center
**Mittelmarkierung (Bahn)** – Center Marker
**Mundstück des Gebisses** – Mouth Piece
**Muskel des Hinterbeins** – Gaskin
**Mutter eines Pferdes** – Dam
**Muster, Aufgabe** – Pattern

**Nachzucht** – Offspring
**Nachzucht eines Hengstes/Stute** – Get of Sire/Dam
**Nasenrücken** – Nose-Line
**Natürliche Selbsthaltung** – Natural Position
**Naturwechsler** – Deadly Leaded
**Nebeneinander aufstellen** – Line-Up
**Nennungsformular** – Entry Form
**Nennungsschluss** – Deadline for Entries
**Neuling** – Rookie
**Nicht zugelassen, nicht erlaubt** – Illegal
**Nüstern** – Nostril

**Oberbaum der Kandare** – Purchase
**Obere Zügel** – Top Reins
**Obmann des Zuchtausschusses** – Breed Advisor
**Obstacle** – Hindernis
**Offene Klasse** – Open Class
**Ohne Zaumzeug** – Bridleless
**Olivenkopf-Trense** – Eggbut Snaffle

**Packpferd** – Pack Horse
**Packsattel** – Pack Saddle
**Panikhaken** – Panic Snap
**Parcours, Parcoursaufbau** – Course Plan
**Parcoursbegehung** – Walk the Course
**Parcoursgestalter** – Course Designer
**Parcours-Chef** – Arena Manager
**Pferch, eingezäunter Platz** – Corral
**Pferd** – Horse
**Pferd mit guter Abstammung** – Well Bred Horse
**Pferdeanhänger** – Horse Trailer, Trailer
**Pferdebewegungsanlage** – Horsewalker
**Pferdegeschäft** – Horse-Business
**Pferdeherde** – Band of Horses
**Pferdeleute** – Horse People
**Pferdepflege** – Grooming
**Pferdepfleger** – Groom
**Prüfung, Wettbewerb** – Competition
**Punkte, Wertnote** – Points
**Punktegleichstand** – Tie, Tie on Points
**Putzkasten** – Groom C(K)addy Kit
**Putzzeug für das Pferd** – Grooming Tools
**Pylonen, Marker** – Pylons

**Quadrat, Viereck** – Square
**Quaste** – Tassel

**Rappe** – Black
**Rappschimmel oder Blauschimmel** – Blue

Roan
**Rasieren** – Clipping
**Rasse** – Breed
**Rechtsgalopp** – Right Lead
**Regel, Wettkampfregel** – Rule
**Regelbuch** – Rule Book
**Regelmäßige Fußfolge** – Regular Beat
**Regelverstoß** – Violation
**Registrationsnummer** – ID-Number
**Reining Pattern** – Reining Pattern
**Reinrassig** – Purebre(e)d
**Reitbahn, Reitplatz** – Arena
**Reithalle** – Indoor Arena
**Reitklasse** – Performance Class
**Reitpferd** – Performance Horse
**Reitregenmantel** – Slicker
**Rennbahn** – Race Track
**Rennen** – Race
**Renvers** – Quarters Out, Haunches Out
**Richter** – Judge
**Richtlinien** – Principles
**Richtprotokoll, Bewertungsbogen** – Score Sheet
**Richtungsgebender Zügel** – Direct Rein, Leading Rein
**Richtungswechsel** – Change of Direction
**Richtverfahren** – Scoring Method
**Ringschlitz am Sattel** – Dee Slot
**Rohhautzügel** – Rawhide Reins
**Röhrenknochen des Pferdebeines** – Cannon Bone
**Rosse** – Heat
**Rostender Stahl** – Sweet Iron
**Rostfreier Stahl** – Stainless Steel
**Rückwärts richten** – Back, Back Up, Back Through
**Ruhepause nach einer Lektion** – Dwell Time
**Rutschen** – Slide

**Säbelbeinig** – Bow Legged, Sickle-Hocked
**Sattelbaum** – Saddle Tree
**Sattelgabel** – Fork
**Sattelgurt** – Cinch
**Sattelhalter** – Saddle Rack
**Sattelhorn** – Saddle Horn, Horn
**Sattelkammer** – Tack Room, Equipment Storage
**Sattelständer** – Saddle Caddy
**Sattelunterlage** – Pad
**Schenkeldruck** – Leg Pressure
**Schenkelhilfen** – Leg Aids
**Schenkelweichen** – Leg Yielding
**Schermaschine** – Clipper
**Schiedsgericht** – Appeal Commitee
**Schimmel** – Gray
**Schlaufzügel** – Draw Reins
**Schnalle** – Buckle
**Schnippe** – Snip
**Schnurengurt** – Cord Girth
**Schopf** – Forelock
**Schreckhaft** – Spooky
**Schritt** – Walk
**Schulterherein** – Shoulder In
**Schutz für das Sattelhorn** – Horn Wrap
**Schutzgamaschen** – Protective Boots, Leg Boots
**Schwarzbrauner, Dunkelbrauner** – Brown
**Schwarzer Huflack** – Hoof Blackener
**Schweif** – Tail
**Schweißblatt** – Fender
**Schweißmesser** – Hacksaw Blade
**Schwerpunkt** – Center of Gravity
**Schwierigkeitsgrad** – Degree of Difficulty
**Seitengang des Pferdes** – Sidepass
**Selbsttränke** – Automatic Waterbowl
**Sicherheitsknoten** – Quick Release Knot
**Siegerehrung** – Ribbon Presentation
**Siegerschleife** – Ribbon
**Sitz** – Seat
**Spaltsitz** – Fork Seat
**Sperrhalfter** – Mouth Shutter
**Sporen** – Spurs
**Sporenriemen** – Spur Straps, Spur Leather
**Sprung** – Jump

**Sprunggelenk** – Hock
**Spunggelenksschützer** – Hock Wrap
**Stall** – Stable
**Stange am Gebiss** – (Bit)Bar
**Stangen im Parcours** – Logs
**Standard-Stahl-Hufeisen** – Keg Shoe
**Startbox für ein Rind** – Chute
**Starterliste** – List of Competitors
**Startflagge** – Starting Flag
**Startgeld** – Entry Fee, Nomination Fee
**Startlinie** – Starting Line
**Startnummer** – Starting Number
**Startreihenfolge** – Working Order
**Staubmantel** – Duster
**Stechen** – Run-Off
**Steigbügel** – Stirrups
**Steigbügelblatt** – Fender
**Stern** – Star
**Stichelhaare** – Roan Patches
**Stiefel** – Boots
**Stiefel, kurz und geschnürt** – Lacers
**Stiefelanzieher** – Boot-Hooks
**Stiefelknecht** – Boot Jack
**Stimmhilfen** – Voice Aids, Vocal Aids
**Stirn** – Forehead
**Stirnbandkopfstück** – Browband Headstall
**Stockmaß** – Stick-Measure
**Strafpunkte** – Penality, Penalize Points
**Striegel** – Currycomb
**Stuhlsitz** – Chair Seat
**Stute** – Mare

**Taktverlust** – Loss of Rhythm
**Tempo** – Speed
**Tigerschecke** – Leopard
**Tor (Hindernis im Trail)** – Gate
**Trab** – Jog, Trot
**Trachten** – Bars
**Transport** – Haul
**Transportgamaschen** – Shipping Boots
**Travers** – Quarters In, Haunches In
**Trensenhalter** – Bridle Rack
**Turnier** – Show
**Turnierergebnis** – Show Result
**Turnierleiter** – Show Manager
**Turnierleitung** – Show Management
**Turnierplatz** – Showground, Showarena
**Turnierteilnehmer** – Participant, Competitor

**Überbaut** – Downhill
**Überdrehen beim Spin** – Overspinning
**Unterarm des Pferdes** – Forearm
**Urkunde, Dokument** – Certificate

**Vater, Vererber** – Sire
**Verband, Vereinigung** – Association
**Veranstaltung, Ereignis** – Event
**Verbindungsriemen für zweiten Bauchgurt** – Connector Strap
**Verbotene Ausrüstung** – Illegal Equipment
**Verharren** – Hesitate
**Verharren eines Pferdes nach dem Stop** – Dwell
**Versammelt** – Collected
**Verstärkter Galopp** – Extended Lope
**Verstärktes Gangartentempo** – Extended Paces
**Verstärkter Jog** – Extended Jog
**Vielseitig einsetzbares Pferd** – All-Arounder
**Vierteldrehung auf der Hinterhand** – Quarter Turn
**Vieh** – Cattle, Lifestock
**Viertak**t – Four-Beat
**Vollblüter** – Thoroughbred
**Vor der Bewegung** – Ahead of the Movement
**Vorderbein** – Foreleg
**Vordere Sattelschabracke** – Front Jockey
**Vorderer Metallring der Gurtung** – Front Rigging Dee
**Vorderfüße** – Front Feet
**Vorderfußwurzelgelenk, Carpalgelenk** – Knee
**Vordergurt des Westernsattels** – Front Girth
**Vorderzeug** – Breast Collar
**Vorderzwiesel** – Pommel

**Vorhand** – Forehand
**Vorhandwendung** – Forehand Turn
**Vorrunde, Vorausscheidung** – Go-Round

**Wallach** – Gelding
**Wassertrense** – Snaffle (Bit)
**Weiblich** – Female
**Weide** – Pasture
**Weiße Krone** – White Coronet
**Weißer Ballen** – White Heel
**Weißes Fesselgelenk** – White Ancle
**weibliches Jungpferd** – Filly
**Weltmeister** – World Champion
**Weltmeisterschaft** – World Championship Show
**Westerndressur** – Reining
**Wettkampf, Turnier** – Contest, Show
**Wettkampfteilnehmer** – Contestant, Participant
**Widerrist** – Withers
**Widerristhöhe** – Height at Withers
**Wildleder** – Roughout, Suede
**Wippe (Parcours)** – Teeter-Totter
**Wurzelbürste** – Dandy-Brush

**Zaumzeug mit Gebiss** – Bridle
**Zaun** – Fence
**Zaunelement aus Leichtmetall** – Panel
**Ziellinie** – Finishing Line
**Zierschrauben** – Chicago Screws
**Zirkel** – Circle
**Zuchtauswahl** – Breeding Selection
**Züchter** – Breeder
**Züchterprämie** – Breeders Reward
**Zuchthengst** – Stud
**Zuchtklasse** – Breeding Class
**Zuchtregister** – Stud Book
**Zuchtstute** – Broodmare
**Zuchtstutenherde** – Broodmare Band
**Zuchtverband** – Breed Association
**Zügel** – Rein, Reins
**Zügel aus Rohhaut** – Rawhide Reins
**Zügel verkürzen** – Shorten the Reins
**Zügel verlängern** – Lengthen the Reins
**Zügelhilfen** – Rein Aids
**Zugeritten, eingewöhnt** – Broke, Saddle Broke, Halter Broke
**Zungenfreiheit** – Port
**Zusätzliche Ausrüstung** – Additional Equipment
**Zusätzliche Hilfen** – Additional Aids
**Zweitschrift der Registrationspapiere** – Duplicate of Registration Certificate

# Kochbücher und mehr aus dem Buffalo Verlag

Die Autorin, auch eine begeisterte Natur- und Tierfotografin, bereiste von 1991 bis 2009 mehrmals im Jahr den Südwesten der USA und verbrachte einen großen Teil des Jahres 2007 in Kanada. Auf diesen Reisen sammelte sie alte Familienrezepte bei Pow-Wows, Einladungen auf Ranches und anderen persönlichen Begegnungen mit den alten und neuen Einwohnern Nordamerikas. Die Rezepte beruhen weitgehend auf mündlichen Überlieferungen, nach denen in früherer Zeit bei Ranchern, Indianern, Trappern, Holzfällern, Händlern und Farmern die Mahlzeiten zubereitet wurden. Auch Andalusien besuchte Ute Tietje seit 2000 mehrfach zur Recherche für ihr andalusisches Kochbuch.

## Cowboy Cooking – Ute Tietje
## Traditionelle Chuck Wagon- und Ranch-Küche

**104 Seiten – viele s/w-Fotos – ISBN 978-3-98091-410-9**

**Buffalo Verlag, Verden, 4. Auflage 2010 – 11,90 €**

Die jeweilige Tätigkeit eines Cowboys bestimmte in der Regel die Art seiner Mahlzeiten. Auf der Ranch war das Angebot durch frische Lebensmittel üppiger als auf einem monatelangen Trailritt. Als „Lonesome Rider" auf der Suche nach verirrten Rindern begrenzten sich die Lebensmittel des Cowboys auf das, was in die Satteltasche passte. Auf einem Round Up wiederum konnte er sich darauf verlassen, dass der Koch am Chuck Wagon für die hart arbeitenden Männer entsprechende Mahlzeiten zubereitete.

## Indian Cooking – Ute Tietje
## Indianische Küche des Südwestens und der Plains

**104 Seiten – viele s/w-Fotos – ISBN 978-3-98091-411-6**

**Buffalo Verlag, Verden – 5. Auflage 2010 – 11,90 €**

Trotz der leidvollen Vertreibungsgeschichte der einzelnen Indianerstämme bei der Eroberung ihres Lebensraumes durch europäische Siedler haben die überlebenden Stämme ihre Kultur nicht nur teilweise bewahrt, sondern pflegen sie heute wieder mit angemessener Würde und Stolz. Zu ihrer Kultur gehören die traditionellen Gerichte ihrer Vorfahren.

## Nordamerika vegetarisch – Ute Tietje
## Aus der Küche der Indianer und Pioniere

**104 Seiten – viele s/w-Fotos – ISBN 978-3-98091-416-1**

**Buffalo Verlag, Verden 2008 – 11,90 €**

Die Ernährung der Indianer war wesentlich abwechslungsreicher, als man vermuten würde. Selbst bei den nomadischen Jägerstämmen standen erstaunlich viele vegetarische Gerichte auf der Speisekarte. Die Einwanderer aus der Alten Welt mussten ihre Essgewohnheiten den harten Bedingungen des riesigen Kontinents anpassen, so dass öfter als ihnen lieb war, vegetarische Kost auf dem Plan stand.

## Kanadische Küche – Ute Tietje

## Essen wie die Trapper, Indianer, Holzfäller und Farmer Ontarios

**104 Seiten – viele s/w-Fotos – ISBN 978-3-98091-415-4**

**Buffalo Verlag, Verden – 2. Auflage 2009 – 11,90 €**

Traditionsbewusst und stolz auf die geschichtliche Vergangenheit ihres Heimatlandes zeigen sich Ontarios Einwohner, die großen Wert auf eine gute, gesunde und naturnahe Küche legen.
Ob als Gastgeber bei privaten Dinner- oder BBQ-Partys mit Freunden und Verwandten, bei Kochwettbewerben oder auch als Restaurantbesitzer – man ist stolz auf die ererbten Kochrezepte. Viele Gerichte können statt in einer herkömmlichen Küche auch auf oder in verschiedenartigen Grills, im Dutch Oven oder teilweise am Lagerfeuer zubereitet werden.

## Texas-BBQ – Ute Tietje

## Grillen wie die Rancher und Cowboys

**104 Seiten -- viele s/w-Fotos – ISBN 978-3-98091-418-6**

**Buffalo Verlag, Verden – 2. Auflage 2010 – 11,90 €**

Das BBQ hat in Texas Tradition und wird ganzjährig zu vielen Gelegenheiten mit verschiedenen Grillmethoden zelebriert. Ob beim Ranchfest, Country-Parties, gemeinsamen Jagen, Angeln mit den Kindern, Familienausflügen in Naturparks oder nur einfach beim nachbarlichen Treffen, alle sind mit Begeisterung dabei. Neben dem Hauptgrillgut bietet dieses Kochbuch nicht nur Rezepte für Marinaden und BBQ-Saucen, sondern auch für die beliebten Beilagen und alkoholfreien Getränke, ohne die ein zünftiges Texas-BBQ nicht denkbar ist.

## Andalusische Küche – Ute Tietje

## Iberische Köstlichkeiten mit maurischem Erbe

**104 Seiten – viele s/w-Fotos – ISBN 978-3-98091-414-7**

**Buffalo Verlag, Verden – 2. Auflage 2010 – 11,90 €**

Die mediterrane Küche des Südwestens der iberischen Halb-insel, beeinflusst von den Mauren, hat die andalusische Esskultur geprägt. Die Speisen in Andalusien sind – den warmen Temperaturen angemessen – zumeist leicht und gut bekömmlich. Der Einfluss des Orients ist in vielen Gerichten spürbar. Die Mauren kombinierten auf kreative Weise Fleisch und Fisch mit Früchten, Kräutern, Nüssen, aber auch scharfen Gewürzen. So gehören Beigaben von Mandeln, Pistazien, Pinienkernen, Korinthen, Feigen, Melonen, Orangen und anderen Früchten zu Fisch- und Fleischgerichten zu ihrem Erbe.

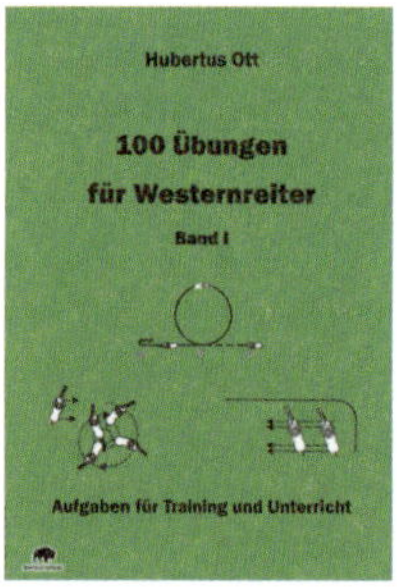


## 100 Übungen für Westernreiter – Hubertus Ott
## - Band I - Aufgaben für Training und Unterricht

**108 Seiten – mehr als 100 Graphiken – ISBN 978-3-98091-412-3**

**Buffalo Verlag, Verden, 3. Auflage 2010 – 14,90 €**

Die Übungen dieses Buches, die sich in Hubertus Otts langjähriger Praxis als Trainer bewährt haben, sind in aufsteigendem Schwierigkeitsgrad geordnet, so dass das Training methodisch organisiert werden kann.
Klar und verständlich werden die Übungen anhand von Graphiken erklärt, so dass jeder seine Trainingsarbeit selbst abwechslungsreich gestalten kann. Zusätzlich zu grundlegenden Übungen zur Rittigkeit (Übergänge, Bahnfiguren, Gymnastizierung usw.) sind auch allgemeine Horsemanship- und Trailaufgaben enthalten sowie für das Westernreitabzeichen in Bronze Horsemanship- und Geländeaufgaben.

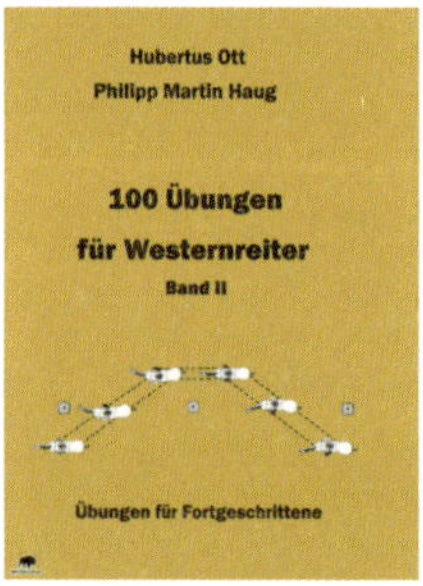


## 100 Übungen für Westernreiter
## Hubertus Ott und Philipp Martin Haug
## - Band II - Übungen für Fortgeschrittene

**144 Seiten – ca. 150 Graphiken – ISBN 978-3-98091-419-2**

**Buffalo Verlag, Verden, 3. Auflage 2010 – 16,90 €**

Die Übungen dieses zweiten Bandes, die wie in Band I aus der Praxis entstanden sind, richten sich mit ihren anspruchsvolleren Lektionen an den bereits fortgeschrittenen Westernreiter. Sie geben wertvolle Tipps zum Ausbildungs- und Trainingskonzept für das tägliche Training. Angehende Trainer, die sich auf die Trainerprüfung vorbereiten, erhalten hilfreiche Hinweise.
Die Manöver sind anschaulich in Skizzen beschrieben und gedanklich leicht umzusetzen, so dass man seine Trainingsarbeit selbst abwechslungsreich gestalten kann. Hauptthemen sind Übungen zur Gymnastizierung, Galopparbeit, zu fliegenden Wechseln, Stopps und Spins.

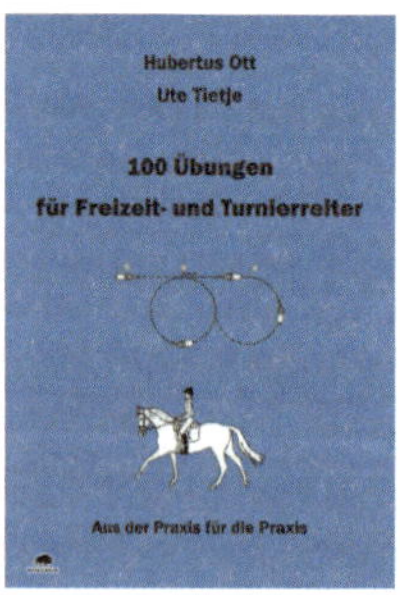


## 100 Übungen für Freizeit- und Turnierreiter
## Hubertus Ott und Ute Tietje
## - Aus der Praxis für die Praxis

**128 Seiten – mehr als 100 Grafiken – ISBN 978-3-98113000-0-1**

**Buffalo Verlag, Verden, 2. Auflage 2010 – 16,90 €**

„Reiten lernt man nur durch reiten.“ Daran hat sich bis heute nichts geändert. Nur stetes Training ebnet den Weg zu entspannten, befriedigenden Ausritten und zu guter Leistung im Turniersport.
Doch Üben muss auch im klassischen Reitsport nicht zwangsläufig langweilig sein. Kreative Übungen erhalten die Aufmerksamkeit des Pferdes und motivieren es zur Mitarbeit. Die weit über 100 Aufgaben versetzen dazu den Reiter in die Lage, leicht zu erkennen, was verbessert werden muss und was sich bereits verbessert hat.
Ziel ist es, durch inspirierende Übungen für individuelles Training ohne Langeweile für Pferd und Reiter Korrektheit und Gelassenheit bei der Aufgabenbewältigung zu erreichen.

## Carmen in fünf Akten – Ute Tietje

## Ein Internetdate mit überraschenden Folgen

**208 Seiten – gebunden – ISBN 978-3-98091-413-0**

**Buffalo Verlag, Verden 2006 – 13,90 €**

Die 55-jährige Anne, eine gebildete, selbständige Frau, lernt als „Carmen" in einer Internet-Kontaktbörse den attraktiven Andalusier Juan kennen. Der gut situierte, geschiedene 62-jährige gibt sich offen und weltgewandt und bezaubert Anne während ihrer ersten Treffen in Deutschland. Eingeladen in sein luxuriöses Anwesen in seiner Heimat, genießt Anne seine Aufmerksamkeit und das herrliche andalusische Ambiente. Doch nach und nach entwickelt sich der einfühlsame Traummann in einen von sich viel zu überzeugten Macho, der trotz seines Alters, das sich als wesentlich höher als ursprünglich angegeben erweist, nur eines im Kopf hat: Sex. Dann trifft in der letzten Woche zur Wahrung des guten Rufs der Familie auch noch die überraschend vorhandene Ehefrau ein, die die Beziehung zwischen Juan und Anne ausdrücklich befürwortet, um ihren eigenen Liebespfaden nachgehen zu können.
Hin und her gerissen zwischen konventioneller Einstellung, Faszination, Verliebtheit und Neugier, wie sich diese Dreiecksgeschichte weiter entwickelt, bleibt Anne und versucht, die Situation mit Humor und Stil zu meistern. Reichlich genervt wieder in Deutschland, muss sie feststellen, dass ihr spanischer Gentleman die Beziehung per Mail beendet hat, vorgebend, seine Ehe retten zu müssen. Als Anne ihren Latin Lover kurze Zeit später unter anderem Decknamen erneut im Internet auf Partnersuche findet, sinnt sie auf Rache .......

*Carmen meets Don Juan! Schwungvoll und erotisch, gewürzt mit einer gehörigen Portion schwarzem Humor, beschreibt Ute Tietje ein turbulentes Liebesabenteuer in den reifen Jahren.*

**Rezensionen und weitere Informationen über die Bücher finden Sie auf der Verlagsseite:**

**www.buffalo-verlag.de**